まえがき

特定非営利活動法人日本マナー・プロトコール協会は、正しいマナーやプロトコール（国際儀礼）の探究と普及のため、斯界《しかい》の第一人者の方々の全面的なご協力を得て2003年に設立されました。また、世界に通用するグローバルスタンダードなマナーの啓発に努める一環として、文部科学省後援「マナー・プロトコール検定」を実施しております。

本書は当初、「マナー・プロトコール検定」の対策用テキストとして編集を始めたために、各章の終わりに検定試験の出題例を載せています。

しかしながら結果的には検定対策にとどまらず、社会人として必要十分なマナーの知識を収めることとなり、ご自身をよりブラッシュアップしたいと思われるすべての方々に大いに活用、ご満足いただける内容になりました。

これまでに多くの方々がご愛読くださり、版を重ねて参りましたが、さらにこのたびは社会の変化に対応した内容の見直しも行い、「最新版」といたしました。

もちろんマナーは、知識や技能だけで推し量れるものでないことは十分に承知しております。しかしながら、長い年月をかけて伝えられてきた作法やしきたりは“先人の知恵”であり、その本質を知り、理解することは相手を敬い、思いやる気持ちを具体的な行為として示す“道しるべ”になるものと考えております。

本書により習得されたマナーやプロトコールの知識が、美しい心と、それを表す美しい振る舞いを身につけることにつながり、ひいては高い知性や品性を修養する一助となることを願っております。

2018年６月

特定非営利活動法人
日本マナー・プロトコール協会
明石伸子

【最新版】「さすが！」といわせる大人のマナー講座　目次

第2章 国際人としてのプロトコール

第3章
社会人に必要なマナー

第4章 ビジネスシーンのマナー

第5章

食事のマナー

第6章

お酒のマナー

第7章 「冠」のしきたり

第8章

「婚」のしきたり

◆序　章◆

マナーとは何か

Global Standard Manners

◆実践してこそ初めて身につく

「マナー」とは、本来、社会の秩序を保ち、社会生活をスムーズに営むためのルールや規範のことです。しかし、私たちは「この場面では、このように振る舞うのがマナー」といった〝形〟にとらわれて、「なぜそうするのか」といった本来の意味を理解することに気持ちが及んでいない場合が多いようです。

例えば、慶事《けいじ》や弔事《ちょうじ》などの「しきたり」は、日本国内でも地域によって慣習が異なることがあります。だからこそ、価値観や習慣が違う人々が集まって、一つの儀式を滞りなく行なうためには共通のルールが必要なのです。まして言語や宗教、文化や歴史が違えばマナーもまた、国によって異なるのは当然でしょう。

しかし、その根底にある、相手を思いやる気持ちや、相手を尊重する心遣いは、国や民族が違ってもそう大きくは違わないものです。

マナーは知っているだけでは何の意味もありません。これまで培《つちか》ってきた自分の知識や経験を踏まえ、その時やその場、そこにいる人々、自分の置かれている立場などを考え、もっともふさわしい振る舞いをすることが、礼儀作法、エチケット、マナーの基本であり、実践してこそ初めて身につくものなのです。

POINT

マナーの基本は、相手を思いやり、尊重する心を、自然でスマートに実践することです。価値観が多様化し、国際化が進む現代だからこそ、共通のルールとなるマナーがより一層必要なのです。

◆「マナー」「エチケット」、「礼儀」「作法」の違い

最近ではすべて「マナー」というひと言で表現されていることが多いようですが、「エチケット」や「礼儀」「作法」という言葉もあります。これらの言

◆「マナー」「エチケット」、「礼儀」「作法」の違い

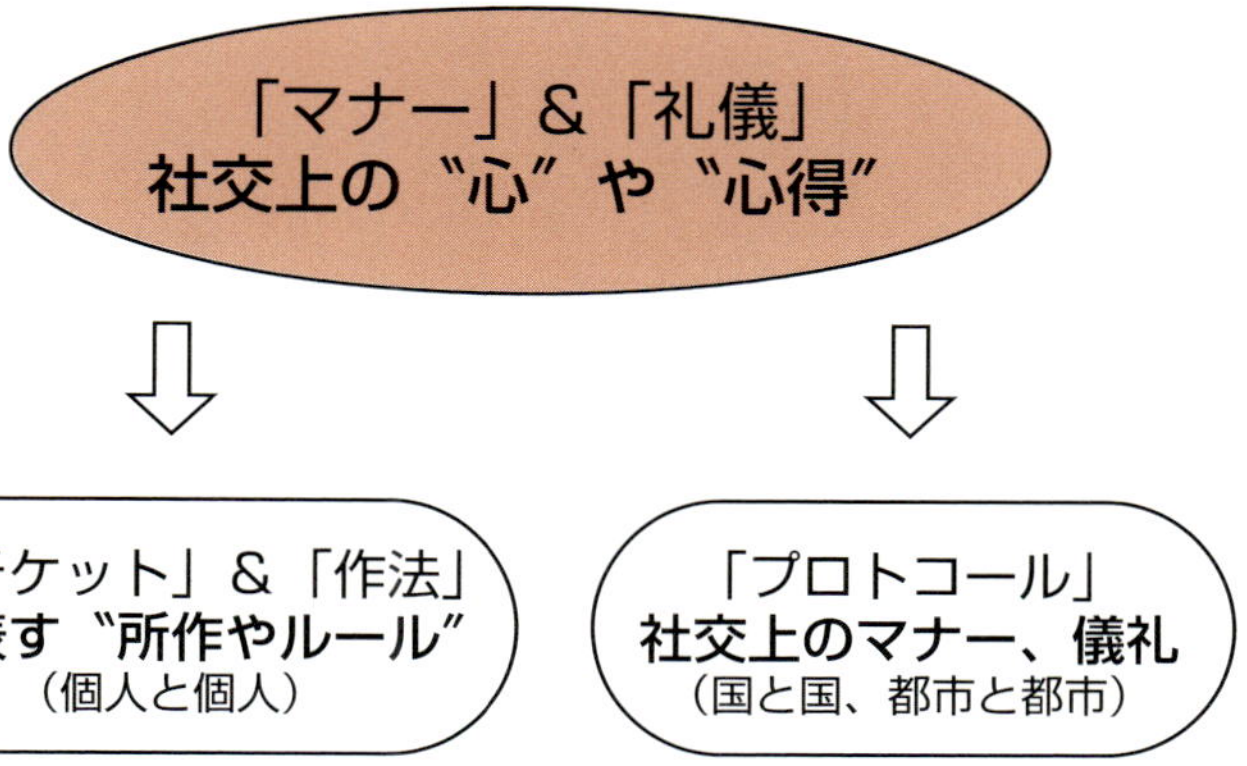

葉の違いについて確認してみましょう。

「マナー」や「礼儀」は社交場の心や心得など、相手に対する気持ちや、その時に自分が取るべき態度や配慮を表します。それに対して、「エチケット」や「作法」は、その心や心得を表すために、これまでその社会で築かれてきた人付き合いを滑らかにするための常識的なルールや所作などの振る舞い方を表すものと言えましょう。

そしてその両方が整ってこそ、よりよい人間関係が作られるとともに、人々が暮らす社会のモラルが高まるのではないでしょうか。

POINT

「マナー」「礼儀」は社交上の心や心得、「エチケット」「作法」は所作などの振る舞い方や常識的なルール、しきたりなどのことであり、それらが車の両輪のように整い、バランスよく発揮されてこそ相手とよりよい人間関係が築けるのです。

◆エチケットとマナーの語源

エチケット（etiquette）の語源は諸説あります。フランスのルイ一四世時代、トイレのなかったベルサイユ宮殿では、庭で用を足す人が多く、その場所がわかるように注意書きが書かれた立て札のことを「エチケット」と呼んでいたようです。またほかの説では、宮廷内に入る時に渡された身分を表すチケットのことだとされています。いずれにしろ、時代とともに、「エチケット」は宮廷での作法全般をさす言葉に変わっていきました。

一方、「マナー」はと言えば、英語で"Manner"というと「方法、仕方、態度」を表しますが、"Manners"と複数形になると、「行儀、作法」の意味になります。その語源はラテン語の「manus（手）」と言われますが、今日のような意味となった背景には英語のManor（マナ＝荘園）と深い関係があると考えられています。イギリスには「マナハウス（Manor House＝荘園領主の館）」と呼ばれるものがあり、地域の中心的な場所に位置する集会所のような役割を果たしていました。それを建てたのはその地域の地主（Gentry）で、これはGentleman（ジェントルマン＝紳士）の語源となりました。地域の中心にあったマナハウスで、ジェントルマンによって示された博愛精神が、マナーの手本とされたのです。

また、マナー、エチケットに通じる言葉として「ホスピタリティ（Hospitality）」があります。これは、おもてなしや接待の意味を持ちますが、ラテン語の「Hospes」が語源で、本来は「人をかばう」「その人の望むようにしてあげる」という意味であり、この言葉から「Host、Hostess（主人、女主人）」「Hospital（病院）」や「Hotel（ホテル）」が生まれました。

◆プロトコールの語源

「プロトコール」とは本来、外交儀礼のことで、生活習慣上のルールというよりも、国賓対応などを含めた社交儀礼上のルールといった方が適切でしょう。それは、「個人と個人」というよりも、「国と国」「都市と都市」といったように、相対する単位が大きいことが前提です。

しかし、そうした国際交流も、その基本は人と人との交流であることを考えれば、今後、益々広がるであろう国際化に対して、外国人とのコミュニケーションを円滑にはかるためには、私たち日本人もプロトコールを心得ておく必要があるでしょう。

プロトコールの語源は、古代ギリシャで作られたパピルスの束の上に書かれていた〝プロトコロン(protokollon)〟という言葉です。高い地位にある人が守るべき「覚書」を意味するものだったようですが、それが次第に国と国の交流や国際関係における基準をさすようになりました。

最初に具体的な内容が書き記されたのは一六世紀のイタリアで、当時のカトリックの枢機卿《すうききょう》がその邸宅を訪れる各地からの客人に対して、滞在中に心得るべきマナーを示した『ガラテオ』と呼ばれるものです。これが後にヨーロッパ全土に広まった結果、現在、イタリアでは「ガラテオ」という言葉そのものがマナーやエチケットを意味する名詞となり、またフランスでは外交儀礼を司る政府の担当セクションはプロトコールと呼ばれています。

また、コンピュータ同士がネットワーク上でアクセスするための約束や規約のことも「プロトコル」と言われます。異なる仕様をスムーズにつなぐという意味では、外交儀礼と同様な意味と理解してよいでしょう。

このようにプロトコールは、歴史、風俗、宗教、文化の差異を踏まえ、互いの習慣やしきたりの違いを尊重しあい、決して自国のものを強制せず、話し合いで決めるのが原則です。そのため例えば日本とアメリカ、日本とフランス、フランスとアメリカの場合など、相手国が変わればその内容も異なります。

◆マナーやプロトコールを学ぶ意義

「マナー」や「プロトコール」というと、堅苦しいものだと思い、身構えてしまう人が多いようです。しかし、その基本は、「しきたり」や「形式」以前の心のあり方です。さらに、価値観も習慣も違う人たちがよりよい交流をはかるために、長い時間をかけて人類が培ってきた技術や知恵であるとも言えるでしょう。

情報化や国際化によって、価値観やライフスタイルも異なり、社会はますます複雑化していきます。こうした中で、相手を思いやりスムーズにコミュニケーションを取るためには、マナーやプロトコールの重要性はより一層増していくものとなるでしょう。

さらに、特別な場所で特別な相手に対してだけマナーやプロトコールが必要なのではなく、上司や同僚、両親や兄弟姉妹、夫や妻や子どもなどのような身近に接する人に対しても、本来ならば必要なものなのです。

日常生活の中で育む他者への配慮と、自分自身を律する数々の心遣いこそがもっとも大切なマナーであり、そうした考え方や習慣を身につけておくことによって、いざという時にも過不足のない言動を取ることができるようになるのです。

POINT

国と国や、人と人というように対する相手が異なっても、社会生活を送る上で必ずそこには〝他者〟が存在します。その他者に対して、自分が不快の種とならず、喜びの種となるための配慮こそがマナーやプロトコールの根幹なのです。

マナー、エチケット、プロトコールなどの言葉は、それぞれの意味は若干違っても、その根底にあるものは古今東西共通と言えましょう。

◆第 1 章◆

マナーの歴史と意味

Global Standard Manners

日本の礼儀作法の成り立ち

◆貴族社会で誕生した「有職《ゆうそく》」

日本のマナーのルーツは、飛鳥朝廷で働く人たちの階級や行動規範を制定した『冠位十二階』や『十七条憲法』と言えましょう。「和をもって貴しとなす」という言葉が示すように、官僚に対する道徳的な訓戒が中心ですが、その心得は現在でも日本人の〝人間関係の原点〟になっているようです。

天皇を中心とする貴族政権の体制が固まる平安時代末期になると、貴族たちは政権維持のために煩雑な作法を定め、これらを体系化し伝承する職業として「有職」を置きました。有職は当初、宮廷の儀礼、官職、典礼《てんれい》に精通した知識人のことをさしていましたが、次第に儀礼や典礼そのものを意味するようになり、やがて有職に通じていることが官位《かんい》を上げ、出世をするための必須条件となったのです。

◆武家社会でも重んじられた「有職故実《ゆうそくこじつ》」

鎌倉時代になると武士が出現し、次第に貴族による政治体制が崩壊してきます。武士は当時「侍」と呼ばれ、貴族のガードマンのような存在で、振る舞いが粗野であったこともあってその身分は一段低く見られていました。

室町時代になると、政治的な権力を強固なものにするためにも武士の地位向上をめざした三代将軍足利義満の命を受け、小笠原長秀らが中心となって『三議一統《さんぎいっとう》』を編纂し、武家の礼節を示しました。

「故実」とは過去の儀典のよりどころとなるしきたりや作法、装束などの基準を意味する言葉ですが、これはそれまでの「公家故実」に対して、質実剛健な気風を尊ぶ武家の作法として「武家故実《ぶけこじつ》」を記したものです。

戦国時代に入ると、農民が領主に反抗して一揆を起こしたり、家臣が主君を滅ぼして大名になるなど、「下剋上」の風潮が加速します。武士たちは自分の権力を誇示するために朝廷に権威を求め、貴族社会の儀式や典礼などを武家のしきたりの中に加えるようになりました。

このように、朝廷や公家、武家に昔から伝わる行事や儀式に関わる法令やしきたり、装束などのことそのもの、あるいはそうした過去の故実を研究することを「有職故実」といい、「有職故実」はその後の日本の儀礼の決まり事や礼儀作法の基盤となりました。

江戸時代に入り、世の中が一転して平和になると、幕府は身分制度によって体制の維持をはかりました。また、儒教思想を浸透させ、一家の主として絶対的な権威を持つ「家長《かちょう》」を中心にした家族制度が形成されました。そうした社会秩序を維持するために、貴族や武士といった地位の高い人たちのものだった儀礼が、庶民にも広まることとなり、婚礼、葬儀といった通過儀礼から、飲食、服装、振る舞い、文書作成の方法、口上《こうじょう》などの日常生活全般にわたる詳細なしきたりや作法が確立されました。そしてこれらが、現代でも根強く残っています。

◆明治時代の変化から現代のマナー

大政奉還によって明治時代に入ると、世の中が再び混乱していきました。開国にともない、西洋文明が一挙に流れ込んできたことで、社会構造が一変したからです。

明治政府は、文明開化のかけ声のもと、これまでの風俗や習慣を否定し、暦を変え、刀を持つことを禁止し、洋装を奨励したりするなど新しい社会を作りあげようとしました。その中で、学校教育において制定されたのが『教育勅語《ちょくご》』です。天皇を頂点とする新しい身分制度の確立をめざし、さらに「修身」を授業科目に取り入れることにより、日本独自の礼儀や作法の維持に努めようとしました。一方で、欧米の礼法書も数多く翻訳され、和洋折衷の作法が広まりました。しかし、内容は適正さを欠いたいい加減なものも多く、かえって混乱を招いてしまったようです。

政府は、この事態を修正するために『礼法要項』を作成し、作法の国家的な基準を定めようと試みましたが、第二次世界大戦に突入し、この試みは幻に終わります。

敗戦後、道徳の基本であった天皇は〝神〟から〝人〟になり、身分制度は廃止され、教育制度も大きく変更を迫られました。何よりも、家長を中心にした「家」という概念が相続なども含めて法的に否定されました。

人々は、新しい社会規範を見つけられないまま、旧来のものはすべて形式主義、権威主義と否定し、心がこもっていれば形式は問題ではないと、従来のしきたりを簡略化したり、宗教色を否定することでマナーそのものを敬遠・軽視するようになっていったのです。その混乱は現在も続き、極端に言えば、マナー本の数だけマナーがあるという状況です。加えて、核家族化や個人主義の重視などによって、子どものしつけもおろそかになっているのが現状ではないでしょうか。

POINT

日本の礼法は、体制を維持するために、時の権力者によって整備されてきましたが、明治時代以降は西洋の影響を受け、特に戦後は、核家族化や価値観・ライフスタイルの多様化などもあって人間関係が希薄になり、権利を主張する傾向が強くなるなど、控えめで礼節を重んじる国民性にも変化が見られるようになっているようです。

西洋のマナー・エチケットの成り立ち

◆キリスト教と封建制

『旧約聖書』にあるモーゼの「十戒」には、人が行なってはならない行為として、殺人、窃盗、姦淫《かんいん》などが列挙されています。絶対的な存在だった「神」によって、〝正しい行為〟と〝そうでない行為〟のすべてが判断されており、これがもっとも古い西洋の「マナーの源流」と言えましょう。

ギリシャ時代になって、科学・哲学・芸術が発展すると、王侯貴族などの間では現世での肉体的な美しさや、知性が重んじられるようになりました。そしてローマ時代になると、支配階級と奴隷階級の間に経済力をつけてきた中産階級が生まれ、上品な生活を送るためにはどのように振る舞うべきかを考えるようになり、広く一般に認められる行動の規範が作られていきます。

ローマ帝国はキリスト教を国教と定めたため、キリスト教の価値観がマナーの基準となりました。

中世に入り、フランク王国カロリング王朝のカール大帝がゲルマン統一をはかり、ヨーロッパを平定すると、主君と家臣の関係が確立し、封建制の時代に入ります。家臣が主君に忠誠を誓うかわりに、主君は家臣に領土を与えるという主従関係ができあがりました。当初、この関係は契約的なものでしたが、忠誠心を維持するためには、宗教上の規律やマナーといったものが欠かせませんでした。

そこで、忠誠の証として、家臣が主君を決して裏切らないことを神に誓わせるなど、世の権力者たちは、儀式やマナーを下々《しもじも》の者に守らせることによって権力を維持することをはかったのです。

◆レディ・ファーストの始まり

キリスト教が庶民に浸透した中世には、道徳的な要素が強まり、「よい行い」を重んじる傾向が強くなります。この頃のキリスト教の戒律は厳しく、快楽を禁じるあまり、誘惑の根源であるとされた女性の地位は低く、女性は社会的に抑圧されていました。

しかしその後、純潔と母性の象徴である聖母マリアに対する崇拝が高まり、女性全般を崇高なものとする風潮が生まれました。さらに女性を性的対象として見るようになった男性は、女性に気に入られようと振る舞うようになり、さらには、私欲を捨てて弱者を保護し、貴婦人を崇拝して忠誠を誓う騎士道精神へと受け継がれていきました。

一一～一三世紀になると、イスラム教勢力に奪われた聖地を奪回するため、十字軍の遠征が盛んに行なわれるようになりました。十字軍に加わって夫が長期に留守をする間、屋敷を切り盛りすることとなった夫人には次第に公的な地位が認められるようになり、その結果、女性が〝レディ〟として振る舞うためのマナーができあがったのです。

◆市民革命後のマナー

その後、火薬の発明や戦術の変化によって騎士がその役割を終えると、騎士道精神が廃《すた》れ、商業が大きく発展します。都市部では商人が、地方では大地主となった郷士たちが、新興階級として力を伸ばしますが、まだまだ文化の中心は宮廷にありました。

ルイ一四世が君臨した一七世紀には、貴族を統括するために儀式や作法が厳しく定められ、女性にも宮廷婦人としてのエチケットが細かく定められました。テーブルマナーや会話のマナー、婦人に対する振る舞いやパーティでの心得などの西洋のマナーの基礎が確立されたのはこの時代だと言えるでしょう。

しかし一八世紀になると、フランス革命とイギリスの産業革命により封建制度は衰退し、以後、マナーやエチケットは新興のブルジョアジーと呼ばれる中産階級から、やがてアメリカを含めた西洋全体に広がっていきました。

POINT

西洋のマナーは、古代ギリシャ・ローマ時代に始まり、中世前期の封建時代、後期の絶対王政時代にはキリスト教と封建制の影響を大きく受けて、宮廷を中心に細部にわたるマナーやエチケットが確立されました。貴族層が中心だった時代から、フランス革命やイギリスの産業革命といった大きな社会変革期を経ると、その後は経済力をつけた中産階級にも広まりました。

アジアのマナー

◆アジアのマナーと宗教

アジアは、ユダヤ教、キリスト教、イスラム教、仏教、ヒンドゥー教など、世界の主要な宗教が生まれた地域です。したがって、多くのアジアの国が欧米の影響下にありながらも、それぞれに独自の文化と誇りを守っている地域も少なくありません。マナーの根幹に宗教が大きな位置を占めていることはアジアも欧米も同じですが、信仰心の厚さからもアジアのマナーには宗教の影響がより強く残っていると言っても過言ではないでしょう。

アジアと言えば、イスラム教やヒンドゥー教、仏教のイメージが強いですが、キリスト教の信者も多く、熱心なカトリック教徒がいる地域でもあります。キリスト教のマナーは西洋のマナーと基本的に変わらないので、ここではイスラム教とヒンドゥー教、仏教について簡単に説明します。

◆イスラム教と「コーラン」の教え

イスラム教は七世紀の前半にマホメット（ムハンマド）により開かれ、主に中東、北アフリカ、南アジア、東南アジアで信仰されている宗教です。唯一神であるアッラーがマホメットに語った言葉を記した「コーラン」の戒律を遵守《じゅんしゅ》することが義務づけられています。

コーランの教えは儀式、婚礼、礼儀作法から刑罰まで社会生活全般に定められており、政治とも強く結びついています。信者に対する戒律はとても厳しいもので、イスラム教徒が聖地に向かって祈りを捧げる光景はよく見られますが、アルコールが禁じられていたり、豚肉を食べないことでも有名です。また、保守的なイスラム社会の女性は、頭を含めて体全体を布によって隠す服装をしていて、身内以外の男性との接触を嫌がります。

このようなことは異教徒にまで強制されているわけではありませんが、戒律を軽視するような態度を取った場合は、たとえ観光客といえども反感を持たれます。また、左手は不浄の手なので必ず清浄な右手で握手をするなど、イスラム教徒と挨拶をする時には注意が必要です。

◆ヒンドゥー教の思想とマナー

ヒンドゥー教は主にインドやネパール周辺で広く信仰されていて、キリスト教、イスラム教に次いで信者が多いと言われています。「ヒンドゥー」の語源はサンスクリット語で「インダス川」を意味します。複数の神を崇拝する多神教で、その点がキリスト教やイスラム教と異なります。

ヒンドゥー教の特徴は、ガンジス川での沐浴風景に見られるような河川崇拝と、聖牛崇拝、そして殺生を避けるための菜食主義と言えましょう。そういうわけで牛は神聖な動物として信仰の対象となっているため、牛肉を食べないだけでなく、ヒンドゥー教徒への牛革製品の贈り物などもタブーです。また、人前で男女が身体的な接触などをすることも慎むべきですが、知らないからといってトラブルにあうことはなく、相手の信仰に敬意をはらって接していれば問題はないようです。

ヒンドゥー教の基盤になっているものに、「カースト」という身分制度があります。これは、教義の根幹に「輪廻《りんね》」という思想があり、現世の因果が来世の宿命を定めるというもので、身分、職業もその一環とみなすために、生まれながらに身分が決まるというものです。

近年では憲法により禁止され、都市部ではあまり重視されなくなりましたが、農村部などでは今でもカーストによる身分制度が根強く残っていると言われます。

◆仏教とマナー

日本は仏教徒の多い国ですが、仏教も宗派によって戒律やしきたりが異なります。日本の仏教は大《だい》乗《じょう》仏教（マハーヤーナ仏教）と呼ばれ、インドからチベット、中国、韓国、ベトナムなど北方ルートで伝わってきたものです。

誰でも成仏できる大乗仏教に比べて、インドからスリランカ、ミャンマー、カンボジア、ラオスなど南方ルートを通ってタイに伝わった上座部《じょうざぶ》仏教（テーラワーダ仏教）は戒律が厳しく、修行による解脱《げだつ》（煩悩が解放され悟りの境地に達すること）を目的としています。

国民の九〇％以上が上座部仏教徒のタイでは、子どもを含めてほとんどの男性が短期であっても出《しゅっ》家《け》をします。厳しい修行を積む僧侶は、国民から深く尊敬されていて、旅行者であっても女性が僧侶に触れたり、気安く話しかけたりしてはいけません。また、頭は精霊が宿るところとして神聖視されているので、他人の頭を触ることは失礼な行為とされます。寺院は祈りの場であり、修行の場でもあるので、宗教や僧侶に対しては敬虔《けいけん》な態度が必要です。

POINT

アジアのマナーは、宗教の影響を強く受けており、相手の価値観や習慣を尊重し、「郷に入っては郷に従え」の精神が何より大切です。また、どのような場合でも、相手の信仰・信条に対しては最大限の敬意を払うことが必要です。

マナー・プロトコール検定試験 出題例

マナー・プロトコール検定過去問題　２級

マナーの歴史について、不適切なものを1つ選びなさい。

1) 中世ヨーロッパの封建体制では、主従関係を維持するために規律やマナーが不可欠であった。
2) 西洋で社交や食事のマナーの基礎が確立されたのは、産業革命後のイギリスであった。
3) 「冠位十二階」や「十七条憲法」は、日本の人間関係における心構えの原点と言える。
4) 平安時代の貴族にとって「有職」に通じていることは、出世の必須条件であった。
5) 「故実」とは、過去の儀典のよりどころとなる作法や装束などの基準のことである。

マナー・プロトコール検定過去問題　３級

以下の文で適切なものには○、不適切なものには×を□に書きなさい。

□　①西洋のマナーの確立には、キリスト教と封建制度が大きな影響を与えた。
□　②プロトコールとは、外国人と円滑に交流するために知っておくべき生活に関わるマナーである。
□　③イスラム教徒は、「コーラン」によって豚肉を食べることが禁じられている。
□　④「マナー」とは、相手に対して自分が取るべき態度や配慮のことであり、これに対応する日本語は「礼儀」である。
□　⑤タイでは、ほとんどの男女が短期間であっても出家し、僧侶としての修行を積む。
□　⑥ヒンドゥー教では河川を崇拝しているので、人が川に入ることを禁じている。

【正解】2級：2　3級：①○　②×　③○　④○　⑤×　⑥×

◆第2章◆

国際人としてのプロトコール

Global Standard Manners

プロトコールとは何か

◆ルールとなる五つの基準

「プロトコール」という言葉はまだまだ一般には知られていませんが、ボーダレス、国際化の著しい昨今、外交上のマナーやしきたり、あるいは異文化に対する理解は、民間であっても不可欠なものと言えましょう。

日本の外務省はプロトコールについて、「国家間の儀礼上のルールであり、外交を推進するための潤滑油。また、国際的・公式な場で主催者側が示すルールを指すこともある」としています。

主催者が示すルールは、以下のようなものを基準として、その時々の状況で調整されています。

①序列の重要性

式典や公式行事、晩餐会などのパーティでは、入場、席次などに序列が生じます。序列は、外交上の力関係にも影響するので、その基準は厳格ですが、一方で状況に応じて柔軟に対応することも必要です。

②右上位

国旗の掲揚や席次などに用いられる原則で、主催者を基準として右側が左側よりも上位となります。

③答礼・相互主義

おもてなしをされたら、必ず同等程度の返礼をすること。または、交流は必ず相互交流でなければならないということです。

④異文化尊重

「郷に入っては郷に従え」に象徴されるように、開催国(地)に敬意を払い、相手の習慣や文化を尊重するルールです。その前提には、自国の伝統や文化を理解するとともに身につけていることが大切です。

⑤レディ・ファースト

もともとは中世の騎士道精神から生まれた習慣で、欧米諸国では日常習慣となっています。

夫人同伴も多い国際交流や外交の場では、女性に対する配慮として実践されますが、公的な序列に影響するものではありません。

POINT

プロトコールとは、歴史、風俗、宗教、文化の差異を知った上で、互いの習慣やしきたりの違いを尊重し合い、決して自国のものを強制しないのが原則です。相手を認め、相手と折り合いをつけるための基本となるプロトコールは、国際化が進んだ今日、民間にとっても必要な心得です。

◆序列と席次

プロトコールの基準にもあるように、序列は相手との力関係を表すものであり、それを端的に示すのが席次です。国際交流に限らず社交の場でも、序列の順位や席次の上下を知らないと相手に不快な思いをさせたり、または常識のない人だと思われることがあります。

国家間の交流の場合、日本では国賓、公賓、公式実務訪問賓客というように、外国賓客の序列が定められていて、それに応じて接遇規準も異なりますが、場合によっては臨機応変に対応します。

【参考】

●日本における公式席次のガイドライン

皇族／内閣総理大臣／衆議院議長／参議院議長／最高裁判所長官／閣僚（閣僚名簿の発表順。ただし外国賓客がいる場合は外務大臣が筆頭）／駐日各国大使（着任順）／その他の認証官／国会議員（在職年数・当選回数・閣僚経験の有無などを考慮）／都道府県知事／各省次官／外務審議官、財務官など／各省局長／駐日各国臨時代理大使（着任順）／駐日各国大使館公使（着任順）

●主要国首脳会議（サミット）における序列の規準

・主催国首脳が最上位で、その後は出席する首脳が大統領である国（アメリカ、フランス）が上席となる

・次に、出席する首脳が行政府の長である国（日本、イギリス、イタリア、カナダ、ドイツ）が続く
・同格の場合は在任期間が長い方が上位となる

◆具体的な席次例

洋室、和室を問わず、会議室や車など、席にはすべて上座と下座があります。原則としては、洋室では右側が左側より上席であり（右上位の原則）、和室ではその反対に左側が右側よりも上座（左上位の原則）になります。ただし、出入り口の位置や窓からの眺望、和室では床の間の位置などによって規準が変わります。

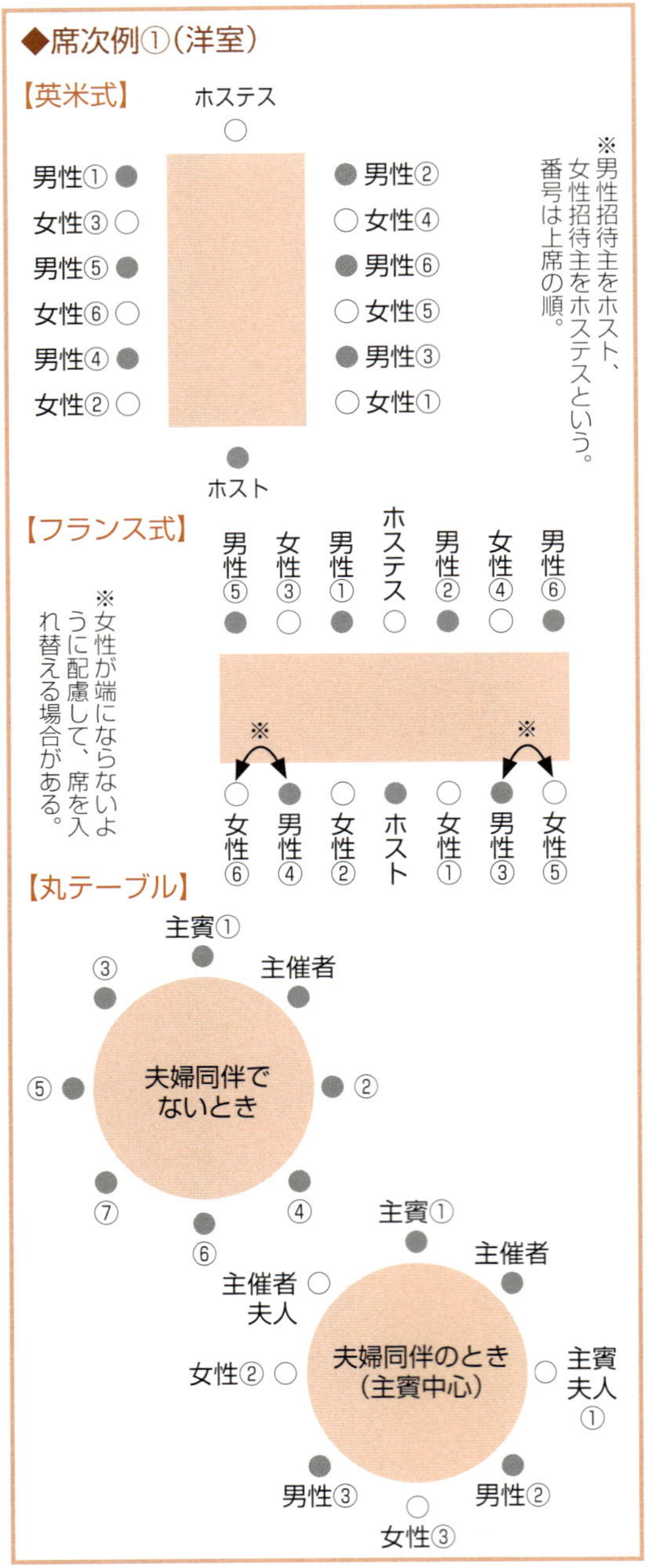

◆席次例②（和室）

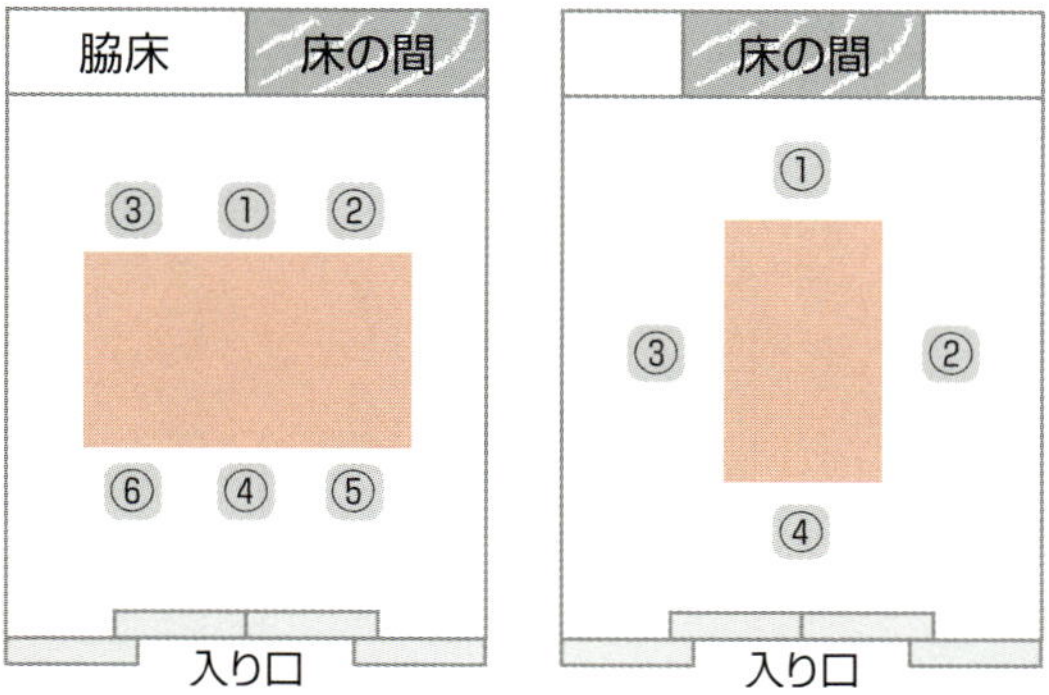

◆席次例③（エレベーター）

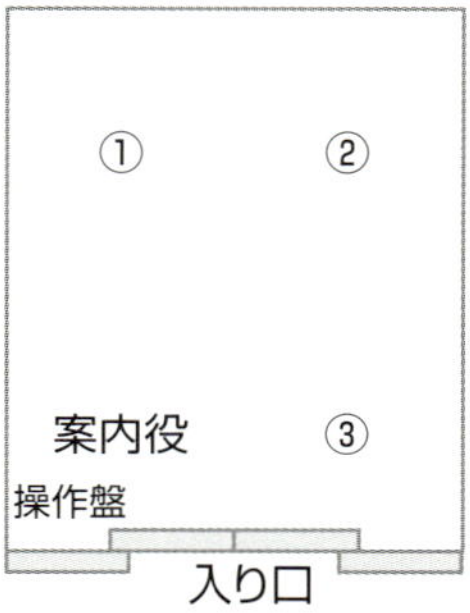

◆席次例④（自動車）

オーナードライバー

※ドライバーと同格の人が①に座ります。

タクシー・ハイヤー

◆席次例⑤（会議・プレゼンテーション・応接室）

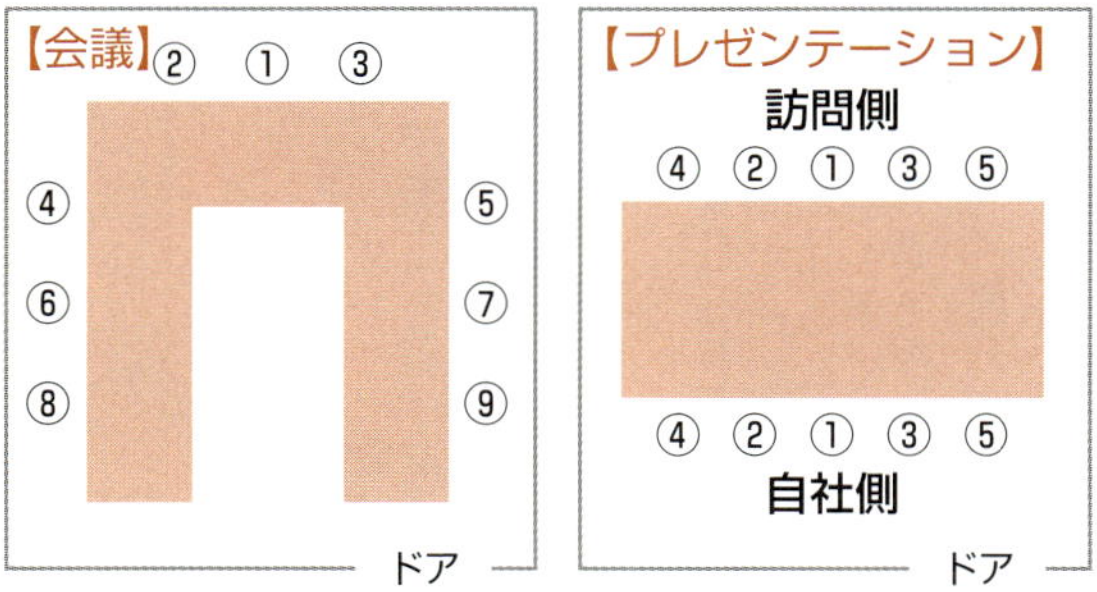

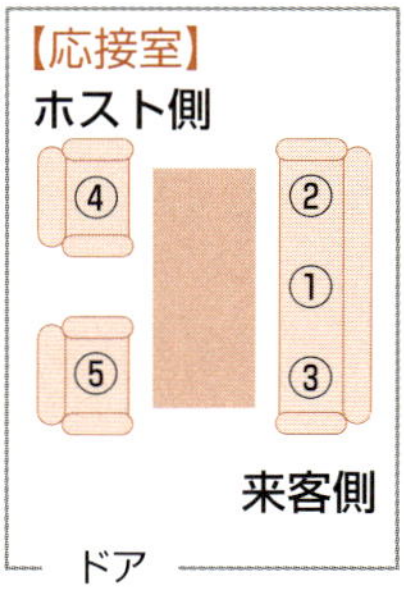

※出入り口から遠い席で、長椅子側が上席。

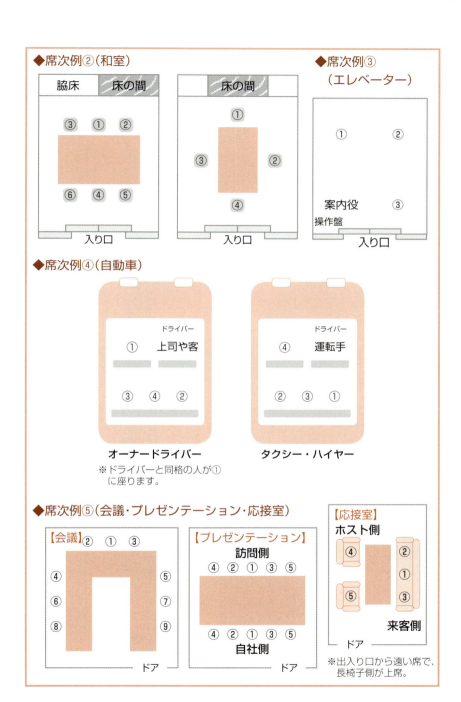

社交の場でのコミュニケーション

◆パーティの種類

大勢の人が集まるパーティでは、その場の振る舞い方でその人の品格が問われます。パーティの種類を確認し、どのように振る舞うのがよいかを学びましょう。

①ビュッフェパーティ

ビュッフェとは、「配膳台」というフランス語で、大きなテーブルに並べられた料理を、自分の好みで自由に取って食べる形式を言います。立食と着席の場合があり、料理はたいてい時計回りに並んでいるので、その順に一皿に二～三品を取ります。立食の場合は、使い終わった皿やグラスはサイドテーブルに置くかサービス係に渡します。メインテーブルの前で長々と料理を選んだり、会場の中に置かれた椅子を長時間占領したり、バッグで場所取りをしてはいけません。

時間と内容により、ビュッフェ・ランチョン（昼）、カクテル・ビュッフェ（夕方）、ビュッフェ・ディナー（夜）、ビュッフェ・サパー（夜半）に分けられます。コース料理が出されるランチョンやディナーよりも略式のため、結婚披露宴や歓送迎会、各種祝賀パーティなどに利用されますが、略式でも定刻までに到着するのがマナーです。

②ランチョンパーティ

昼食時間の一二時三〇分か一時から二時三〇分くらいまでの開催で、着席でコース料理をいただきます。都合によっては主賓より先に辞去してもかまいませんが、主催者や主賓に事前に了承を得るのがマナーです。招待状に指定された時間は、食事の開始時間なので厳守します。午餐会《ごさんかい》、ランチ・パーティとも言います。

③ティーパーティ

午後三時頃から五時くらいまでの開催で、主に女性ばかりの会合をさします。紅茶を主体とし、ケーキやサンドウィッチなどを出してもてなす形式が多く、少人数の場合は、開始時刻までに出かけ、一時間半から二時間ぐらいの間、相客と共に楽しむのがマナーです。多人数のレセプション形式の場合は、指定の時間内なら出入りは自由です。

④カクテルパーティ

午後五時から七時くらいにかけて開催され、お酒とオードブルなどでもてなすパーティです。短時間にいろいろな人に会えるため、多忙なアメリカのビジネスマンの間で流行り始めました。レセプションパーティに比べて人数が少なく、気軽な雰囲気です。招待客は指定された時間内に自由に出かけ、三〇分から一時間ほどを過ごし、途中で辞去してもかまいません。むしろ最初から最後までいない方がスマートです。

⑤レセプションパーティ

カクテルパーティとほぼ同じ形式で、より公的な催しです。会の目的や趣旨によってスタートの時間はさまざまで、服装は開催時刻によって異なりますが、基本的には礼服を着用します。

会場入り口では主催者がレシービングライン※に立って招待客に挨拶をすることもあります。後は会場内で飲食を共にしながら歓談します。主催者の挨拶の時間を中心に会場にいればよく、最後まで参加する必要はありません。

※レシービングラインとは、入場に際してゲストを迎えるために、ホスト・ホステスや主賓・主賓夫人などが会場入り口に立って挨拶をする儀式のことを言います。

⑥ディナーパーティ

パーティの中でもっとも格式が高く、ドレスコードに従った装いの男女が指定の席に着いて、フルコースの料理をいただきます。時間は午後七時半から十時くらいまでの開催で、食後に映画や音楽を鑑賞したり、ダンスやカードを楽しむこともあります。

夫婦など男女のカップルで招かれるのが通常です。主賓より遅れないように定刻の一〇分前くらいに会場に到着しましょう。なお主賓や年長者よりも早く帰ることは失礼にあたります。

⑦ガーデンパーティ

午前一一時頃から午後三時くらいの間に開催されます。もともとはイギリスの貴族が庭園に客を招き、テニスやクリケット、音楽などを楽しんだのが始まりです。日本では園遊会《えんゆうかい》と呼ばれ、テントなどを設けて軽い飲食を提供します。

◆パーティに招待された時のマナー

招待状が届いたらなるべく早く出欠の返事を出します。予定がはっきりしない時はその旨を伝え、わかり次第連絡をします。会費制のパーティで「出席」と返事をしたにもかかわらず、当日欠席した場合は、会費を主催者か幹事に送るのがマナーです。

服装は、「ドレスコード」が指定されていればそれに従い、特に指定がなければ会場や参加者の顔ぶれなどから雰囲気に合った服装を選びましょう。

フォーマルの場では一般的に、夜は男性がタキシード、女性がイブニングドレスや訪問着などで、昼は男性がダークスーツ、女性がアフタヌーンドレスなどです（礼装の基準については75～85ページ参照）。開始時間に遅れるのはマナー違反ですが、かといって早すぎるのも準備が整っていない場合もあり、失礼になります。

パーティに参加したからにはなるべく多くの人と会話を楽しみ、辞去する時には主催者に忘れずにお礼を述べましょう。後日、礼状を出すと丁寧です。

◆立食パーティのマナー

立食パーティでは、メインテーブルの料理を取ったり、食器やグラスを持つために両手がふさがってしまいます。女性は、小さめのショルダーバッグを用意し、コートや大きめのバッグなどは事前にクロークに預けるようにします。

ビュッフェ形式の場合、一皿に料理を山盛りに取るのはスマートではありません。2~3品程度を、彩りよく適度に盛り付けるようにします。取った料理を残すのはマナー違反です。また、料理は立っていただくので、背筋を伸ばして、フォークや箸を口元に運ぶようにし、食器に口を近づける「犬食い」にならないように気をつけましょう。

立食パーティのポイントは、参加者との交流にあります。知り合いがいない場合でも、話しかけられるのを待っているのではなく、自分から人の輪の中に入っていくことが大切です。料理を食べることばかりに夢中にならず、飲み物のグラスを片手に、会場内で歓談を楽しむのがスマートな振る舞いです。

また会場内の椅子の数は限られているので、占有してはいけません。

◆パーティに招待する時のポイント

お客様に満足していただけるように、どのようなパーティであっても、招く側は細やかに気配りをすることが大切です。

①パーティのテーマを決める

祝賀会、歓迎会などフォーマルなパーティは目的がはっきりしていますが、インフォーマルなものでも「美味しいワインが手に入ったので……」とか、「中秋の名月を愛でる会」などのように、何らかのテーマを設けて案内をすると、参加者にパーティの目的が伝わりやすいでしょう。

②ゲストを選ぶ

招待客は、男女の数や職業、年齢など、楽しく交流ができるようにバランスを考えて選びましょう。

③会にふさわしい会場を選ぶ

会の目的にふさわしい会場を手配し、進行や料理内容などを検討します。会場は予定の人数よりもやや多く入るところを選びましょう。

④招待状を発送する

パーティの案内は、招待状か電話が一般的です。フォーマルな場合は会場の都合もあるので一カ月前までには発送します。招待状には、パーティの目的やパーティのスタイル、開催日時、会場の場所と電話番号（できれば地図も）、出欠返事の期日などを記載します。

⑤主催者の心得

パーティの接待役である主人のことを「ホスト」、女主人のことを「ホステス」と言い、入り口でゲストを迎えます。ゲスト同士を紹介するのはホストたちの重要な役目で、紹介のルールに沿って行います。会場の雰囲気や一人ひとりのゲストに気を配り、楽しい時を演出し、また、自らも楽しむ余裕があることが大切です。

最初に食前酒やソフトドリンクで迎え、料理はタイミングを見てから提供します。食事が終了してしばらく歓談した後、その日の主賓格の人や年長者が辞去するのをきっかけに、会がお開きとなるのが一般的です。ホストは感謝の気持ちを込めてゲストを見送ります。

POINT

パーティでは、同伴者や知人とばかり話すのではなく、できるだけ多くの人と会話を交わしましょう。初対面の人とでも会話を楽しめれば、パーティはさらに楽しいものとなるでしょう。

◆紹介と挨拶

社交やビジネスの場では、人を紹介したり、されたりすることが多くあります。スマートな紹介のしかたを心がけ、好感度の高い挨拶をすることで人との輪を広げていきましょう。

①紹介の順序

人間関係のスタートは、紹介や挨拶からです。人を紹介する時の基本は以下の通りで、ビジネスの場ではaを、社交の場ではb、cを優先させます。

同じ組織や家族など、親しい関係の者は下位として扱います。

a　下位の者を上位者へ

b　年少者を年長者へ

c　男性を女性へ（レディ・ファーストに則《のっと》って）

スマートに人を紹介するポイントとしては、紹介をする人の名前に続けてその人の特徴や人柄などの長所、または双方に共通するような話題をそえるとよいでしょう。

②挨拶のしかた

挨拶のしかたは国や習慣によって異なりますが、日本の座礼を除き、基本的に立って行なうことが共通しています。

西洋では相手の目を見て直立し、緊張していることが友好の姿勢を示し、握手は、「あなたに敵意はありません」「手に武器を持っていません」ということを示すためのものであったと言われています。

それに対して日本のお辞儀は、武士が主君の前で土下座するように、急所である頭頂部を相手に差し出すことで服従を示します。

挨拶の際、日本では「○○社の××です」などと、所属する会社名や団体名をあわせて名乗りますが、外国ではあまりせず、名前をまずはっきりと名乗ります。名刺を出す時も、名前ははっきり、わかりやすく言いましょう。相手の名前が聞き取りにくい場合は、丁寧に頼んで言い直してもらいます。聞き返すのは失礼なようですが、名前を間違って発音する方がかえって失礼です。

続いて握手やお辞儀、抱擁などをしますが、男性から女性に握手を求めない、儒教思想の強い国では年少者が年長者より長くお辞儀をするなど、それぞれにマナーがあります。わからない時は他の人の振る舞いをよく観察するか、上位の方のやり方に従い、相手からされるまでは軽率にしない方がいいでしょう。

また、日本人のなかには、相手と目を合わせない人がいますが、西洋では「下心がある、油断がならない人」と思われることがあるので、相手に対してにこやかに視線を合わせることが大事です。

③スマートな自己紹介

初対面の人とは挨拶を交わし、自己紹介をしますが、親しみやすく、人となりが伝わる自己紹介を心掛けたいものです。

・「はじめまして」「こんにちは」など、挨拶を交わす
・「私は○○○○と申します」と自分のフルネームを名乗る
・姓名の由来などを紹介すると名前を覚えてもらいやすい。また、愛称があれば、「××と呼んでください」などと話すと親しみやすい
・勤務先や趣味、スポーツの話など、自分をアピールできる印象深いエピソードを話す
・一方的にしゃべるのはマナー違反。「あなたは？」など、相手のことを聞くことも必要

◆好ましい話題

話題選びにその人の教養が表れます。同席者の誰もが楽しく、明るくなるような話題を心がけ、ユーモアのセンスを磨いて楽しい雰囲気を作りましょう。

・気候や季節の話
・最近のニュース……事件・事故などの暗い話題は避ける
・趣味……専門的になりすぎず、誰もが関心が湧くような話題を選ぶ
・旅行……訪問地の話題や旅の思い出など
・話題のドラマや映画……ドラマを足がかりにお互いの趣味や興味などの話題に発展させる

◆好ましくない話題

せっかくの楽しい場に水をささないよう、意見が対立したり、その場が暗くなったり、特定の人にしかわからないような話題は避けましょう。もっとも失礼なことは、話の腰を折ったり人の話を遮る行為です。

・人の悪口や噂話……その場にいない人の悪口や不確実な噂話は品格を下げる
・プライバシーに関わること……個人的なことや家族のことなどを根掘り葉掘り聞くのは失礼
・政治や宗教……対立しやすい要素を含むので一般的には避けた方が無難
・仕事の話……社交的なパーティで、仕事用の名刺をばら撒いたり、仕事の話ばかりするのは控える
・病気の話……健康のために心がけていることを話すのはよいが、あそこが痛い、ここが悪いといった話は相手の気持ちを滅入らせるので避ける
・料理や店の評価・批判……食事の席で料理や店のことを批判するのは招待客としてマナー違反。ホストの顔をつぶすことにもなるので絶対に避ける

④外国人とのビジネスシーンでの挨拶

ビジネスシーンでは英語を公用語として使うことが多いため、一般に挨拶は英語で行ないます。日本ではまずお辞儀をしますが、外国、特に西洋では握手をするのが一般的です。握手をしながらお辞儀をしたり、両手で相手の手を握るのは馴染みません。

なお、王族や高僧などの特別な地位の人に対しては、相手から握手を求められない限り、直立して控えているのがマナーです。

・握手のポイントは、相手の目を見ながら、右手で相手の手をしっかり握り、二、三回上下に振る
・握手の順番は、上位者や年長者、女性（レディ・ファーストに則り）から握手を求められたら手を差し出す

⑤日常の挨拶

日本人はあまりしませんが、外国人、特に欧米人はどんな場所でも、他人と目が合うと微笑みます。これも敵意がないことを相手に示すメッセージです。また反対に、見知らぬ人に不用意に近づきすぎるのは不快感にとどまらず、警戒されるので注意が必要です。

⑥名刺交換

西洋において名刺は、訪問を告げたり伝言を残す時など、プライベートな場面で使われるもので、ビジネスの場などで使う風習はありませんでした。最近では名刺の交換が外国人にも浸透してきましたが、まだ名刺交換の習慣がない国もあります。また、社交用とビジネス用の二種類を使い分けている場合もあります。

・社交用……社交の場で使う。名前を中心に、自宅の住所と、場合によっては自宅の電話番号が印刷され、肩書きは記されない

・ビジネス用……会社名、肩書き、会社の電話番号、メールアドレスなどが記されている

名刺を交わす場合は、下位の者、あるいは来訪者が先に名刺を差し出します。

名刺をもらったら、名前と肩書きを確認して名刺入れに収めます。日本のように面談の間中、テーブルの上に名刺を出しておくようなことはあまりしません。また、外国では名刺を大切にする習慣はないので、乱雑に扱われても気にする必要はありません。

POINT

「人と会ったら名前を名乗って挨拶をする」。挨拶が相手を認める行為であり、人付き合いのスタートであるのは万国共通です。自分の名前をまず名乗り、握手やお辞儀など、その国の習慣に則った方法で、相手を尊重する気持ちを態度として示しましょう。

◆レディ・ファーストとエスコート

公共の場で女性をはじめ老人や子どもなど、弱い立場の人を優先させたり、気遣うのが「レディ・ファースト」です。レディ・ファーストは、中世の騎士道精神の名残で、日本人にはなじみが薄いためか、戸惑う人が多いようです。特に西洋では、ホテルやレストランなどの公共の場や、大勢の人が集う社交の場などでの振る舞いで男性の品格が決まり、

レディ・ファーストをおろそかにする男性はマイナスの評価を受けます。

長い間男性より控えめにすることが美徳とされていた日本の女性はレディ・ファーストに慣れていないようですが、遠慮をしすぎず「Thank you」と感謝の言葉を伝え、自然な振る舞いで男性の配慮に応えるようにしましょう。

◆エスコートのシーン

・車の乗降……男性がドアを開け、先に女性を上位席に乗せる。降りる時は男性が先に降り、女性をエスコートする

・建物や部屋への出入り……男性がドアを開けて先に女性を通す

・階段の上り下り……女性がよろけても支えられるように上る時は男性が後で、下りる時は男性が先

・レストラン……案内係がいる時は、案内係に続き女性が真ん中を、男性は後を歩く。案内係がいない場合は、男性が先に歩き女性をエスコートする

・席に座る時……女性が席を立つ時は男性が先に立ち、女性の起立・着席にあわせて（右上位に則って）、女性の左側に座っている男性が女性の椅子を引き、座る時には椅子を押す

・席を譲る……乗り物や室内などでは、男性は女性に席を譲る

・エレベーター……男性がドアを押さえて女性を先に入れ、出る時は男性が先に出てドアを押さえ女性をエスコートする

・歩道……男性が車道側を歩く

POINT

レディ・ファーストは、社交や公共の場において、女性や弱者に配慮して、それらの人々を上位とみなす考えであり、さまざまなシーンでの対応は上位者への対応と同じです。

◆贈り物に見る文化の違い

日本人は、冠婚葬祭や季節の贈答、お礼やお詫びなど、事あるごとに贈り物をする習慣があるので、外国人から「贈り物好き」と思われることが多いようです。贈答が、感謝や親愛の気持ちを伝える方法であることはどこの国も変わりませんが、外国人ははっきりした理由がなければ贈り物をしないことが多く、場合によっては下心があると疑われることにもなるので注意しましょう。

また日本では、冠婚葬祭やお見舞いなど、相互扶助の精神からお金を包んで贈る習慣がありますが、西洋では、感謝やお悔やみの気持ちは、まず言葉や手紙で伝えるというのが一般的です。

◆外国人への贈り物

西洋の贈り物の原点は、「庭に咲いた花を贈る」といったことで、現在でも贈り物と言えば花を贈るのが一般的です。また、親しい間柄だと手作りの品を贈ることもあります。縁起物に関しても、その国の文化によって異なるので、日本の常識にとらわれないようにしましょう。

ただし、マナーやタブーにこだわりすぎるのも、相手に気持ちを伝えるという贈り物の原点を見失ってしまうことになりかねません。あくまでも気持ちのこもったものを贈るという基本を守っていれば、必要以上に気を遣うことはないでしょう。

以下に、海外で一般的に共通することを挙げます。

①特別な日に贈り物を

外国では、誕生日やクリスマス、結婚、卒業などの特別な日に贈り物をするのが一般的で、日本のようにお中元やお歳暮といった季節の贈答習慣は特にありません。また、女性から男性への贈り物は恋人か家族などに限られます。

②自分で包装する

日本ではお店の包装紙で贈ることが多いようですが、海外では自分で包装しなおし、カードを添えて贈るのが一般的です。

③現金を贈る時は配慮が必要

日本では結婚式や葬儀に現金を包むのが一般的ですが、西洋ではそうした習慣はなく、現金を贈るのは相手に失礼になることもあるので、配慮が必要です。

④花を贈る場合

ちょっとした贈り物として、もっとも便利でよく使われるのが花です。最近では男女を問わず、手軽な贈り物としても好まれています。花を贈る場合には、手書きのメッセージを書いたカードや名刺を添えるといいでしょう。

⑤ホームパーティに招かれたら

自宅を訪問する時、日本では手土産を持参する習慣がありますが、外国ではあまり気にしません。特に手作りの料理やお菓子は、ホステスが用意するものなので、それらを持参するのは配慮が必要です。

本来は返礼の会をするものですが、それができない場合は、前日か当日の午前中にホステス宛に花を贈るのがいいでしょう。

⑥ワインやシャンパンを贈る場合

ホームパーティの手土産としてワインやシャンパンが喜ばれることもあれば、そうでない場合もあります。イスラム教のようにアルコールを禁じている宗教もあるので、アルコール飲料を贈る時はあらかじめ相手に確認しましょう。

⑦お見舞い

お見舞いに花を贈る場合、日本では鉢植えは「寝つく（根付く）」として嫌われますが、外国では問題ありません。香りのきつい花や、花粉や花びらが落ちて散らかるような花は控えましょう。

COLUMN

贈り物の注意

日本では縁起がよいとされているものでも、海外では忌み嫌われるものが少なくありません。例えば、中国では鶴や時計は葬儀を連想させ不吉なものと思われていたり、松（中国では棺桶の木）や白百合（西洋では一般的に葬儀の花）、薄紫（フランスでは喪の色）など、花や色なども国によって印象が異なるので注意が必要です。

POINT

贈り物の原点は、相手を大切に思う気持ちを具体的な行為で表すことですが、その習慣は国や民族によって異なり、軽率な贈り方は誤解のもとなので注意が必要です。また、理由がはっきりしなかったり、高額な贈り物は、相手に負担を与え、かえって迷惑となることも心得ておきましょう。

◆国旗の扱い

国旗はその国を象徴するものであり、いかなる国旗に対しても十分に敬意を払うことが大切です。国旗を法律で規定している国もあれば、そうでない国もありますが、国旗を手荒に扱う、国旗の向きが違うなど掲揚方法を間違ったりすることは、その国を侮辱することになるので注意が必要です。

ちなみに、日本では一九九九年に「日章旗」を国旗とし、「君が代」を国歌とすることが正式に定められました。

◆国旗掲揚時のマナー

国旗が掲揚される時は、脱帽のうえ、起立して静止する。

◆国旗の掲揚方法

・原則として日の出から日没までが基本。ただし、特別な目的があり、照明設備などが整えられている場合は、夜間に掲揚してもよい

・日中であっても悪天候で、国旗が汚損される心配がある場合は、速やかに降納し、掲揚を控える

・外国旗を掲揚する場合は、必ず自国旗も掲揚する。外国旗だけを掲揚することは、その国の占領下にあることを表す

・「右上位」の原則から向かって左側を上位とする。ただし、日本では〝おもてなしの精神〟で外国旗を向かって左側に掲揚する。アメリカやカナダ、フィリピンなどのように自国旗を上位にする国もある

・国旗を複数掲揚する場合は、平等に扱うために旗の大きさやポールの高さなどを揃える

◆国旗掲揚の例（日本が開催地の場合）

①3カ国以上の場合

国旗を国連方式による国名アルファベット順に従って、向かって左側から右側へ掲揚する。

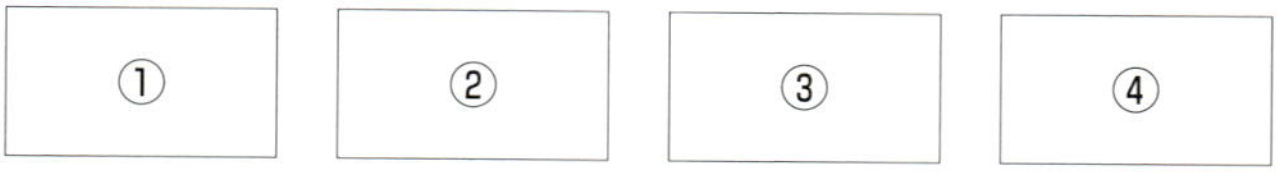

②奇数の場合

日本国旗を中央に配置し、外国旗を国連方式による国名アルファベット順に中央より向かって左側から左右交互に掲揚する。

③卓上旗の場合

会議や調印式、会食などでは卓上旗が用いられ、賓客から見て、賓客の国旗が左（右上位）にくるように置く。

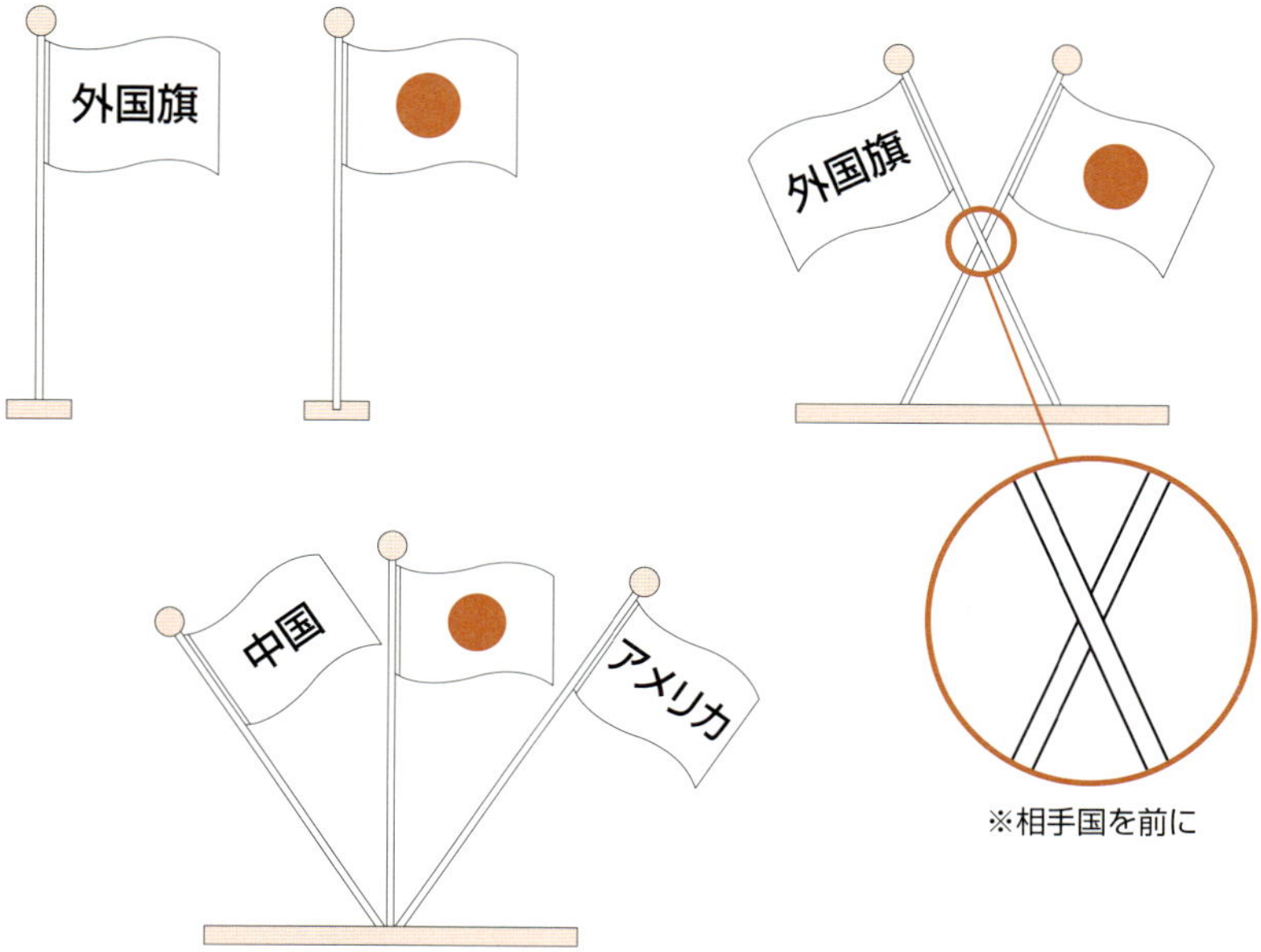

※相手国を前に

・複数旗を掲揚する場合の並べ方は、掲揚される数にもよるが、「右上位」の原則に則って向かって左から国連方式による国名アルファベット順にする

・国連旗やオリンピック旗などは、国旗よりも優先される

・弔意を表す時は、「半旗」といい、いったん最上部まで掲げた後、およそ三分の一から半分程降ろしたところで留めたまま掲揚する

POINT

国旗は国の象徴であり、国旗に落書きをしたり、国旗を侮辱したり、汚損してはいけません。国旗に敬意を払わず、掲揚以外の目的で使用すると場合によっては深刻な外交問題に発展することもあるので注意が必要です。

◆礼拝の場でのマナー

いかなる宗教でも、礼拝の場においては〝敬意を払うこと〟が最も大切なマナーです。教会やモスク、寺院、神社などを訪れる時には、常に信者の人々に対する配慮を忘れずに、謙虚な態度で臨みましょう。

まず、事前に宗教・宗派について、正しい作法を知っておくことが大切です。会話は禁止されているか、献金は必要か、讃美歌や祭壇への礼拝には参加すべきか、靴は脱ぐべきか、ベールをかぶるべきか、などの事項はあらかじめガイドブックなどで確認しておきます。

事前に確認できなかった時は、周りの人の様子をよく観察します。しきたりに準じようとする真摯《しんし》な姿勢があれば、多少の間違いは許されるでしょう。

望ましい服装については、宗教によって違いがあるものの、地味で控えめにすることが基本です。神聖な場であることを考慮し、肌の露出は少ない方がいいでしょう。女性は大判のスカーフなどを持参していれば、頭にかぶったり、肩からかけたりすることができて、いざという時に重宝します。

①教会でのマナー

礼拝堂に出入りする時には、必ず片膝を軽く折って祭壇に敬意を示し、席に着く時は隣の人に会釈します。起立、着席、退出などは、他の人の動きをよく見て真似るようにしましょう。案内係がいれば、参列が可能か、どこに座ればよいかなど、事前に指示を仰ぎます。

②モスク(イスラム教の礼拝所)でのマナー

モスクを訪れる際は、祈りの時間と聖日である金曜日を避けるようにします。女性は膝下より長いスカートを着用し、頭や肩、腕を覆うためのスカーフやショールを用意しましょう。入り口では靴を脱ぎ、モスクの絨毯《じゅうたん》の上を土足で歩かないようにします。また、少額でも必ず寄付をしましょう。

③寺院でのマナー

寺院に入る時は、指定された場所で靴を脱ぎます。お祈りをしている人の前を横切ったり、大声で話したりすることは避けましょう。寺院は本来修行の場であり、女人禁制のところもあるので注意が必要です。特にタイでは、女性が僧侶に触れたり、握手をすることは禁じられています。

POINT

礼拝の場は信者のためのコミュニティであり、部外者が参加することを喜ばない人もいます。事前に参列してよいかを丁重に尋ね、断られたら素直に従い、許可をもらえた時はお礼を述べ、神聖な祈りの邪魔をしないように配慮しましょう。写真撮影に関しても許可を得るようにしましょう。

◆異文化コミュニケーション

海外で外国人と接することは、日本とは違う文化に触れるということでもあります。異文化に触れるたびに、自分が日本人であることを改めて自覚させられることでしょう。

日本の文化や習慣、歴史などについて理解や見識を深めることで、日本人としての自覚(アイデンティティ）が芽生えます。互いの文化や習慣を語り合うことは、日本に対する理解と同時に、他国への理解をも深めることであり、それこそがまさに国際交流そのものなのです。

①国や宗教によってタブーは違う

国や宗教によって習慣やしきたりが異なり、独特のタブーもあります。ある国では喜ばれる行為が別の国では嫌われることはよくあることです。外国を訪問したり、外国人と接したりする時は、事前にその国のタブーなどを調べ、失礼のないようにしたいものです。

・キリスト教徒にとっては「13」は不吉な数字
・イスラム教徒にとってアルコールと豚肉は厳禁
・ヒンドゥー教徒にとって牛は聖なる動物
・モルモン教徒にとってコーヒーや紅茶、緑茶などのカフェインは厳禁
・ユダヤ教徒にとって豚肉、鶏肉、甲殻類、貝類、クジラを食べるのは厳禁

②人権に配慮する

欧米人は自分の権利を強く主張するというイメージがありますが、同時に他人の権利侵害にも敏感であることが多いようです。

外国では、人種、年齢、性などの差別・区別感覚が日本人とは異なるということを認識しておきましょう。

・むやみに年齢や既婚・未婚などを聞かない
・プライベートを詮索しない
・パーティなどでは日本人だけで固まらない

③時間に対する価値観の違い

日本人は時間に正確で、交通機関の運行時間や人との約束の時間などはおおむね守られますが、外国では時間におおらかな場合が多いようです。そうした感覚に馴染めず、相手に不信感や不快感を持つ人もいるようですが、時間に対する感覚は民族によって異なることを認識しておきましょう。

④チップ

レストランやホテルなどで特別なサービスを受けた時や、迷惑をかけた時は、チップで感謝や謝罪の気持ちを表します。

最近ではサービスがシステム化され、サービス料が加算されている店などが海外でも増えていますが、状況に応じて料金の一〇～二〇％のチップを担当者に直接渡すのがよいでしょう。

日本でも心づけを渡す習慣がありますが、温泉旅館などのごく一部のことで、あまり慣れていないかもしれません。しかし、習慣のある国でチップを渡さないのはマナー違反です。

サービスに不満がある場合は相場より少なくてもかまいませんが、無理をお願いしたり、気の利いた配慮があった場合などは、感謝の気持ちをプラスして渡すようにしましょう。

・チップは小銭の処分ではない。小額紙幣を事前に用意しておき、感謝の気持ちをスマートな渡し方で示す

・料金にサービス料が含まれている場合は、チップを別に払う必要はない。含まれていなければは、一〇～二〇％のチップを加えて支払う

・クレジットカードの場合は、「Charge」の欄に金額を書き込むか、「For Service」のところに具体的な割合を記入してサインする

・ホテルでは、ドアマン、荷物を運んでくれるポーター、部屋の清掃をしてくれるルームメイド、ルームサービスを頼んだ時などに渡す。チップの額はホテルの格によっても多少異なる

・レストランでは、サービス係、ソムリエなどに渡す

・タクシーは、料金の一〇～一五％のチップを降りる時に渡すが、荷物が多い場合などは、少し多めにする

◆自国の文化を紹介する

国際化が進むと、異なる文化や習慣を持つ人との交流が増えます。他国の文化を知ることが大切になる一方、自国の文化を他国の人に理解してもらうことも必要です。特に、雅楽や能・狂言、文楽、歌舞伎といった伝統芸能や武道、茶道や華道といった芸道、寺社・仏閣の宗教行事や年中行事などは、外国人の関心も高く、よく尋ねられる分野でもあります。これらについて外国人に正しく説明できるようでありたいものです。

国際人とは単に語学に堪能であるだけでなく、こうした日本文化のすばらしさを理解し、誇りを持って日本を世界に伝えることができる人ではないでしょうか。

POINT

国際交流においては、相手の文化や習慣、あるいはしきたりなどを尊重する姿勢こそがもっとも大切なマナーであり、異文化コミュニケーションの原点と言えましょう。しかし、その前提となるのは、自国の文化やしきたりに精通していることです。私たちが外国の文化や習慣に興味を抱くように、外国人は歌舞伎や茶道といった日本の伝統文化や、神仏に関するしきたり、あるいはアニメなどの最近のカルチャーにも関心があるということを認識しておきましょう。

◆日本の伝統文化〈参考〉

歌舞伎	我が国の代表的な伝統演劇で、17世紀初頭に出雲の巫女《みこ》の阿国《おくに》が京都で念仏踊りとして「かぶき踊り」を興行したのが始まりとされます。阿国のあまりの人気に女性の歌舞伎は風紀を乱すと禁止され、それ以降は男性のみで演じられるようになりました。 「隈取《くまど》り」という派手な舞台化粧や、舞台下手から客席を通って後方に抜ける「花道」など舞台装置も独自に工夫され、演劇、舞踊、音楽の総合芸術として江戸時代に現在のようなスタイルが確立され、今日に至っています。
能・狂言	能は約700年の伝統を持ち、現在まで継承されているものでは世界最古の音楽劇で、日本の代表的な舞台芸術の１つです。その原形は日本固有の神楽《かぐら》系の歌舞に、7〜8世紀頃に大陸から伝わった散楽《さんがく》が混ざってできた猿楽《さるがく》と、農耕神事に発する田楽が熟成され、14世紀に観阿弥《かんあみ》、世阿弥《ぜあみ》親子によって大成されました。その荘厳な雰囲気は「幽玄《ゆうげん》」と表現され、その美の極致を「花」と言います。現在、上演可能な約250曲は主役やテーマによって「神」「男」「女」「狂」「鬼」に分類され、能の役者はシテ方、ワキ方、囃子方、狂言方に大別されます。 狂言は、能の合間に演じられる笑劇で、能が人間の〝陰の部分〟の悲劇性を厳粛に描くのに対して、狂言は人間の愚かさ、野蛮さ、哀れみを風刺的に喜劇として描いています。長い間、能の付属的な演劇として扱われていましたが、戦後は独立した芸能として認識されるようになりました。
茶道	茶の湯は、日本の伝統的な生活文化の集大成と言ってもよいでしょう。日常的に行なっているお茶を飲む習慣や、来客をお茶でもてなすことにも、茶の湯の精神が反映されています。茶道の歴史は、鎌倉時代に栄西禅師が中国から持ち帰った茶の種が日本の風土に根付き、喫茶という習慣の中から「茶の湯」が誕生しました。室町時代に、村田珠光らが先達《せんだつ》となり、やがて千利休によって「茶道」として確立されました。 〝侘《わ》び〟〝さび〟といった簡素な趣の茶室や露地のしつらい、掛け軸や花、茶道具の取り合わせなどのすべてが、亭主のもてなしの精神を表すものであり、こうした趣は「和敬清寂《わけいせいじゃく》」という象徴的な言葉で受け継がれています。

マナー・プロトコール検定試験 出題例

マナー・プロトコール検定過去問題　2級

国旗の取り扱いについて、適切なものを2つ選びなさい。

1）　アメリカ大統領の来日に際して日米の国旗を掲揚する場合、米国旗の下に日章旗を掲揚して敬意を表す。
2）　国旗掲揚・降納の際は、国旗が地面に触れないよう細心の注意を払う。
3）　国連旗を掲揚する際は、国旗より上位に扱わなければならない。
4）　海外の来賓が宿泊する施設では、滞在中は昼夜、天候を問わず国旗を掲揚しておくのが原則である。
5）　国際会議の会場に参加国の国旗を掲揚する際、会議の参加申込順に向かって左から掲揚する。

マナー・プロトコール検定過去問題　3級

以下の文で適切なものには○、不適切なものには×を□に書きなさい。

□　①イスラム教の礼拝所であるモスクを訪問する際は、聖日である日曜日を避ける。
□　②レストランでの支払い時にチップを渡す場合は、必ず現金を用意する。
□　③一般に政治の話は男性の関心が高く、パーティなどで初めて会った相手との話題として好まれる。
□　④主要国首脳会議（サミット）において、肩書きが同格であれば在任期間が長い順に序列を決定する。
□　⑤レセプションパーティは公的な会合なので、開会から終了まで参加するのがマナーである。
□　⑥男女が一緒に階段を上る時は、男性が常に女性より先を歩いてリードするのが原則である。

【正解】2級：2、3　3級：①×　②×　③×　④○　⑤×　⑥×

◆第3章◆

社会人に必要なマナー

Global Standard Manners

好印象を与えるコミュニケーションとは

◆印象をよくする

第一印象は、出会って数秒から数十秒で決まる、と言われています。そしてその印象は、かなり長い間にわたって継続するようです。第一印象がよいと、スムーズに交際が始まりますが、印象の悪い人と仲よくしようと思う人はいないでしょう。ということは、初対面の人に会う時には、相手に好印象を与えられるようにすることが、人間関係のスタートには大切なのです。

人は五感（視覚、聴覚、味覚、触覚、嗅覚）を使ってさまざまな判断をしています。印象は見た目や話し方など総合的に形作られるものですが、中でも服装や身だしなみ、表情や態度、姿勢といった外見の要素の影響が大きいと言われています。

さらにアメリカの心理学者アルバート・メラビアンは、異なった情報に接した時、人は何を優先して相手の感情や意志を判断するかという実験で、次ページの図のように、言葉より視覚や聴覚から受ける印象を信頼するという結果を得ました。

印象のよい人は、「誠実な人」「礼儀正しい人」といった好感につながりますが、印象が悪いと「だらしない人」「冷たい人」というように反感を持たれるようになります。その意味では、外見は〝内面の心〟を表すと判断されると思っておいた方がよいでしょう。相手に好印象を与えられるように、自分自身を客観的に見ることが大切です。

POINT

コミュニケーションを円滑にするには、相手から好感を持たれることが大切です。第一印象のよし悪しがその後の人間関係の形成に大きな影響を与えるので、自分の印象がよくなるように注意しましょう。

◆挨拶の大切さ

挨拶は、人間関係のスタートです。家庭や職場、友人や近隣の人に対して、きちんと挨拶ができるかどうかは、その人の社会性やコミュニケーション力をはかるバロメーターと見てもよいでしょう。TPOに応じ、自分から挨拶をすることで、人間関係も円滑になります。

また、挨拶は朝起きた時から、夜寝るまでの間に誰もが行なう日常生活には不可欠なものです。特に子どものしつけには意識して取り入れ、挨拶の習慣を身につけさせましょう。

◆アルバート・メラビアンの実験結果

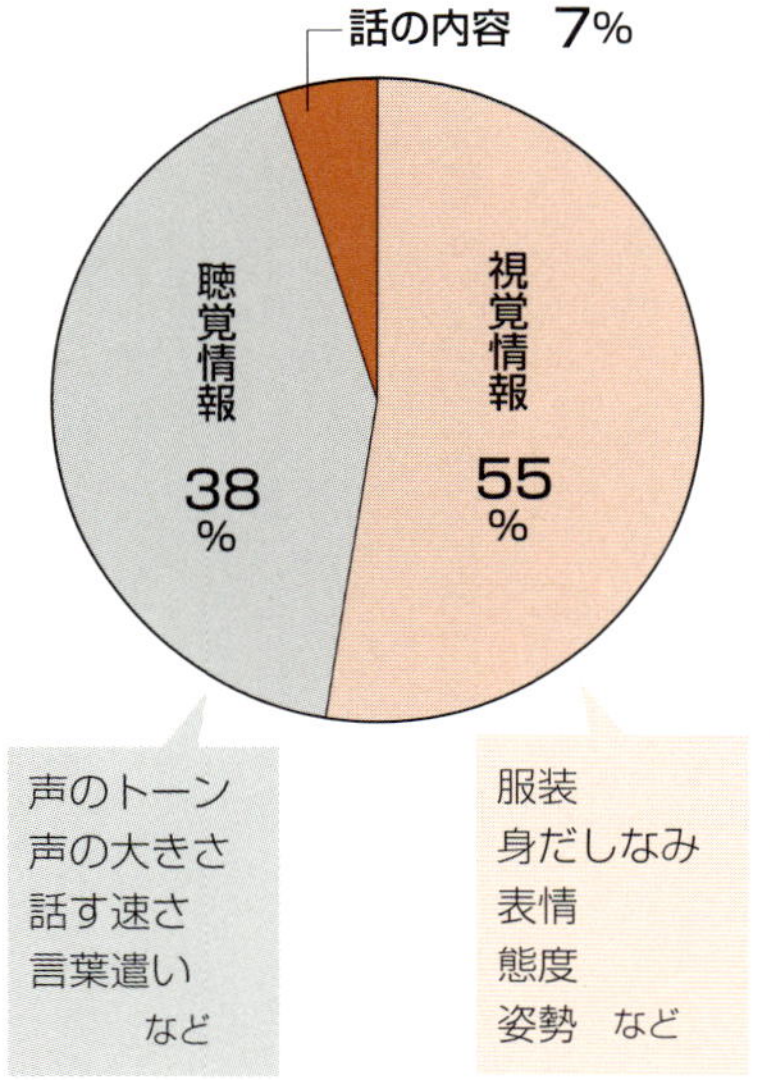

COLUMN

日常の挨拶を大切に

以下のような挨拶言葉は幼い子どもでも知っています。しかし、その時の状況に応じて、声に出して相手にしっかりと伝えているでしょうか。社会の中で大人が率先して実践していなければ、子どもが見習うことはありません。「知っている」ということと「やっている」ということには大きな差があります。周囲の人に感謝や親愛の気持ちを伝える第一歩は、こうした日常の挨拶だということを忘れないようにしたいものです。

・朝起きた時……「おはよう（ございます）」
・食事をする時……「いただきます」
・食事を出す時……「（どうぞ）召し上がれ」
・外出する時……「行ってきます」
・見送る時……「（気をつけて）行ってらっしゃい」
・外出から帰った時……「ただいま（帰りました）」
・帰った人を迎える時……「おかえりなさい」
・夜寝る時……「おやすみなさい」
・感謝をする時……「ありがとう（ございます）」
・謝罪をする時……「申し訳ありません（ごめんなさい）」

POINT

挨拶は、相手を認め、相手への気持ちを言葉や動作で表現する方法であり、挨拶習慣は人間関係を築く原点です。したがって、挨拶をしたのに返事がなかったり、不機嫌そうな返事をされると、相手から軽んじられたという印象を抱き、不快な気分になります。いつも丁寧で、気持ちのよい挨拶を交わせるように心がけましょう。

◆丁寧なお辞儀

挨拶をする時、その場の状況に適したお辞儀ができれば、さらに相手に好感を与えることができます。お辞儀はその時の気持ちによって、体の角度や頭を下げる長さが変わるものです。深くゆっくりと頭を下げると丁寧さが伝わります。

基本のお辞儀の例を参考に、内面の気持ちを態度や所作で表せるように、心のこもったお辞儀を心がけましょう。

・**会釈**……道や廊下などで人とすれ違う時など。目上の方や来客とすれ違う時などは、いったん立ち止まるとよい

・**普通のお辞儀**……お客様を迎える時や、出勤・退社時の挨拶、感謝の気持ちを表す時など。サービス業やビジネスシーンでもっとも使われるお辞儀

・**深いお辞儀**……普通のお辞儀よりもさらに強い感謝の意を表す時や、依頼、お詫びの時など。特に地位の高い人に対するお辞儀

・**目礼**……頭を下げたり、お辞儀はしないが、視線を合わせてアイコンタクトで相手に敬意を表す。また、込み合うエレベーターの中で知っている人に出会った時など、相手の状況に配慮してお辞儀を控える場合にも行なう

POINT

お辞儀は、相手を尊重する気持ちを、具体的な体の姿勢で表現するものです。ただし、ペコペコと何度も頭を下げたり、姿勢の悪いお辞儀は品性

に欠け、本来の気持ちが十分に伝わりにくいものです。きれいな姿勢で、美しいお辞儀ができるようにしましょう。

COLUMN

お辞儀の由来

お辞儀が日本人の挨拶行為になった歴史は古く、3世紀に書かれた『魏志倭人伝』にも、「倭人は貴人に会う際にひざまずいて頭を垂れる」と記されているそうです。お辞儀の語源は「時宜」だと言われますが、これは〝物事を行なうのにちょうどよいこと〟であり、やがて他人への配慮を示す言葉になりました。お辞儀は、急所である頭を差し出すことで、相手に対する服従や、敵意がないことを示す行為だったのです。

◆お辞儀の種類

- 会釈（15度程度）
- 普通のお辞儀（30度程度）
- 深いお辞儀（45度程度）

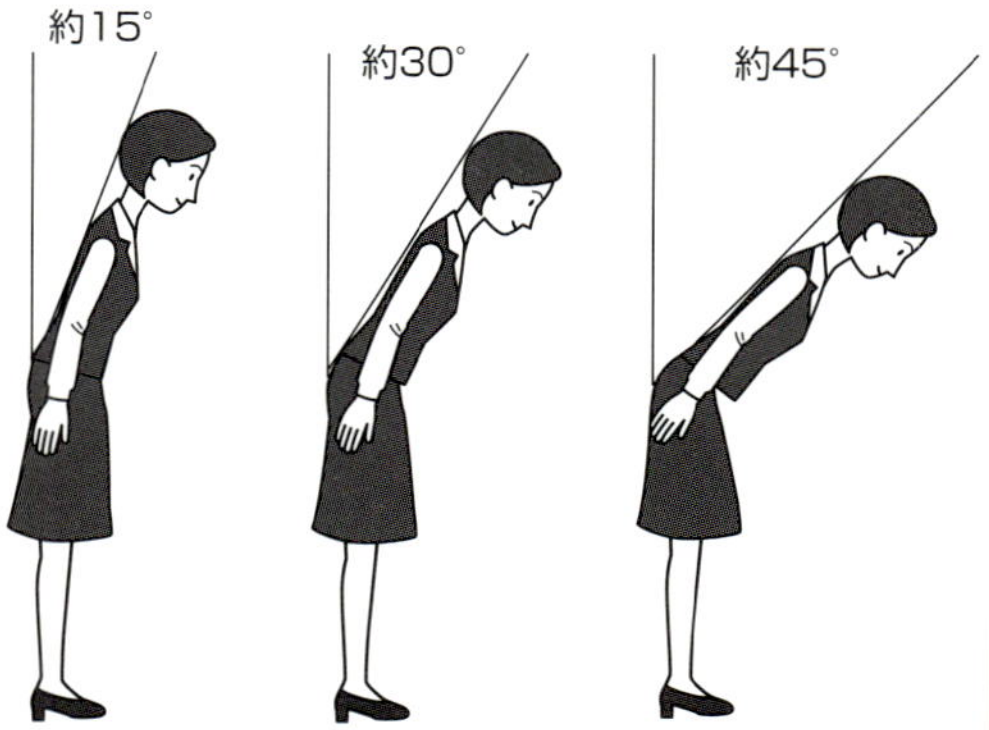

◆服装や身だしなみの基本

服装や身だしなみは、その人を知るための要素の一つであり、印象を左右します。一般に、服装はその人の「個性」や「センス」を表し、身だしなみは「生活態度」や「性格」を表すとされます。どのように見られるかということを意識し、服装の選択や身だしなみを整えることが大切です。

人に不快な印象を与えないように身なりを整えることを「身だしなみ」と言います。服装が個性を表現するとすれば、身だしなみは相手を尊重する気持ちを装いで示すものです。また、身だしなみは細部にわたる〝確認〟の集大成です。特にビジネスシーンでは、社外の人があなたの姿を見て抱いた印象が、そのまま会社の印象となる可能性もあるので、身だしなみには十分注意しましょう。

身だしなみの基準は、「清潔感」「上品」「控えめ」で、さらにビジネスの場合は「機能性」にも配慮が必要です。

・清潔感……実際に「清潔」であることはもちろん、見た目にも「清潔感」があること

・上品……誰が見ても好感が持てる品格を感じさせること

・控えめ……「地味」とまではいかなくても、相手に派手な印象を与えないようにすること

・機能性……働きやすく、シンプルであること

◆男性の身だしなみ（ビジネスシーン）

ビジネスシーンでは、男性はスーツが基本です。業種によっては規定のユニフォームがあったり、最近は環境問題に配慮してカジュアルウェアを推奨する会社もありますが、お客様を訪問する時など正式な場合は、スーツを着用するのが原則です。

◆女性の身だしなみ（ビジネスシーン）

女性の場合はおしゃれを楽しむ人も多く、ビジネスシーンとプライベートシーンで服装を変えている人も多いようです。いずれの場合も、華美にならないような配慮と、ストッキングの予備を用意するなどの心得も必要です（男女の身だしなみのポイントについては65、67ページを参照）。

◆立ち居振る舞いの基本

姿勢が美しい人は、相手に爽やかな印象を与えます。歩き方、座り方などの立ち居振る舞いがキビキビしていると、信頼感を持たれます。物の受け渡しなどの対応を丁寧にすると、相手を大切に思っている気持ちを表せます。このように、姿勢や立ち居振る舞いは、その人の内面の状態を表すものと受け取られるのです。自信のない印象や乱暴な態度、横柄な振る舞いなどは、ちょっとした仕草や体の姿勢などの印象がもとになっているものです。

◆男性の身だしなみと立ち方のポイント

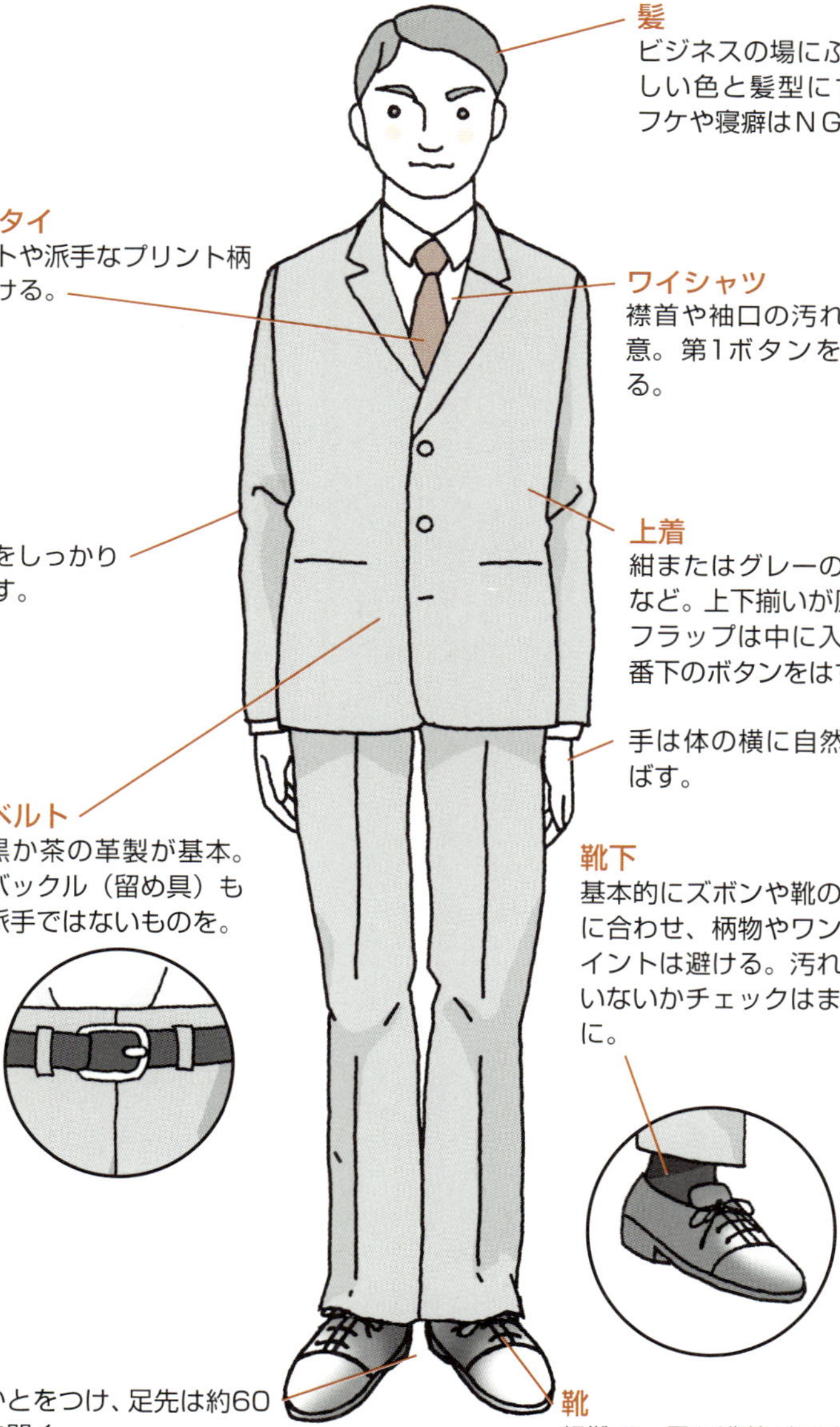

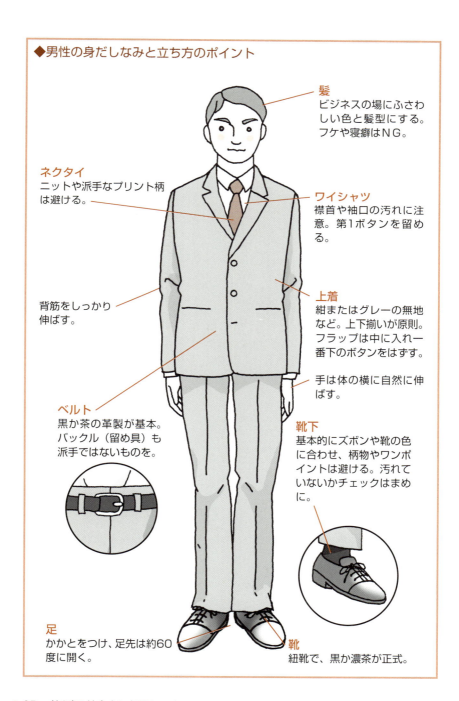

絶えず人の目を意識し、姿勢や立ち居振る舞いにも配慮しましょう。

①アイコンタクト

目を見ると、相手の気持ちを推し量ることができます。日本人は恥ずかしがって、視線を合わせることの苦手な人が多いようですが、アイコンタクトは相手を認め、尊重していることを表現し、相手に信頼感を与えるものだということを自覚しましょう。

②位置に配慮する

相手との位置によって印象が変わります。応対の基本は相手の正面に位置することですが、初対面の場合などで圧迫感があるようなら、真正面は控え、少し斜めに位置する方がよいでしょう。

③人から見られていることを意識する

靴のかかとを踏んでいたり、足をくずした格好をしていませんか？ 誰も見ていないと思っていても、意外に人は見ているものです。常に他者の視線を意識して、後ろ姿にまで気を配りましょう。

④所作は丁寧に

物の受け渡しなどの場合、指先を揃える、両手で扱う、片手で物を持つ時はもう片方の手を添える、ドアや引き出しの開け閉めは静かに行なうなど、細かい動作に心を配りましょう。また、歩きながら会釈をするより、立ち止まってする方が相手に対する敬意を示せるように、動作は何かをしながらではなく、〝メリハリをつける〟と、丁寧で礼儀正しい印象になります。

⑤歩き方や座り方

背筋を伸ばして颯爽《さっそう》と歩けば、自信やリーダーシップを感じさせますが、足を引きずり、肩を落としていると落胆したような印象になります。また、足を揃え、背筋を伸ばして座っていると折り目正しい印象を与えますが、椅子の背にもたれて足を組んでいるとリラックスした印象や横柄に見られることもあります。

◆女性の身だしなみと立ち方のポイント

髪
ロングヘアの場合はヘアゴムなどでまとめるなど前髪が目にかからないようにし、髪色にも配慮する。

小物・アクセサリー
小物は服の色に合わせてコーディネイト。アクセサリーは華美にならないように注意。

メイク
ナチュラルメイクが基本。明るく健康的に。

腕
改まった時は体の横に自然に下ろし、お客様を迎える時などは手を前で組んでもよいが、肘を張りすぎないようにする。

指先をきれいに揃える。

服装
オーソドックスなデザインに。派手な色使いのものは避ける。

膝をつける。

靴・ストッキング
靴はシンプルなデザインに。高くて細いヒールはNG。ストッキングの色はナチュラルなベージュが無難。

足
左右のかかとをつけ、足先は自然に開く。

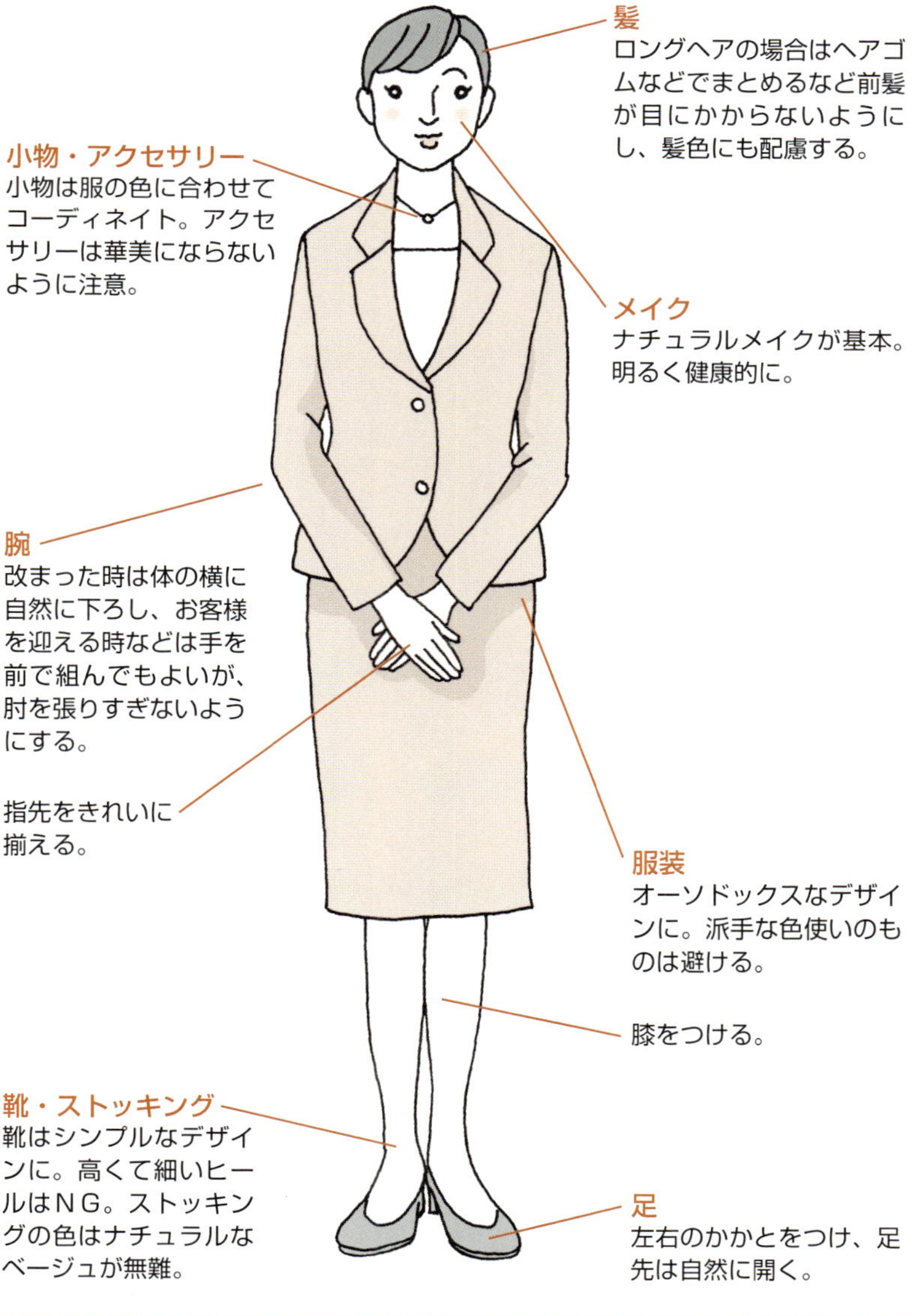

POINT

すべての所作の基本は正しい姿勢にあります。
ポイントを確認しましょう。
・まっすぐな視線で相手の顔を見る
・背筋を伸ばして、軽く胸を張る
・手の位置は、女性なら自然に手を下ろした位置で重ね（手を組む位置が高いと、肘を張ってしまうので自己顕示欲が強い印象になります）、男性ならズボンの縫い目に沿わせて下ろす
・左右のかかとは原則としてつけ、足先は、男性は約六〇度に開き、女性は自然に開くようにする

丁寧な言葉遣い

◆正しい敬語を習得する

敬語は相手を敬う気持ちを表すものです。敬語が正しく使えることは、社会的な地位や年齢、立場の違いといった複雑な要素を乗り越え、相手とうまくコミュニケーションをとっていくために、日本人として、社会人として必要不可欠な要素です。

美しく正しい日本語が話せることは、その人の品性を表しますが、一朝一夕には身につかないので、日頃の意識や訓練が必要です。ここでは、社会人として必要最低限の敬語のルールについて解説します。

①敬語の種類

敬語には主に「尊敬語」「謙譲語」「丁寧語」の三種類があり、「丁重語」「美化語」を入れて五種類とする場合もあります。

・尊敬語……相手を敬うことで敬意を表す

・謙譲語……自分がへりくだることで相手を高める

・丁寧語……相手に敬意を表し、丁寧に言う

②その他の敬語表現

次ページの表のような置き換えの例のほかに、「お出かけになる」「お書きになる」など「お～になる」とすることや、「帰られる」「来られる」など「～れる」「～られる」をつけることでも尊敬語となります。

同様に、「お知らせする」「ご連絡する」など「お（ご）～する（いたす）」や、「待たせていただく」など「～させていただく」などで謙譲語となります。

丁寧語は動詞の語尾を「～です」「～ます」「ございます」としたり、名詞や形容詞に「お～」や「ご～」をつけます。

③敬称のつけ方

「様」「さん」「殿」「○○課長」などの敬称は、以下の点に注意してつけます。

◆敬語の置き換えの例

	尊敬語	謙譲語	丁寧語
言う	おっしゃる	申し上げる	言います
行く	いらっしゃる	参る、伺う	行きます
来る	いらっしゃる お見えになる お越しになる	参る	来ます
見る	ご覧になる	拝見する	見ます
聞く	お聞きになる	お聞きする 拝聴する	聞きます
書く	お書きになる	お書きする	書きます
話す	お話しになる	お話しする	話します
持つ	お持ちになる	お持ちする	持ちます
食べる	召し上がる	いただく	食べます
いる	いらっしゃる	おる	います
する	なさる	いたす	します
会う	お会いになる	お目にかかる	会います
知っている	ご存知	存じ上げる	知っています

・社内では、役職名を名前の後につけると敬意を含む
・社内の人を社外の人に紹介する時は、肩書の後に名前とするか呼び捨てにする（部長の○○、または○○とする）
・部署や団体名などには「御中」をつける
・敬称を二重につけない（○○部長様、○○社御中△△様など）

COLUMN

敬語の注意点

尊敬語と謙譲語の混同に注意

尊敬語の「お～になる」と、謙譲語の「お～する」を間違えないようにしましょう。

× お待ちしてください　○ お待ちください

二重敬語に注意

尊敬語に「れる」「られる」をつけるなど、敬語を重ねて使うことのないようにしましょう。

× お越しになられる

○ お越しになる

「お」「ご」のつけ方に注意

自分の行動や習慣を表す単語や、すでに尊敬を表している単語、外来語にはつけません。

×（自分の）お体、（自分の）お車、おビール

○（相手の）お体、（相手の）お車、ビール

（「お金」や「お水」のように「お」をつけるのが一般的なものを美化語と言います）

好感の持てる話し方

◆話し方の基本

スムーズに意思の疎通をはかるためには、相手の話を十分に聴いたり、自分の意思を相手に的確に伝えることが大切で、話し方と聴き方がたいへん重要になります。上手な話し方のポイントは以下の通りです。

①要点をまとめる

自分の意思を相手に的確に伝えるには、まず自分自身が話す内容を理解していなくてはなりません。頭の中で要点を整理し、まとめてから話す習慣を身につけましょう。

②結論から話す

小説などでは、起承転結があって、結論を後回しにしますが、相手にわかりやすく話すためには「はじめに結論ありき」です。具体的には「○○の件ですが、××という結論になりました。理由は二つありますが、一つは……」などと話します。

また、一文が長かったり、専門用語や略語、カタカナ言葉、流行語などを多用すると内容が伝わりにくくなるので避けましょう。また、他人の受け売りや知ったかぶり、必要以上に誉めすぎるのも不快な印象につながります。

③豊かな表情で話す

相手の目や顔の表情を見れば、内容が理解されているかどうかの判断がつきます。圧迫感を与えない程度に相手の目を見て、誠意を持って話すことが大切です。また、内容に応じた表情で話すことで、話し手の感情を伝えることができます。

④正しい表現を使う

形容詞や修飾語が不適切だったり、現在形と過去形が混同していたり、若者言葉だったり、正しい敬語が使えないのは社会人として恥ずべきことです。

⑤相手の立場に立って話す

言葉の受け取り方は人によって違うので、年齢、性別、職業など、相手の立場に立って話しましょう。また、無神経なたとえや表現は相手を傷つけたり、人間性を疑われます。例えば、「ケチ」は「倹約家」、「背の低い人」は「小柄な人」などと言い換えます。また、人にはそれぞれの考え方があるので、自分の価値観を押しつけないように注意します。

POINT

言葉遣いや話し方は、話し手の知識や教養、品性を如実に表すものです。常に適切かつ丁寧な言葉遣いと、ポイントを絞った、わかりやすい話し方を心がけましょう。また、語彙《ごい》が豊富であったり、さまざまな表現ができることは感性の豊かさや教養の高さを示します。マニュアル対応が嫌われるのは、こうした個人の感性が感じられないからです。相手や状況によって言い方を変えるように工夫してみましょう。

◆聴き方の基本

「きく」という漢字は三種類あります。「聞く」「聴く」「訊く」で、それぞれに話を聞く姿勢が異なります。話し手が話しやすいかどうかは、実は聞き手の姿勢によって変わります。親身になって話を聞く姿勢を表しているのは「聴く」という字で、相手の話をよく聞くことで相手をより理解することができるだけでなく、その結果、相手から好感を持たれ、信頼されます。相手が話しやすい聴き方のポイントを以下に整理します。

①あいづちを打つ

話をしても反応がないと人は話しづらいものです。話の節目でうなずいたり、「おっしゃる通りです」「そうですね」などとあいづちを打つのは、聴き手のマナーです。

また、きちんと話を聴いていれば、自然と的確なアイコンタクトが取れるようになります。

ただし、「はいはい」「えぇえぇ」などのようにあいづちを重ねるのは、相手を軽蔑したような印象を与え、タイミングが早すぎると、相手は急《せ》かされているように感じてかえって話しづらいものです。注意しましょう。

②話の内容に合った表情を

聴いている時の表情が乏しいと、相手は「何を考えているかわからない」「話を理解しているのかわからない」と不安に思います。また、深刻な話の時にニヤニヤしたり、楽しい話なのに笑顔がなければ、真剣に聴いているとは思われないでしょう。

話の内容に合わせて、相手の心に共感したり、同調することが大切で、それによって自然と話の内容に応じた表情になるはずです。

③聴く時の態度に注意

聴き手の姿勢は態度に表れます。身を乗り出すようにすると、一所懸命相手の話を聴こうとする積極的な姿勢が感じられます。反対に、腕や足を組んで話を聴くのは、相手を拒否するように見え、横柄な印象になるのでやめましょう。

POINT

コミュニケーションは、相手の話を聞くことから始まり、人は自分の話をよく聞いてくれる人に信頼を抱くものです。「聞く」「聴く」「訊く」の漢字が示すように、状況に合った聞き方をすることで、相手の話を理解するだけでなく、相手の心をより深く理解することが大切です。

・「聞く」……自然に耳に入ってくること
・「聴く」……相手を理解するために話を聞くこと
・「訊く」……積極的に質問をしながら本音を引き出すために聞くこと

◆クッション言葉

相手に、「尋ねる時」や「依頼する時」、「相手の意向にそえない時」に、すぐにその旨を切り出すと角《かど》が立ちます。

そうした場合は、次のようなクッション言葉をはさむと、相手の印象が変わり、受け入れやすくなるものです。また、語尾を依頼形にすると、さらに婉曲な印象になります。

少々お待ちください

↓

クッション言葉

恐れ入りますが、

依頼形

少々お待ちいただけませんか

〈その他のクッション言葉を用いた例〉

・失礼ですが、どちらさまでしょうか
・あいにくですが、不在にしております
・申し訳ございませんが、在庫を切らしております
・申し訳ございませんが、おタバコはご遠慮いただけますか
・お手数をおかけしますが、こちらにご記入いただけますか

また、「できない」「わからない」とストレートに言うよりも、遠回しに表現し、さらに誠意を示す一言を加えると、婉曲な印象になります。

〈例〉

・できません→申し訳ございませんが、いたしかねます。○○（代替案）ではいかがでしょうか
・わかりません→申し訳ございません。あいにくわかりかねます。すぐにお調べしてまいります（わかる者と代わります）
・いません→申し訳ございません。ただいま席をはずしております。○時には戻ってまいりますが、いかがいたしましょうか

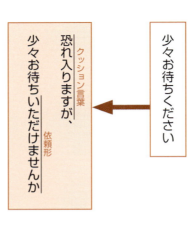

礼装の基準

◆服装の歴史

衣服は、風土や民族、生活様式によって素材やデザインが異なります。例えば、寒い地方では体温を逃がさないため、暑い地方では強い日差しから身を守るため、乾燥する地方では水分を奪われないためといった目的があり、そのために寒い地方では動物の革や毛皮、毛織物が、暑い地方では木綿や麻などの通気性のよい植物性の素材が使われています。

民族衣装などは、このような地域の気候・風土に加え、宗教や社会制度などの要素が加わって形成されていきました。さらに、貿易や戦争などで民族が移動すると、お互いの風俗・風習が取り入れられたり、淘汰されたりして服装にも影響を与えました。

それぞれの衣装が持つ歴史や意味については省略しますが、民族衣装にはその国や民族の長い歴史が込められていることを理解し、敬意を払うことが大事です。また、こうした理由で民族衣装は正装とみなされます。

◆洋装の歴史

近世ヨーロッパでは、ベルサイユ宮殿を中心としたブルボン王朝の貴族たちが取り入れていた食事や服装のマナー、日常の振る舞いなどの生活スタイルが、当時の近隣諸国の王侯貴族らに強い影響力を与えました。

ところが一八世紀末になると、フランス革命などの市民革命や、イギリスで始まった産業革命の影響により、「経済力」という新しい価値基準が生まれ、それまで階級の低かった商人が力を持ち始めます。一方、没落した貴族は、宮殿の外に生活の場を求めるようになり、貴族社会の中だけで尊重されていたマナーが、一般庶民にも広がっていきました。

当時、すでにほぼ確立されていたテーブルマナーは、「フランス式」がスタンダードとして浸透しましたが、流行に左右されない礼装の基準は、流血の革命により急速に支配階級が崩壊したフランスのものではなく、立憲君主制を維持し、階級社会を残す結果となった「イギリス式」がヨーロッパの基準となっていきました。

◆洋装の基準

ヨーロッパを中心とした洋装のマナーとは、「時間」や「場所」によってふさわしい服装に着替えることです。例えば、朝の外出はモーニングコート、散歩にはモーニングジャケット、昼の外出はフロックコート、夜の正装にはテールコート（燕尾服）やディナージャケット（タキシード）というように、状況に応じて何度も着替えるのがジェントルマンの基本であり、習慣でした。このように、西洋では、時間帯に応じて着るものが決まっていて、その基準は簡略化されてきたとはいえ、今も守られています。西洋は、日が暮れたら夜の装いにするのがマナーで、夕方にパーティが行なわれる時は、終了予定が日没であれば夜の服装にするのが基本です。また、服装がその人の地位や人格を示す大きな目安になっていることも忘れてはなりません。

◆日常の服装

日常の服装は、ビジネス、スポーツ、パーティなどといった着用シーンや、トラディショナル、スポーティ、セクシー、フェミニンなどのようなファッション傾向、フォーマル、カジュアルなどの服装の格など、いくつかの基準に分かれます。いずれも、T（Time＝時間）・P（Place＝場所）・O（Occasion＝状況）に応じた選択をすることが大切ですが、それ以前に、その人の体型や地位・肩書きに合ったものを着用し、その時の流行に大きく遅れないことなども、センスを表す上では大切なポイントです。

◆和装の基準

古来、日本の政治の仕組みや法律などは大陸の影響が強く、同様に服装に関しても、階級に合わせた装いをする習慣などは中国の影響を色濃く受け継いでいました。しかし、朝廷を中心とする貴族社会から、戦国時代の混乱期を経て、江戸時代に入って社会が安定すると、政権維持のためにしきたりや身分制度が厳しく定められ、政治の体制や権力の構図が変わるにつれて、服装も激しく変化しました。

例えば、平安時代には普段着であった直衣《のうし》や狩衣《かりぎぬ》は、鎌倉時代には礼服になる一方で、鎌倉時代の普段着であった直垂《ひたたれ》が室町時代には礼服になるなど、服装はより動きやすく簡略化されました。江戸時代に入ると、直垂の袖を取った肩衣《かたぎぬ》と袴《はかま》が、「裃《かみしも》」と呼ばれて礼服となり、長期に政権が安定した江戸末期にはこれがさらに簡略化され、着物に羽織、袴をつけただけで正装になりました。

しかしそれ以上に、日本の服装に大きな変化を与えたものが明治維新です。それまでの伝統であった和装に代わって、公式行事から軍服や学生服に至るまで洋装が推奨されました。それに合わせるように、生活スタイルも西洋化し、和装は日本の伝統衣装でありながら、日常生活を送るには不向きな服装となってしまったのです。

このように、日本の服飾文化は常に海外からの影響を受けてきましたが、服装に関しても〝季節感〟を大切にする点は、日本独特の特徴として現在にも連綿と受け継がれているといってよいでしょう。特に衣替《ころもが》えは、江戸時代になると一般庶民の普段着まですべて一斉に行なわれていて、現在も和装のルールとなっています。

〈衣替えの基準〉

・袷《あわせ》……一〇月から五月末まで。裏地がある
・単《ひとえ》（衣）……六月と九月に着用。裏地がない
・絽《ろ》……七月。縦糸と横糸を絡ませて透き目を作った織り物

・紗《しゃ》……八月。絽よりさらに織り目が粗くて薄く、盛夏に着用する

和装では基本的には、どんなに暑くても衣替えの日より先に単を着ることは恥ずべきこととされていますが、現在では時期や天候によって着物の種類を選択していて、昔に比べると少し柔軟になっているようです。

また、着物の絵柄には季節感が取り入れられていて、花や風物などがあしらわれた柄の着物は、その季節以外に着用すると〝野暮《やぼ》〟だとみなされます。

POINT

服装は生活様式にともなって変化するものですが、服装の意味や歴史を知れば、洋装、和装の基準が理解できます。和装も現代では非日常的な装いになってしまいましたが、日本の民族衣装としてその伝統を大切にしたいものです。また、衣替えの習慣など、季節感を大切にする服装感覚は現代にもしっかりと受け継がれています。反対に、日常の服装となった洋装に関しては、西洋の基準を正しく理解し、簡略化することが品格を落とすことになる場合もあることを理解し、TPOに応じて着用するようにしたいものです。

◆TPOに合わせた着こなしとマナー

パーティなどの多くの人が集う場面では、服装は非常に重要な要素です。出席している人たちが、同格の服装をすることで、同じ価値観を持つ仲間という意識を持って対応でき、交流がスムーズになるからです。そこでは、「個性」がマイナスの要素にはなっても、プラスとはなりません。外国のコミュニティでは、場違いな服装が日本人には想像できないほど非難のもとになると心得ておきましょう。

そのため西洋では、子どもの頃から正しいフォーマルウェアを着こなすように躾けられます。高校や大学などで学生が主催して行なうダンスパーティではフォーマルな装いが決まりになっているなど、成

長していくなかで、フォーマルウェアに対する知識やセンス、そしてスマートな着こなしを身につけていきます。

アメリカは一般的に、ヨーロッパよりもマナーに寛容と思われていますが、このような事情はほとんど変わりません。

服装は自己表現であると同時に、知性や教養、センスの集大成であることも覚えておきましょう。

①パーティの「ドレスコード」

パーティの招待状を見ると、服装が指定されている（ドレスコード）ことがあります。ドレスコードは男性を基準に書かれていますが、女性も同格のものを着用します。

・「ホワイトタイ（White tie）」

夜のパーティで「ホワイトタイ（White tie）」と指定されていれば、男性はテールコート（燕尾服）、女性はローブデコルテやイブニングドレス、着物なら未婚女性は大振袖、既婚女性は色留袖といった第一礼装の着用を求める非常に格式の高いパーティであることを意味しています。

・「フォーマル（Formal）」あるいは「ブラックタイ（Black tie）」

男性はタキシード、女性はそれと同格のローブデコルテやイブニングドレスを着用します。着物の場合は、未婚女性であれば中振袖、既婚女性なら絵羽柄（広げると一枚の絵のようになる）の訪問着を着用します。「ホワイトタイ」ほどではありませんが、それに近いフォーマル度の高いパーティです。

・「インフォーマル（Informal）」

男性はブラックスーツまたはダークスーツで、女性はカクテルドレスか、着物なら付け下げがよいでしょう。

「インフォーマル」であっても、ドレスコードが指定されているので、カジュアルなパーティではありません。

・その他の表現

さほど格式ばらなくても、服装を指定してパーティをおしゃれに楽しみたいという主催者の意向がうかがえるドレスコードとして「スマートカジュアル」という言い方も最近は使われるようです。例えば、「Something Blue」などの場合は、参加者は当日の装いの中に、アクセサリーやネクタイなど何か〝青い色の物〟を取り入れたおしゃれをします。

パーティの主賓や主催者の服装が事前にわかることはないでしょうが、それぞれの人柄やパーティの規模などから、どのような装いになるかを予測し、さらにパーティにおける自分の立場（格）も考慮して服装を選びましょう。また、社交慣れした人であれば、同格の招待客と思われる人と事前に相談して、色やデザインが重ならないように配慮するなど、全体のバランスにまで気を配ることができるものです。パーティや会合の規模の大小にかかわらず、このような心配りができるようになりたいものです。

なお、服装そのものがカジュアルになっていることもあり、最近では、昼は「デイドレス」、夜は「ディナードレス」のようにドレスコードも簡略化されるケースが増えています。

POINT

パーティでの服装選びのポイントは、「格」のバランスです。まず配慮すべきは「主客のバランス」で、主賓と主催者、それぞれの夫人の服装よりも華美にならないようにします。次に「同伴者とのバランス」で、一方が派手すぎたり、見劣りしたりするようなことがないようにしましょう。

②宝石のつけ方と「格」

和装は、織りや絵柄などによっては着物そのものが宝石のごとく艶やかなので、身につけるアクセサリーはささやかにし、〝粋〟であることが重視されます。一方、洋装はどちらかというと宝石が主で、ドレスは宝石を活かすためのデザインと考えてもよいでしょう。イブニングドレスの代表格であるローブデコルテの衿が大きくあいているのは、ネックレスを魅力的に見せるためであり、覆いのない腕はブレスレットやアームレット（二の腕につけるアクセサリー）をひきたてるためのものです。

宝石の「格」は国によって多少違いますが、日本では、ダイヤモンド、エメラルド、ルビー、サファイア、パールを五大宝石と呼びます。ここからパールを除き、ヒスイ、アレキサンドライト、キャッツアイを加えて七大宝石と呼ぶこともあります。ただ西洋においてはヒスイの評価は低いようです。ほかに、ガーネット、トパーズ、アメジスト、アクアマリン、ラピスラズリ、水晶、サンゴ、琥珀などが挙げられます。

宝石を身につけるルールは服装と同様に、「時間」と「年齢」によります。昼間はパールなどのような半透明のものを、夜はダイヤモンドなどのような輝きの強いものにします。また年齢を重ねれば、大きくランクも高い宝石にし、若い女性はあまり豪華なものを身につけないのが上品です。

◆男性のフォーマルウェア

【昼の正礼装】

モーニングコート

【夜の正礼装】

タキシード

【夜の正礼装】

テールコート（燕尾服）

◆女性のフォーマルウェア

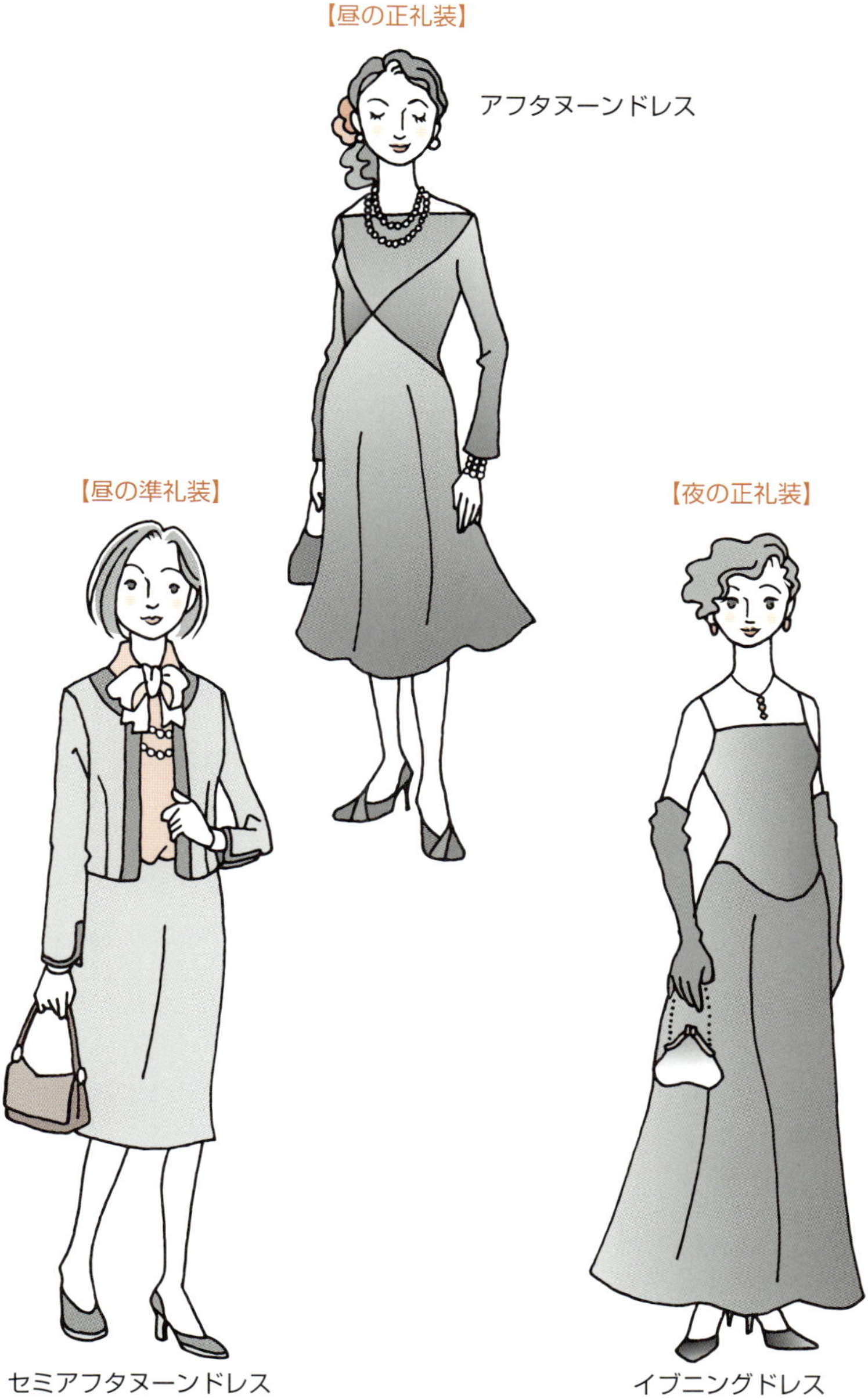

◆男性の服装の基準

洋服	昼	正礼装	モーニングコート	格式高い式典などで主役または準じる人が着用。１つボタンで黒の共生地の上着とベスト、縞のズボン。シャツは白いウイングカラー、ネクタイは白黒の縞柄かシルバーグレーの結び下げ。
		準礼装	ディレクターズスーツ	一般的な昼の慶事に最適な装い。ジャケットは黒、ダークグレー、濃紺の無地。ベストは明るいシルバーグレー系。ズボンは明るめのグレーでストライプ柄。
			ブラックスーツ	昼夜や慶弔を問わず着用できる黒色のスーツ。ベストを着用する場合はシルバーグレーが最適だが、色柄物も可。ネクタイはシルバーグレー、淡色、白黒の縞柄の結び下げ。
		略礼装	ダークスーツ	昼夜を問わず着用可。色はチャコールグレーかダークブルーで、無地または無地に近い柄。ベストはシルバーグレー、クリーム色などを選ぶとエレガントなスタイルに。
			ブレザー＆スラックス	濃紺でメタルボタンつきのブレザーを主流に形式にこだわらないパーティで着用。ブレザーの色は、紺、グレー、ブラック、キャメルなどの無地。チーフとタイを同柄にするとベター。
	夜	正礼装	テールコート（燕尾服）	儀式や晩餐会などの第一級の正礼装。「ホワイトタイ」と指定された場合に着用。上衣の後部は短冊状の尾（テール）がある。ネクタイはベストと共生地または「白い蝶タイ」。黒色の側章が２本入ったスラックスを白いサスペンダーで着用。
			タキシード	スタンダードな夜の正礼装。英国では「ディナージャケット」、仏国では「スモーキング」と呼ばれる。「ブラックタイ」と指定された場合に着用。レギュラーカラーかウイングカラーのドレスシャツ。ベストは黒色、ウエストに黒のカマーバンド、黒色の側章が１本入ったスラックスを黒のサスペンダーで着用。
		準礼装	ファンシータキシード	パーティに着用。黒やミッドナイトブルーの正礼装のタキシード以外の色や素材。レギュラーカラーかウイングカラーのドレスシャツ、ネクタイは蝶タイかクロスタイ。
			ファンシースーツ	ドレッシーなスーツ。シャツは白色か淡い色、衿はレギュラーカラーかウイングカラー。ネクタイは蝶タイ、クロスタイが一般的。素材は、夜を意識した光沢のあるもの。
		略礼装	ダークスーツ	形式にこだわらない「平服指定」のパーティなどに着用。光沢感のあるダークスーツ。シャツはドレッシーなレギュラーカラーの白が基本だが、パステルも可。タイ、ベスト、チーフは制約はないが、フォーマル感のあるドレスアップを心がける。
			ジャケット＆スラックス	レストランなど気軽なフォーマルシーンで着用。ジャケット＆スラックスなどが代表的なスタイル。上衣はシルクやベルベットなどの光沢感のある素材。ドレッシーにコーディネイトする。
和服	正装		（正礼装～準礼装）紋付羽織袴	黒羽二重、染め抜き五つ紋付きの長着と羽織に仙台平の袴が正礼装。喪服にも用いるが、地方によって細部は異なる。五つ紋と三つ紋があり、五つ紋が正礼装、三つ紋は準礼装。
	略装		紋付羽織袴	一つ紋。羽織に1つ以上紋がついていればよい。無地風のお召し紬などは礼装にならない。パーティやお茶会、友人の結婚披露宴などで着用。

◆女性の服装の基準

洋服	昼	正礼装	アフタヌーンドレス	格式高い結婚式や式典などで着用。全体的に露出が少なく、袖は長袖か7〜8分丈で衿のつまったドレス。スカート丈はロングの方がよりフォーマル。ワンピースが正式だが、スーツも可。帽子を着用する場合もある。
		準礼装	セミアフタヌーンドレス	一般的な結婚式やパーティなど。適度に流行感を装える応用範囲の広いフォーマル。デザイン、シルエット、丈、衿、袖などに流行を上手に取り入れ、センスよく着こなす。
			タウンフォーマルスーツ	ジャケットとスカートあるいはパンツと組み合わせたツーピーススタイル。素材やアクセサリーなどのコーディネイト次第で、パーティからビジネスシーンまで幅広く着分けが可能。
		略礼装	インフォーマルドレス	形式にこだわらない「平服指定」のパーティなどに着用。シンプルなデザインやベーシックアイテムにアクセサリーや小物を上手に取り入れてドレスアップする。
	夜	正礼装	イブニングドレス	公式儀式や晩餐会、格式高いパーティなどで着用。「ホワイトタイ」の指定では胸、背、肩を大きくくったローブデコルテを。丈はロングで、スカートの後ろ裾をひいた「トレーン」が主流。「ブラックタイ」の指定には、ストラップショルダーなどのデザインドレスを。胸元には光る宝石で豪華に。
		準礼装	ディナードレス	夕方からの結婚式やパーティなどで着用。イブニングドレスと同様の衿なしだが、袖つき、ロング丈。夜を意識して、ライトに映えるジュエリーやアクセサリーでファッショナブルに。
			カクテルドレス	アフタヌーンとイブニングの中間の時間帯で装うドレス。シルエットは自由なので、胸元や肩などを露出して夕方から夜の雰囲気を演出する。ツーピース、パンツスーツも可。
		略礼装	インフォーマルドレス	形式にこだわらない「平服指定」のパーティなどに着用。タウン感覚に近いドレスやブラウス＆スカート、パンツなどのコーディネイトをベースに、アクセサリーや小物類をポイント使いして、フォーマルな装いとするのが基本。
和服	正装	ミセス	留袖	既婚女性の正装。招く側は黒留袖が、招待客は色留袖が正式。生地は地模様のない黒または色地のちりめんに、背、後ろ袖、前胸に紋が5つ入る。柄付けは腰よりも下の位置にのみ置かれている。
		ミス	振袖	未婚女性の正装。袖の長さにより、大振袖、中振袖、小振袖があり、花嫁の衣装などに見られる袖丈の長いものは大振袖、成人式などで着用されるのは中振袖が多い。
	正装〜準礼装		訪問着	既婚、未婚に関係なく着られる。裾、左胸、袖に柄が入り、縫い目で模様がつながっている。場合によっては正装となるが、格調の高い儀式などでは準礼装。紋を入れる場合もある。生地はちりめんや綸子などが用いられる。
	略装		色無地	染め抜きの一つ紋。本来は礼装ではないが、紋をつけると格が高くなり略礼装となる。帯を変えれば慶弔両方に着られる。
			付け下げ	訪問着を簡略化した略礼装。仕立てると訪問着のような位置に柄が置かれる。パーティなどはよいが、儀式などには着用できない。
			江戸小紋	小紋は江戸時代、武士がつける裃の文様として発達した。主におしゃれな普段着として着用。単色染めで細かい図柄が特徴。

喜ばれる贈答

◆贈答の目的

贈答は、相手への気持ちをよりわかりやすく形にして伝える方法です。物のやりとりは、お付き合いをより深めることになりますが、目的がはっきりしていなかったり、過分な贈り物はかえって相手に負担を感じさせます。贈答にはいろいろな目的がありますが、以下の三つに大別されるでしょう。

・お中元、お歳暮などのように、日頃お世話になっている方への感謝の気持ちを伝えるもの

・結婚祝い、誕生祝いなどのように、喜びを分かち合うためのもの

・内祝や香典返しなどのように、いただいた贈答に対するお礼

◆贈り物のマナーとタブー

贈り物をする場合は、自分自身がどのような気持ちから贈りたいのか、その目的をはっきりさせましょう。それによって、何を贈るかということに加え、持参するのか配送にするのかなど、贈る方法も異なります。持参する方が丁寧ですが、最近は相手の都合も考えて配送する場合も多いようです。配送の場合は、贈る気持ちをきちんと相手に伝えることが大切で、品物に添え状をつけるか、品物が届く前に送り状を郵送するのがマナーです。送り状や添え状には、時候の挨拶や先方の安否を伺う言葉に続いて、何をどういう理由で贈ったのかをきちんと書き添え、「ご笑納ください」と締めくくると丁寧です。配送の手配は、相手が受け取りやすい日時を指定し、送り状を郵送する場合は、到着日時を書き添えるとよいでしょう。

また、複数の品物が入ったものを贈る際は、慶事には奇数、弔事には偶数のものを贈るのが昔からの

習慣です。ただ、偶数でも「八」は末広がりで縁起がよく慶事に好まれ、「四」「九」は死や苦を連想するので嫌われます。ダース単位やペアのものは偶数でもかまいません。

目上の人に現金を贈ることは失礼です。商品券やギフト券も同様です。ただし、結婚や葬儀、お見舞いなどの場合は、昔から現金が贈られてきました。相互扶助の考えから許されていたようです。また、履き物や靴下を贈ることも、「踏みつける」ということにつながり、嫌われることがあります。

お見舞いの贈り物に鉢植えの花を贈るのは、「根つく」ため「寝つく」につながり嫌われます。また、菊（葬式を連想）やツバキ（首から落ちる）、シクラメン（死や苦が音に入っている）、ユリ（香りがきつい）、アジサイ（色があせていく）なども不適切です。パジャマも「寝つく」に通じるので、本人からの要望でなければ避けた方がよいでしょう。

◆お中元とお歳暮の由来

日本の贈答として一般的なのが「お中元」と「お歳暮」です。

「中元」は中国から伝わった言葉です。古来中国の民族思想であった「道教《どうきょう》」では、一月、七月、一〇月の各一五日をそれぞれ「上元《じょうげん》」「中元」「下《か》元《げん》」と呼び、天地万物を祀《まつ》る年中行事を行なっていました。このしきたりが日本に伝わり、「中元」がお盆の行事と結びついて先祖への供物《くもつ》を親類などに配ったのが「お中元」の始まりです。

一方、「お歳暮」は、正月に歳神様《としがみさま》を迎える供物を、本家に暮れのうちに届けたのが始まりだと言われています。

このように、別々の習慣から生まれたものなので、両方贈らなくてはいけないというものではありませんが、季節の贈答習慣なので基本的に毎年贈ります。一度きりの場合は、表書きを「御礼」などとした方がよいでしょう。

◆贈答の時期と表書き

お中元は七月初めから一五日の間、つまりお盆までに贈るのが一般的ですが、旧盆の地域では八月初めから一五日までが多いようです。それを過ぎれば表書きは「暑中御見舞」「暑中御伺」、さらに立秋（八月初旬）が過ぎたら「残暑御見舞」とします。

お歳暮はその年のお礼が目的なので、年内の遅くとも一二月二五日までに贈ります。正月用の生鮮品を贈る場合は、例外的に年末近くに届くようにします。年が明けてから贈る時は「御年賀」、さらに一月七日を過ぎるようなら「寒中御見舞」としましょう。

お中元やお歳暮が日本中に広く普及した背景には、江戸時代の商家や明治以降の百貨店などの存在があります。また最近、贈答時期が早くなってきているのも、商戦を有利に運ぶための販売戦略の影響もあるようです。

◆品物選びのポイント

自分はどんなによいと思っても、相手に喜ばれないものを贈っては、あまり意味がありません。先方の好みやライフスタイルに合ったものを選ぶことが大事です。品物選びのポイントは、まず、相手の嗜好や家族構成、年齢や住んでいる場所から総合的に考えることです。子どもがいる場合は、子どもが喜びそうなもの、お酒が好きな人なら少し高価なお酒、というように、先方が欲しくても買うのに躊躇《ちゅう ちょ》するようなものや、いくつあっても困らないもの、家族で使えるものなどがよいでしょう。

食品や嗜好品は贈り物の定番です。定評あるブランド品や、保存のきくものを贈れば、相手の好みがわからなくても大丈夫でしょう。生鮮食品を配送する場合は、あらかじめ先方に都合のよい日時を確認してから贈ります。地方の名産品や珍しい食品などは、その由来や調理法も送り状に書き添える心遣いが欠かせません。

引き出物やさまざまなお返しによく利用されるのが生活雑貨や実用品です。自分の趣味を前面に押し出したものや、個性的なものは避け、上質でオーソドックスなものにしましょう。

衣類や装身具は、サイズの問題もあり、好みや趣味がはっきり分かれるので、よほど親しくない限り避けた方が無難です。

品物を受け取った相手は、送り主の思いがわかるとより嬉しいものです。物のやりとりは、相手を思う気持ちのやりとりであると心得て、送り状や添え状、礼状は丁寧に心をこめて書きましょう。

◆お見舞い

お見舞いに伺う場合は、事前に相手やその家族の了承を得て、日時を決めて訪問します。長居は避け、三〇分以内には失礼するようにしましょう。

お見舞いの品物は、相手からリクエストがない限り、生ものや皮をむかなければいけない果物は避けます。また、お花はアレンジメントがよいと言われていましたが、最近では生花の持ち込みを禁じている病院もあるので、確認しましょう。前述の通り、鉢植えの花を贈るのは不適切です。

現金を包んで贈る場合は、のしのないあわび結びの水引のかかった祝儀袋か、一重の白封筒に「御見舞」と表書きをします。

お見舞いをもらったら、退院した時や病気や怪我が快方に向かった頃に快気祝いを贈ります。お見舞いでいただいた品物や金額の三~五割の金額で、石鹸、洗剤、焼き菓子など「あとに残らない」品物に、礼状を添えて送ります。

◆転居の挨拶

引っ越しの前日までに旧居の近隣に挨拶を済ませます。相手との関係によっては品物を持参する方がよい場合もありますが、基本は挨拶だけでかまいません。

また転居先への引っ越しの際には、車の出入りなどで近所に迷惑をかける場合もあります。事前に引っ越し日を伝え、当日は一戸建てなら向かいの三軒と両隣、集合住宅なら管理人に加えて両隣と上下の階の人に、気持ちを表すちょっとした品を持参し、挨拶に伺いましょう。家族がいる場合は、なるべく全員で挨拶に行きます。

品物には紅白蝶結びの水引をかけ、「ご挨拶」「粗品」などと表書きします。名前は苗字だけにします。品物は、お菓子や洗剤、タオルなどの日用品が一般的です。

◆贈り方のルール

日本のしきたりには神道の影響が強く、昔から、贈り物をする時は清浄を表す白い紙に包み、のしを付け、水引を結ぶ風習があります。現金や金券などは祝儀袋や不祝儀袋に包み、品物であれば用途に応じた「掛け紙」を掛けるのが一般的です。

◆掛け紙

〈掛け方〉

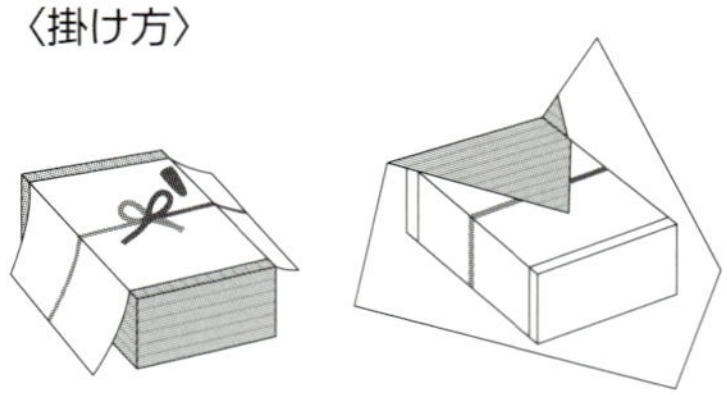

外のし　　内のし

〈裏〉

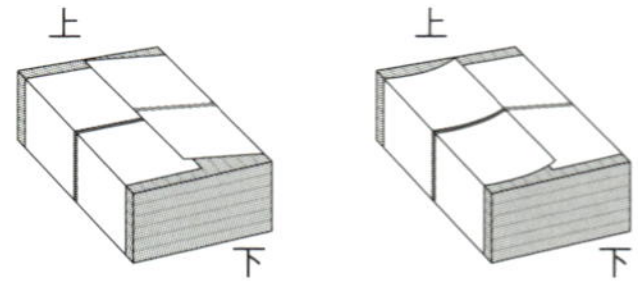

慶事掛け　　弔事掛け

「のし紙」と呼ぶ人もいますが、弔事やお見舞いに「のし」は付けないので、本来は「掛け紙」と言います。品物に直接掛け紙を掛け、その上から包装紙で包むことを「内のし」と呼び、内祝の場合や宅配便で配送する場合に使います。包装紙の上に掛け紙を掛けることは「外のし」と呼び、表書きが相手に見えるので目的が明らかな慶事に持参する場合によく使われます。掛け紙の裏側の打ち合わせは、慶事では右側が上に、弔事は左側が上になるようにします。

①祝儀袋、不祝儀袋の用途

祝儀袋は、結婚や出産、入学、卒業、長寿などの慶事や、お祝いやお礼などの祝儀に、一方、不祝儀袋は葬儀や法要などの弔事に現金を送る時に使います。

祝儀袋の右肩に「のし」がついているので、「のし袋」とも言われますが、不祝儀袋には付いていません。この「のし」は、元々あわびを薄く伸ばして干した「のしあわび」を奉書紙で包んだもので、海の幸を神に供えた昔の習慣の名残です。弔事で使う不祝儀袋やお見舞いの祝儀袋には、生臭いものを避ける意味で「のし」は付けません。品物に掛ける掛け紙も同様です。

袋の表には表書きをし、現金や金券は中袋に入れ、その表面中央に金額を「金〇〇〇円」と書き、裏側には贈り主の住所・氏名を書きます。

祝儀袋は、おめでたいことが重なるように本来は紅白二枚の紙を重ね、用途に応じた水引を結びます。不祝儀の場合は黒白の一枚の紙になります。袋の裏の打ち合わせは、祝儀と不祝儀では反対になるので注意しましょう。また、包む金額と祝儀袋の格を合わせます。

②水引の種類

水引は用途によって結び方が異なります。慶事には、「真結び（結び切り）」や「あわび結び」と「もろわな結び（蝶結び）」があります。もろわな結びは、水引の左右を引っ張るとほどけてしまい、何度でも結び直せることから、出産やお宮参り、卒業・入学、長寿のお祝いなど、何度あってもよいお祝いに使われます。

一方、「真結び」や「あわび結び」は、水引の左右を引っ張るほど固く結ばれることから、結婚や弔事など一度きりと考えられることに使います。水引の色は、慶事には紅白や金銀、弔事には白黒、双銀、地域によっては黄白が使われます。水引の本数は五本、七本、一〇本があり、数が多いほど格が高くなります。

③表書きの書き方

祝儀・不祝儀袋や掛け紙の表には、「御祝」「御礼」といった贈る名目や品物の名前を書く「表書き」をします。また、表書きの下には贈り主の氏名を入れます。贈り主が複数いる場合は連名とし、二～三人なら右から目上の順、同格ならば五十音順にフルネームで、それ以上なら「グループ名＋一同（あるいは有志）」とし、中袋に全員の名前を書きます。

文字は毛筆で書くのが正式で、慶事は墨の色を濃く、弔事は「薄墨」と言われるように薄くし（涙で墨が薄まったなどの由来から）、楷書《かいしょ》で丁寧に書きます。筆ペンを使ってもかまいません。

◆紙幣の入れ方

現金を贈る時は、慶事では新札を、弔事では新札は避けます。特に香典の場合は、「用意して待っていた」という印象を与えないよう新札を使わないのがマナーですが、古く汚れた紙幣を使うのも失礼です。

中袋に現金を入れる時は、祝儀の場合は紙幣に印刷された顔を表にし、不祝儀では裏向きにします。ポチ袋などでは、お札を広げた時に表が見えるように、右側が上になるように三つ折りにするとよいでしょう。

◆祝儀袋の表書きの例

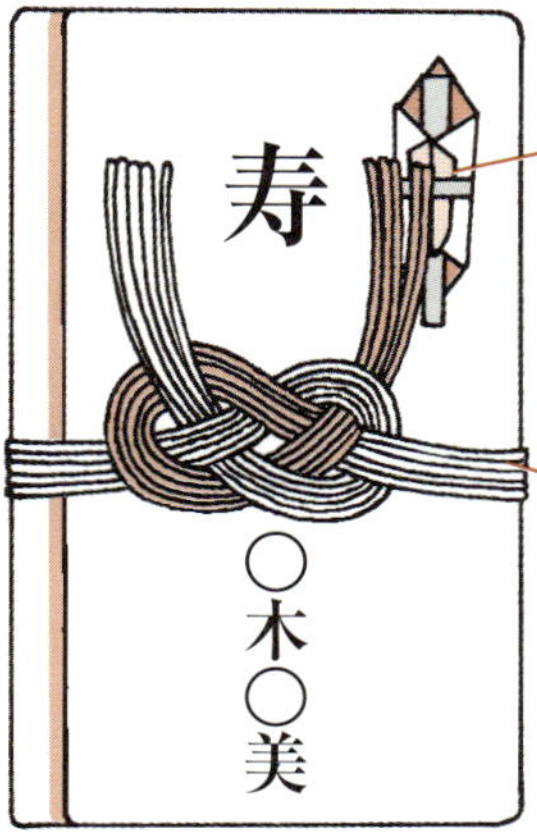

あわび結び

のし
祝い事につける

水引
一般的なお祝いには紅白を、結婚や長寿には金銀を使う

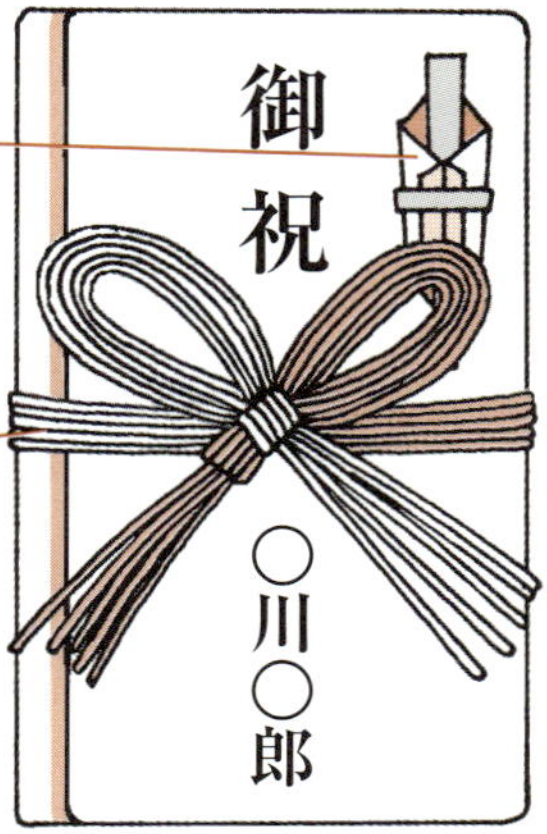

もろわな結び
（蝶結び）

〈中袋〉

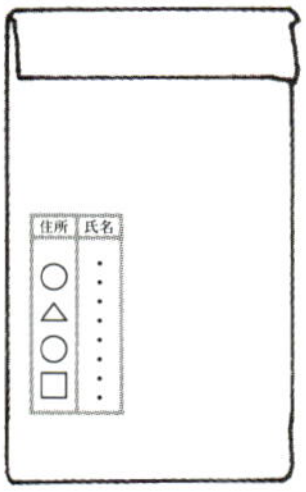

袋の表側の中央に金額を、裏側には住所と名前を書く

〈表書き〉

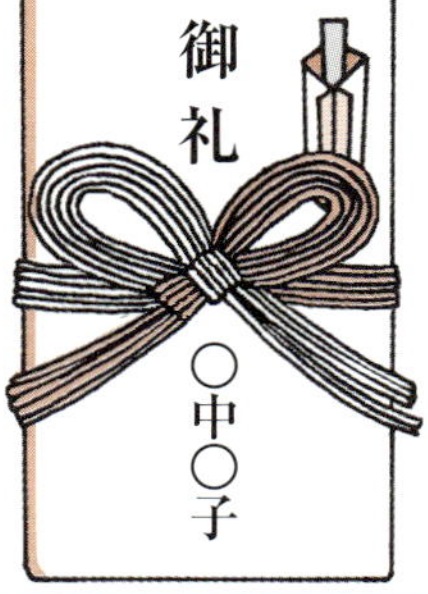

（連名の場合）

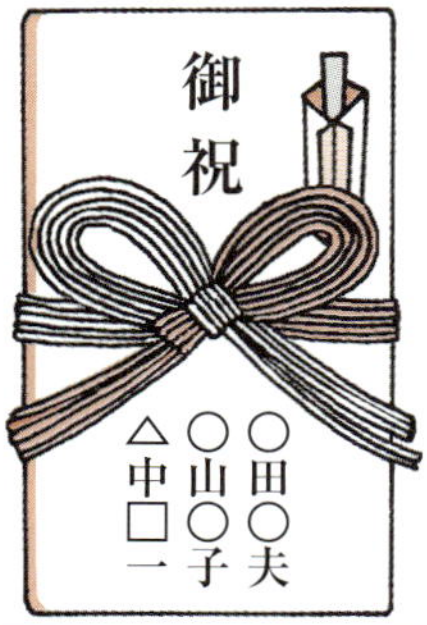

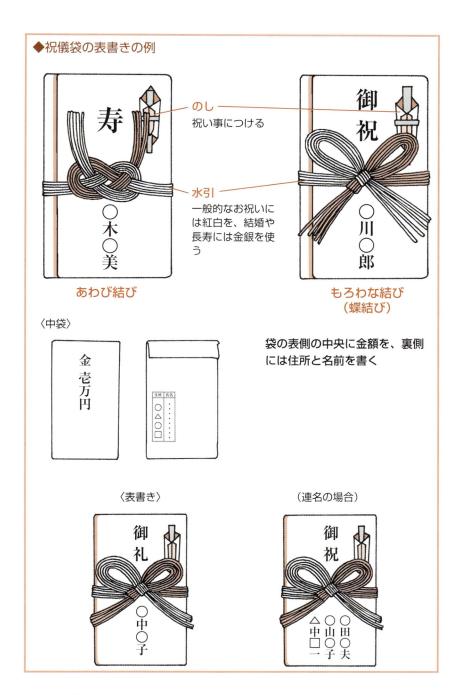

◆主な贈答例〈参考〉

お祝い	時期	誰が	金額・品物	表書き
年賀	年始回りの時	親族 知人 友人	2千円～5千円 のり、タオル等	「御年賀」 「御年始」「賀正」
お年玉			子どもの年齢に応じて 3千円～1万円	「お年玉」
成人	1月第2月曜または 20歳の誕生日頃	親族・内輪	5千円～3万円 実用品やアクセサリー等	「御祝」「成人祝」 「祝御成人」
初節句	3月3日か5月5日の 1カ月前から		5千円～1万円程度 雛人形、五月人形、鯉のぼり等	「御祝」「祝初節句」 「初節句祝」
入園・入学	入園・入学が決まった頃		3千円～2万円程度の 学用品、スポーツ用品等	「御祝」「御入学御祝」 「入園祝」「入学祝」
卒業	卒業後、入学・入社まで		年齢に応じて 5千円～2万円の実用品	「御祝」 「祝御卒業」
就職	卒業～入社式の間		5千円～2万円の実用品	「御祝」 「祝御就職」
中元	7月初旬～15日頃	―	3千円～1万円程度の 食品、嗜好品等	「お中元」
七五三	11月1日～15日頃	親族・内輪	5千円～1万円	「御祝」 「祝七五三」
歳暮	12月初旬～25日頃	―	3千円～1万円程度の 食品、嗜好品等	「お歳暮」
結婚	品物は挙式1週間前まで 現金は当日持参も可	親族・知人 友人	親戚3～10万円、友人2～5万円、品物は実用的なもの	「寿」「御祝」 「御結婚御祝」
出産	退院後2～3週間から お宮参りの頃まで		親戚5千円～3万円、友人5千円～1万円程度のベビー用品等	「御祝」「祝御出産」 「祝御安産」
結婚記念日	結婚記念日頃	親族・内輪	5千円～1万円程度の 旅行券等	「御祝」「祝銀婚式」 「金婚式御祝」
長寿	本人の誕生日または 敬老の日など		1万円～5万円程度の 趣味の品、洋服等	「寿」「御祝」 「敬寿」「祝還暦」
新築	新築披露の当日まで	親族・知人 友人	5千円～5万円程度の 時計や装飾品等	「御祝」「祝御新築」 「御新築御祝」
開店・開業	開店前日または当日		3千円～1万円程度の 鉢植え、お酒等	「御祝」「祝御開店」 「祈御発展」
昇進・栄転	辞令から1週間以内 くらい	職場の仲間	付き合いに応じて	「御祝」「祝御昇進」 「御栄転御祝」
叙勲・受賞	決定直後から 10日後くらいまで	親族・知人 友人	付き合いに応じて	「御祝」「受賞祝」 「祝受賞御祝」
餞別	決定直後から 出発の2、3日前まで		3千円～1万円	「御餞別」 「おはなむけ」
病気・怪我 見舞い	病状が安定した頃		3千円～1万円 果物、花、本等	「御見舞い」 「祝御全快」
陣中見舞い	期間中		3千円～1万円 酒、菓子等	「陣中御見舞」 「祝御健闘」
引っ越し 挨拶	引っ越し後すぐ	隣近所	名刺代わり程度のもの タオル、食品等	「引越御挨拶」

訪問のマナー

◆個人宅への訪問

友人宅などを訪問する場合は、あらかじめ連絡を入れ、訪問の目的や所要時間、訪問者の人数などを伝え、相手の都合を優先して日時を決めます。訪問時刻は食事時間を避けるようにします。

個人宅を訪問する場合は、相手の準備の都合を考えて予定時刻よりも早い訪問は避け、定刻かそれより五分ほど遅れて訪ねるとよいでしょう。

チャイムを鳴らす前に身だしなみを整えます。

コートは玄関に入る前に脱ぎ、外のちりやほこりを室内に持ち込まないよう裏返し、二つ折りにして腕にかけます。

玄関に招き入れられたら、相手にお尻を向けないよう体を斜めにしてゆっくりドアを閉めます。後ろ手で閉めるのは不作法です。

靴を脱ぐ時は正面を向いたまま上がり、膝をついてから靴の向きを直します。脱いだ靴は、玄関の端に寄せておきます。ただし、料亭など下足番がいる店ではそのまま脱いで上がり、係の人に任せます。

手荷物は、靴を脱ぐ際は玄関の端に置き、上がってから持つようにします。

コートやマフラーなどは、応接室へ持って上がらず、玄関の隅に置きますが、預かってもらえる場合は預けます。

◆和室のマナー

①和室に通されたら

自分で襖を開けて和室に入る時は、まず襖の前に正座して、引き手に片手をかけて少し（五センチ程度）開け、開いた隙間に手を差し入れます。手を下に滑らせて床上から一五センチほどで止め、体の半分まで襖を開けます。その後は反対の手に替えて体が通れるくらいの幅まで開けますが、この間、視線は自分の手先を見るようにし、その後、室内にいる人に両手をついて会釈します。

室内には、敷居の内側に手をついて膝をにじりながら入ります。部屋に入ったら、そのまま体の向きを変え、開けた時と反対に、襖のへりを持ち体の半分まで襖を閉め、手を替えて残り五センチくらいまで閉めます。最後に、引き手に手をかけて襖を静かに閉めます。

他の人がまだ来ていなければ、座布団は使わずに下座に正座して待ちます。主催者や幹事がいて、席を指定されれば指定された座布団に、「お好きな場所にどうぞ」と言われたら遠慮して下座に着くのが礼儀です。

POINT

襖は一気に開けず、一呼吸おいてから開けます。襖の開閉時は、相手を見ずに自分の手先を見るようにします。廊下は音を立てて、すり足で歩きます。これらはいずれも室内にいる人に配慮した、日本ならではの心遣いです。

② 座布団への上がり方・おり方

座布団に座る時は、次ページのイラストのようにまず座布団の下座側に正座し、会釈をした後、つま先を立ててかかとに腰をおろした状態の「跪座《きざ》」の姿勢になり、軽く握った手を支えにして体をねじり、膝を座布団にのせます。膝の両脇に手をついて体を支え、膝をついたまま進んで（膝行《しっこう》）、座布団にのります。再度座布団に手をついて体の向きを正面にして座布団の中央に座り、膝頭《ひざがしら》を揃えます。

おりる時は、上座側の手を後ろに回して座布団の上に手をつき、体を斜めに向けて両手で支えながら膝をずらして座布団からおります。両足がおりたところでつま先を立てて「跪座」の姿勢になり、体の横にこぶしをついて体の向きを正面に直します。

◆座布団への上がり方

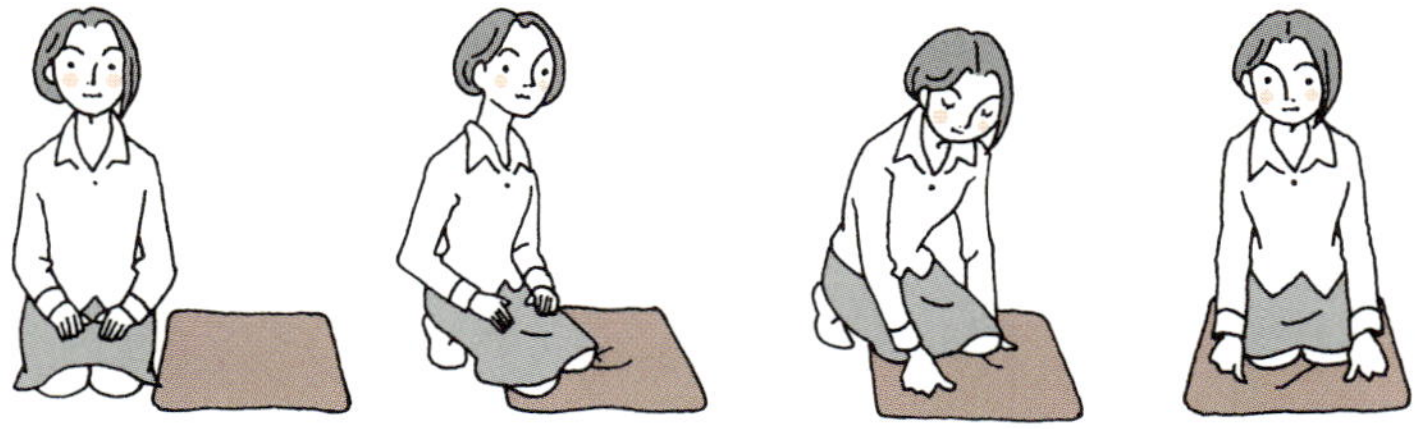

①座布団の下座側に正座し、会釈する。

②手をついて体をねじり、膝を座布団にのせる。

③手で体を支えながら膝行で座布団にのる。

④座布団の中央に進み、正座をしたら裾などを整える。

◆座布団からのおり方

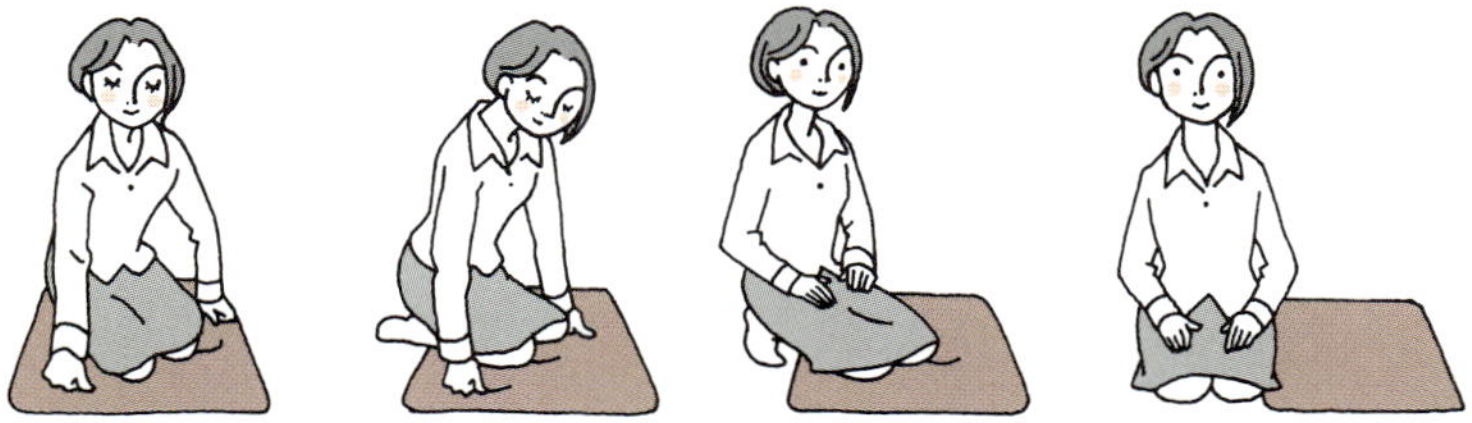

①上座側の手を後ろにつき、体をずらす。

②膝行して徐々に座布団からおりる。

③両足が座布団から出たらかかとで体を支える。

④体の横に手をつき、正面に直る。

◆美しい立ち上がり方

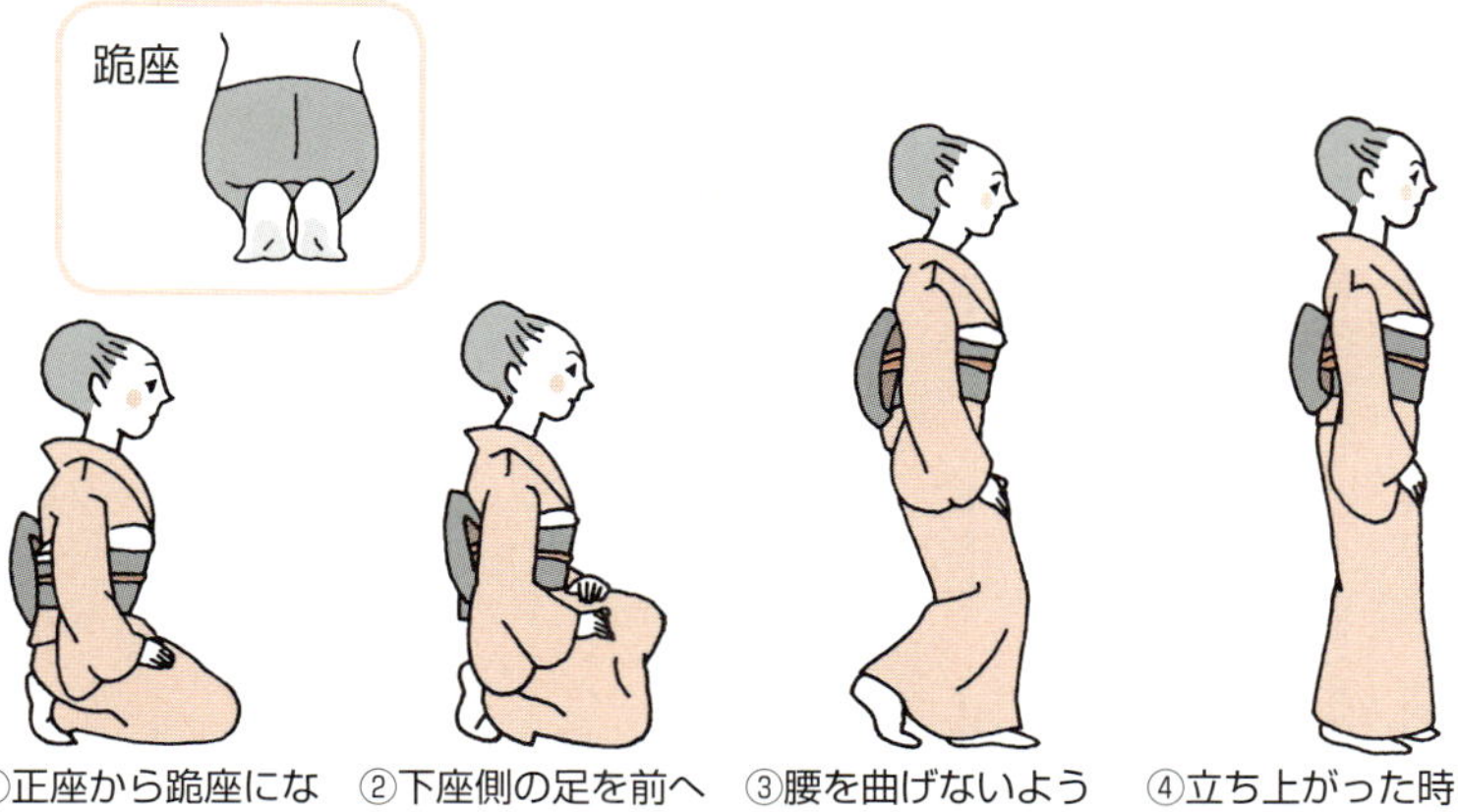

①正座から跪座になる。

②下座側の足を前へ踏み出す。

③腰を曲げないように注意しながら立つ。

④立ち上がった時に足が揃うように反対の足も前へ。

POINT

座布団は訪問者への気遣いから出されるものなので、すすめられてから座るのが作法です。したがって、位置をずらしたり、裏返したり、座布団の上で挨拶をするのは、主人の心遣いを無にする不作法な行為です。また、座布団への上がりおりをスマートにするには、足首を立てる「跪座」の姿勢がポイントです。正座をして足がしびれた時なども「跪座」にすると楽になります。

③美しい立ち上がり方

立ち上がる時は、前ページのイラストのように、まず、「跪座」の姿勢になります。この時両足が離れていると見苦しく、バランスを崩しやすいので注意しましょう。下座側の足を前に踏み出し、腰を曲げないように立ち、その足が伸びきるまでの間に、後ろになっていた足を徐々に前に運び、立ち上がった時には両足が揃っているようにするときれいに見えます。

④和室でのお辞儀

和室では座礼が基本です。座礼とは座ってお辞儀をすることで、相手に応じて上体を深く倒します。

・軽いお辞儀……上体を一五度くらい曲げる。手は体の横に揃え、指先が畳につく程度に体を傾けるか、または膝の前で軽く合わせる

・一般的なお辞儀……上体を四五度くらい曲げる。手は体の横に揃え、手のひらが畳につくように体を傾けるか、または膝前で手のひらの大半が畳につくようにする

・深いお辞儀（最敬礼）……上体を七〇～七五度くらい曲げる。両手は膝の前で合わせ、上体を腰からゆっくりと前に倒してお辞儀し、終わったらゆっくりと上体を起こす

POINT

お辞儀の語源は、物事を行なうのにちょうどよい時期を意味する「時宜《じぎ》」と言われ、やがて「他人への配慮」を示し、さらに挨拶を意味するよう

になりました。座礼は、急所である頭を相手に差し出すことで、相手への服従を示し、立礼と違って目を合わせないのがポイントです。

⑤和室での注意点

和室に適した女性の洋装は、正座しやすいフレアスカートなどで、脚をくずしてもスカートで隠せるのでおすすめです。ミニスカートやぴったりしたパンツは避けた方がいいでしょう。

以下に、和室での注意点を挙げます。

・背を向けたまま襖を〝後ろ手〟で閉める
・畳のへりや敷居を踏む
・立ったまま、あるいは座布団に座ったまま挨拶をする
・座布団を踏んだり、蹴ったりする
・座る時に座布団を裏返す
・座布団の位置を勝手に動かす

◆洋室のマナー

挨拶は椅子やソファに座る前に立って行います。あらためて訪問の目的を述べ、丁寧なお辞儀をしましょう。手土産があれば、その時に渡します。

着席は、相手にすすめられてから、「失礼いたします」と一言断って椅子やソファに腰かけます。椅子にはあまり深く掛けず、背中を背もたれにつけないようにします。手荷物がある場合、ハンドバッグ以外は足元に置きます。

◆手土産を持参する場合

手土産は、部屋に通されて挨拶をしてから渡します。品物を袋から取り出して、まず自分の方に向けてから、時計回りで正面を相手の方に向け直し、「ほんの気持ちですが」などの言葉とともに両手を添えて差し出します。

玄関口で紙袋ごと渡すのは失礼です。また、袋は持ち帰るのが基本ですが、訪問先の方が処分して下

さるようならお願いします。

改まった用件の場合は、品物を風呂敷に包んで持参するとよいでしょう。

風呂敷の色は、慶事はクリーム色やピンクなどの暖色系とし、弔事には黒やグレー、青などの寒色系とします。紫色や藤色は慶弔どちらでも使えます。

風呂敷の包み方は、「お使い包み」よりも「平包み」の方が正式です。

◆風呂敷の包み方

〈平包み〉

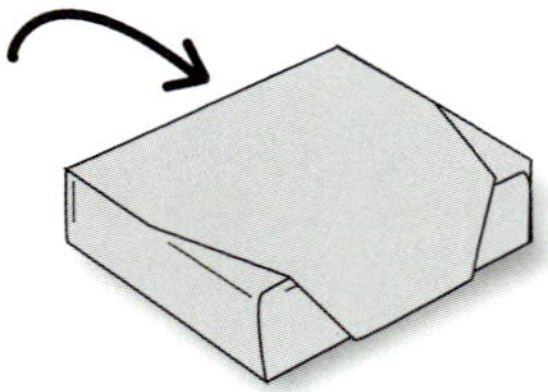

〈お使い包み〉

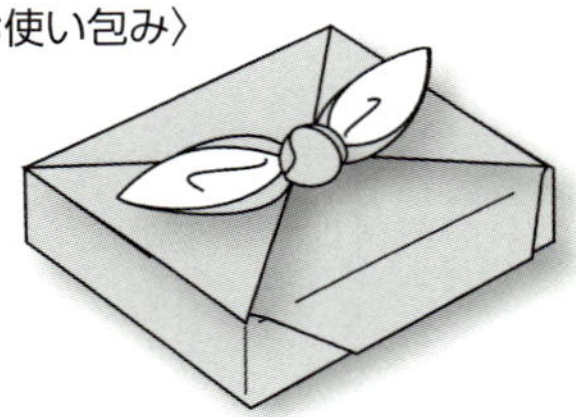

◆辞去する時

用件が済んだ後も会話を楽しみましょう。しかし、いくら楽しくても長居をするのは相手の迷惑になりかねません。約束の時間が近づいたら、「すっかり長居をしてしまいまして……」「そろそろおいとまさせていただきます」などと伝え、相手に引き止められても「また、あらためて……」などと言って辞去しましょう。

和室では座布団からおりて、洋室なら椅子から立ち上がり、改めて相手のもてなしに御礼を伝えます。

玄関先では外を向いて靴を履いてから、相手の方に向き直って腰をおろし、スリッパの向きを直し、隅に置きます。ドアを開ける前に再度簡単な挨拶をしてから外へ出ます。コートや帽子は外で着ますが、相手からすすめられた場合は玄関の中で着てもよいでしょう。

親しい間柄でない場合や、訪問先に小さい子ども

申込方法

下のハガキに必要事項をご記入の上、ポストへ投函してください。なお、受験申込をされる方は、以下の検定料を指定口座へお振込みください。

［検定料（税込）］
2級：　6,600円
3級：　4,950円

［振込先］
三菱UFJ銀行
麹町中央支店　普通　0023700
ニホンマナープロトコールキョウカイ

※受験票は、検定料の入金確認後にお送りいたします。
※受験票が検定日の1週間前になっても届かない場合は、当協会までご連絡ください。

（切り取り線）

郵便はがき

料金受取人払郵便
麹町局承認
5838
差出有効期間
2025年2月28日まで

102-8790

231

東京都千代田区平河町一－九－九
レフラスック平河町ビル五階

NPO法人
日本マナー・プロトコール協会　行

がいる場合、品物などを渡すだけのような時は、事前にその旨を伝えて玄関先で用件を済ませ、失礼するようにしましょう。相手に負担をかけない配慮も大切です。

また、予定になかった食事のお誘いを受けた場合は、断っても失礼にはなりませんが、すでに準備されている場合、時間的に余裕があれば、「お言葉に甘えて……」と言っていただきましょう。

◆自宅に人を招く時

お客様を自宅に招く場合は、相手が気持ちよく過ごせるような心使いが大切です。玄関やリビング、トイレなどを入念に掃除するのはもちろんのこと、部屋に花を飾ったり、相手の好きな菓子や飲み物を用意しましょう。おしぼりや飲み物は、冬は温かく、夏は冷たいものを用意するのが基本です。

お客様を迎える気持ちを表すために、家族の靴は下駄箱にしまい、スリッパを揃え、上着やコートを預かるためのハンガーを用意しておきます。

ペットがいる場合はケージに入れ、臭いにも配慮しましょう。雨の日には濡れた衣服をふくタオルを用意しておくとよいでしょう。

来客がある二〇分くらい前には準備を終え、チャイムが鳴ったらお待たせしないようにすぐ出迎えます。

お客様からいただいた手土産をお茶と一緒に出す場合は、「お持たせですが……」と一言断ります。

お客様がお帰りになる時は、脱いだ靴を玄関の中央に揃えて置き、玄関の外まで見送ります。目上の方や大切なお客様は門の外まで見送ると、さらに丁寧で、訪問を受けた喜びを伝えることができるでしょう。

手紙のマナー

◆手紙の基本構成

手紙の文面は、冒頭の挨拶である「前文」、本来の用件である「主文」、最後に締めくくる「末文」などから構成されます。

・前文……「頭語（拝啓、謹啓、前略など）」「時候の挨拶」「安否の挨拶」「お礼やお詫《わ》びの挨拶」

・主文……「起こし言葉（さて、ところで、実はなど）」と「主文（本来の用件）」

・末文……「結びの挨拶」「結語（かしこ、敬具など）」

・後付……「日付」「署名」「宛名」

・副文……「追って書き（追伸、二伸など）」

急ぎの時や親しい間柄の時は「前略」として前文を略しますが、目上の人への手紙やあらたまった手紙では省略しないようにします。このように、「頭語」と「結語」は、その時の状況や相手の格に合わせてふさわしいものを選びましょう。

◆表書き・裏書きのルール

封書の表書きは、手紙で相手が最初に目にする部分でもあり、第一印象を左右します。どんなにすばらしい手紙が書けても、これがないがしろにされていればすべてが台無しです。特に、面識のない人へ出す手紙には、細心の注意が必要です。

表書きは、中の手紙に合わせ和封筒では縦書き、洋封筒では横書きにします。また、表書きを横書きにしたら、裏書きも横で書きます。

なお、夫宛に届いたものに対する礼状を妻が代筆した場合は、夫の姓名の左脇に小さく「内」と書きます。

◆手紙を出すタイミング

冠婚葬祭のように、儀礼的な用件は手紙で伝えるのが正式です。電話やメールといった便利な通信手

◆手紙の基本構成

前文	①頭語	冒頭で述べる挨拶の言葉
	②時候の挨拶	季節感を取り入れた挨拶
	③安否の挨拶	用件に入る前に、相手の安否を尋ねる
	④お礼やお詫びの挨拶	日頃のお世話に感謝をしたり、無沙汰の非礼を詫びる
主文	⑤起こし言葉	主文に入るための言葉
	⑥主文	相手に伝えたい用件
末文	⑦結びの挨拶	相手の健康を祈る挨拶、伝言を頼む挨拶など
	⑧結語	締めくくりの言葉。「かしこ」は女性に限定
後付	⑨日付	正式には年月日を書くが、月日だけでもよい
	⑩署名	フルネームを書くのが正式
	⑪宛名	相手の姓名。署名よりやや大きめに、正確に書く
副文	⑫追って書き	書き忘れたことを付け足す。弔事やお見舞いにはつけない

段が発達しましたが、急ぎの用件でなければ、手紙は相手の手元に残り、誠意が伝わりやすいものです。

出産や合格、昇進などを知った時は、とり急ぎ電話やメールなどでお祝いを伝え、改めて手紙を出してもよいでしょう。

手紙は内容もさることながら、出すタイミングがもっとも重要です。特に礼状は、手紙や品物が届いてから三日以内に出しましょう。お礼が早いほど感謝の気持ちがきちんと伝わり、品物が確実に届いたこともわかるので、贈った方も嬉しく感じるはずです。

また、贈答に対する礼状は早く出すことを大切にしているため、時候の挨拶を省略したり、本来封書で出すべき目上の人にもはがきで出すことが許されています。

◆基本構成に則った文例

※数字は 103 ページの表を参照

拝啓①　桜の開花②が待ち遠しい季節になりました。

その後③ご無沙汰④しておりますが、お元気ですか。

さて⑤早速ですが、先日はすっかりご馳走になり

誠にありがとうございました。さすがグルメの

田中さんのおすすめの店だけあって、本当に美味しいお料理でした。

選んでくださったワインがお料理の味を

さらに引き立てていましたね。それに旅行のお話も楽しくて、

あっという間に時間がたってしまいました。

本当にありがとうございました。

実は⑥本日、産地からいちごをお送りしました。

わずかばかりですが、季節の味なのでご笑味ください。

朝晩⑦はまだまだ寒い日もあります。どうぞくれぐれも

ご自愛くださいますようお祈り申し上げます。

敬具⑧

平成⑨〇〇年三月二十日

鈴木洋子⑩

田中京子様⑪

追伸⑫　またお食事ご一緒いたしましょう。

ただし、今度は割り勘でお願いしますね。

◆頭語と結語の例

	頭　語	結　語
一般的な手紙	拝啓、拝呈 一筆申し上げます	敬具、拝具 かしこ(※)、さようなら
目上の人への手紙	謹啓、謹呈 謹んで申し上げます	敬白、謹白、謹言 敬具、かしこ(※)
至急の手紙	急啓、急呈 取り急ぎ申し上げます	草々、敬具 かしこ(※)
前文を略す場合	前略、冠省 前文失礼いたします	草々、かしこ(※) ごめんくださいませ
返信	拝復、復啓 お手紙拝見しました	敬具、拝具 かしこ(※)、お返事まで

※「かしこ」は女性が書く時のみ

◆時候の挨拶の例

1月	新春の候／初春の候／小寒の候／大寒の候／松の内も明けて／寒気厳しい折から／いよいよ寒さも本格的になってきました／正月気分がまだ抜けませんが
2月	晩冬の候／立春の候／余寒の候／立春とは名ばかりの寒さ厳しい折／余寒まだ去りやらぬ頃／寒い中にも春の気配が漂う頃／早春の気配が漂い始めましたが
3月	早春の候／解氷の候／仲春の候／春暖の候／浅春のみぎり／春まだ浅い今日この頃／日増しに春めいてまいりました／暑さ寒さも彼岸までと申しますが／ひと雨ごとに春めいてまいりました
4月	陽春の候／桜花爛漫の候／陽光の候／春たけなわの折から／花の便りの季節となり／春の気配ようやく整い
5月	新緑の候／若葉の候／惜春の候／晩春の候／風薫る季節／薫風のみぎり／若葉の緑が目にまぶしい季節になりました／汗ばむほどの陽気が続き
6月	初夏の候／薄暑の候／梅雨の候／短夜の候／五月雨の季節／梅雨空のうっとうしいこの頃／憂鬱な空模様が続き／暑さも日増しに加わり
7月	盛夏の候／炎暑の候／大暑の候／猛暑の候／酷暑のみぎり／打ち続く炎暑の折から／梅雨も明けていよいよ夏本番／本格的に夏が訪れ／太陽がまぶしい季節
8月	残暑の候／秋暑の候／立秋の候／晩夏の候／残暑のみぎり／立秋とは名ばかりの暑さが続き／ひぐらしに夏の終わりを感じる今日この頃／炎暑の夏もしだいに遠のき
9月	初秋の候／新秋の候／清涼の候／新涼のみぎり／朝夕はめっきりしのぎやすくなり／秋風さわやかな季節／日ごとに秋の気配も深まり
10月	仲秋の候／秋冷の候／錦秋の候／朝寒の候／寒露の候／清秋のみぎり／菊薫る頃／さわやかな秋晴れの続く毎日／空もすっかり高くなり／木の葉も美しく色づいて
11月	晩秋の候／暮秋の候／霜冷えの候／深寒の候／向寒のみぎり／秋も一段と深まり／落葉舞うこの頃／すっかり日脚も短くなりました／朝夕はめっきり冷え込みます
12月	初冬の候／師走の候／歳晩の候／極月の候／寒冷の候／厳冬のみぎり／木枯らし吹きすさぶ時節／いよいよ師走を迎え／寒さも一段と厳しくなり／今年も残り少なくなりました

◆安否の挨拶・お礼やお詫びの挨拶

相手の安否を尋ねる挨拶	皆様いかがお過ごしでしょうか／その後お変わりはございませんか／ご機嫌いかがですか／いよいよご健勝のこととお慶び申し上げます
お礼を述べる挨拶	日頃は何かとお世話になりありがとうございます／いつも気にかけていただき感謝しております／先日はご多忙のなかお時間をいただきありがとうございました
無沙汰などを詫びる挨拶	しばらくご無沙汰をしており申し訳ございません／すっかりご無沙汰しており恐れ入ります／このたびはご無理を申し上げ、申し訳ありません／先日はお手をわずらわせすみませんでした

◆便箋・封筒、筆記具の「格」

手紙には形式があり、便箋、封筒、筆記具にもそれぞれに「格」があります。

形式は、昔ながらのものが尊重されるものです。日本では白無地の巻き紙に毛筆で手紙が書かれていました。したがって、便箋は縦書きで、罫線のないものが正式です。お礼やお詫び、祝辞など、あらたまった内容の手紙はそのようなものを使いますが、親しい友人への気軽な手紙では、横書きの便箋や、色や柄模様の入った便箋もよいでしょう。

筆記具は、毛筆、筆ペン、万年筆、ボールペンの順に格が高く、鉛筆は不適切です。インクの色は黒が基本ですが、紺や青でもかまいません。その他の色は儀礼的な手紙には不適切です。

目上の人に出す場合やあらたまった手紙は、便箋は二枚以上、封筒は二重の白封筒を使います。一方、お見舞いや不幸の際に出す手紙は「重なる」ことを避けるため、一重の白無地封筒を使い、便箋も一枚にします。したがって、普通の手紙で文面が一枚で終わってしまったら白紙の便箋をもう一枚つけるようにしますが、二枚以上の場合は不要です。

一筆箋は、写真などのちょっとした贈り物や、借りたものを返す時など、一言添えたい時に使うものです。特に形式はありませんが、あくまで簡易的なものなので、あらたまった内容や目上の人に送るのには適しません。

◆手紙のタブー

相手を尊重し、自分がへりくだる気持ちを手紙の形式の中で表すために、以下のようなタブーがあります。

・「私」や「主人」など自分に近い存在を行頭にする
・相手や相手に近い人の名前を行末にする
・「は」「が」などの助詞や句読点を行頭にする
・人名、地名、数字、熟語、「御礼」などの言葉を二行に分けて書く

◆便箋の折り方の例

◎和封筒（3つ折り）

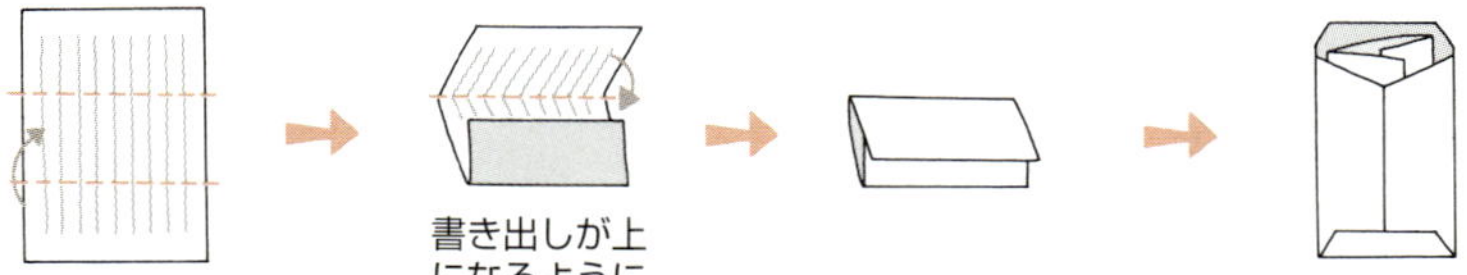

封筒の表から見て
書き出しが左上に
なるように

◎洋封筒（4つ折り）

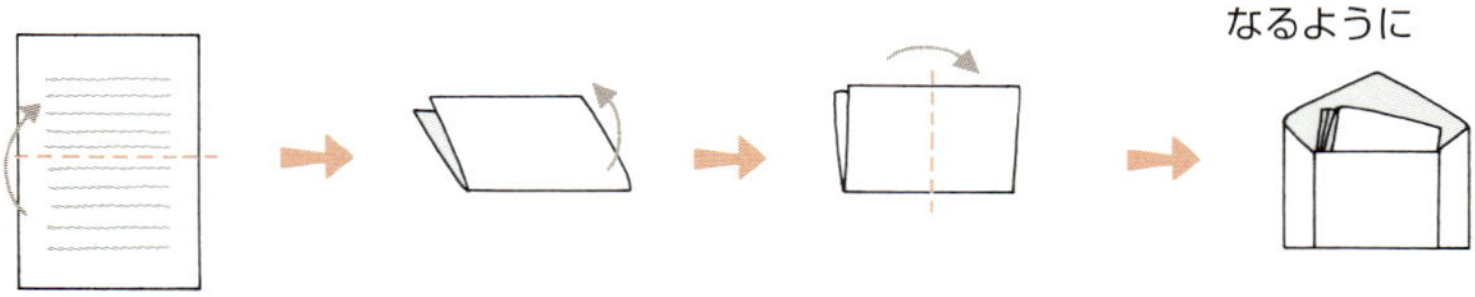

◆封筒の表書き・裏書き

◎和封筒

●表書き

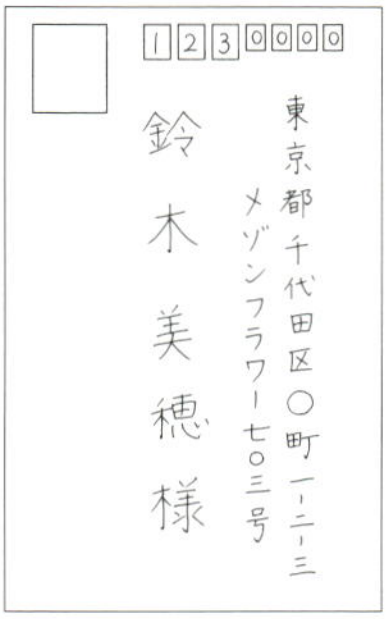

●裏書き

切手：封筒の左上に、3枚までにおさめて貼る。慶事・弔事には専用のものがある
宛先：郵便番号の右端を目安にその下から書き始め、地名や番地、建物名が2行に分かれないようにする
宛名：封筒の中央に、住所より1字分ほど下げ、一回り大きめに書く
敬称：個人宛は「様」、企業や団体宛は「御中」
差出人住所氏名：封筒の左下、あるいは継ぎ目を挟んで住所を右に、名前を左に書く
封字：のりづけした封じ目の中心に「〆」「封」など書く。セロハンテープではとめない
＊毛筆で書く場合、薄墨は弔事を表すので注意

◎洋封筒

●横書き
基本的に和封筒と同じ要領で。横書きの場合、封字は基本的に不要

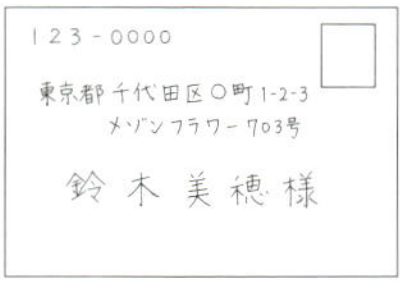

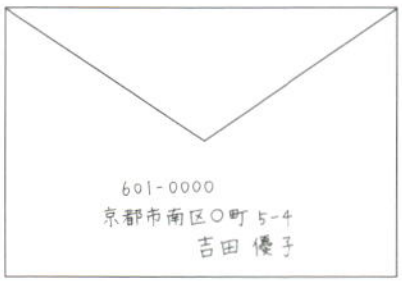

●縦書き
表書きが縦書きなら裏書きも縦に揃える。封じ目は左向きに。右向きに閉じると弔事になる。弔事では封字をつけない
＊目上の人やあらたまった手紙の場合は縦書きに

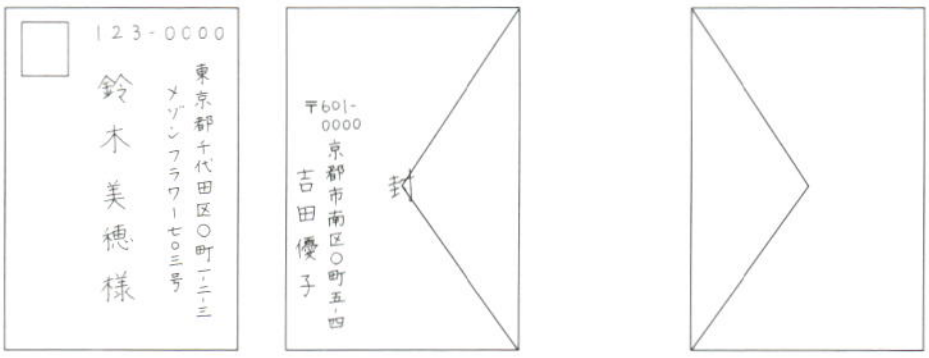

〈弔事の場合〉

・宛名より自分の署名を大きく書く
・最後の宛名を便箋の枠外に書く

◆お見舞いの手紙のタブー

「つくづく」「返す返す」などの重ね言葉や、「追伸」をつけるのは、繰り返しをイメージさせるので不適切です。また、励ましのつもりでも、つらい状況にいる人に「不幸中の幸いでしたね」などと書くのは失礼にあたります。だからといって、同情や悲嘆にくれすぎる内容になるのも、悲しみを深くしてしまうので注意しましょう。普段の手紙ではこちらの近況も伝えるのが礼儀ですが、お見舞いの手紙では相手のことだけを気遣い、自分たちの無事を伝えることは控えます。

◆お悔やみの手紙のタブー

お悔やみの手紙を書く時は、相手の安否を気遣い、頭語や時候の挨拶といった形式的な文章は省いて本文から書き始めます。お見舞いの手紙と同様、重ね言葉や「追伸」をつけるのはタブーです。

POINT

電話やメールなど、手軽で便利な情報伝達手段が浸透しているからこそ、一文字一文字丁寧に心を込めて書かれた手書きの手紙が見直されています。また、手紙には形式がありますが、それに則って書けば失礼のない文章が書けるので、形式をきちんと理解し、相手との関係を考慮しながら、上手に気持ちが伝わるような手紙を書きましょう。

◆年賀状

訪問による新年の挨拶に代えて、新年のお祝いを文書で伝えるもので、郵便はがきの普及とともに広まりました。

本来は元旦に書いて送ってもかまいませんが、元日に届くようにしたいのなら、一二月二五日までに投函するのが原則です。出していない人から年賀状をいただいたら、なるべくその日のうちに返事を書いて投函します。

お祝いの言葉である賀詞はさまざまなものがありますが、目上の方に出す場合には、「謹賀新年」や「謹んで新年のご挨拶を申し上げます。」などの方が丁寧で、「賀正」「迎春」や「明けましておめでとうございます」「HAPPY NEW YEAR」といったものはカジュアルな印象を与えます。また、「去る」は忌み言葉なので、「去年」ではなく「昨年」とします。

旧年中、身内（二親等程度）に不幸があった場合は、年賀状を出さず、年賀欠礼のはがきを送るのが一般的です。欠礼状には、いつだれが亡くなったのかを記し、相手が年賀状を用意する前に届くよう、一一月中には送ります。

◆一筆箋

一筆箋は、短冊形の小さな便箋で、書類やちょっとしたものを送る際にひとこと添えるのに便利です。

手紙ではないので、頭語や結語を書く必要はありません。形式は自由で、用件を書くだけでもかまいませんが、最初に相手の名前、最後に自分の名前を書きます。ただし、あくまでも簡易的なものなので、あらたまった内容や目上の方に送る場合には適しません。

ビジネスでも、資料などを送る時に、手書きのメッセージを添えた一筆箋を使ってもよいでしょう。

無地の縦書きが最も一般的ですが、いろいろなデザインがあるので、相手との関係性によって選びましょう。

マナー・プロトコール検定試験 出題例

マナー・プロトコール検定過去問題　２級

手紙のマナーについて、不適切なものを2つ選びなさい。

1）　あらたまった手紙では、便箋は2枚以上とし、二重の白封筒を使う。

2）　手紙を書く際の筆記用具には格があり、万年筆が最上とされる。

3）　お悔やみの手紙では、時候の挨拶など前文を省略し「前略」で書き始め、最後は「草々」とする。

4）　お見舞いの手紙では、自分の近況を伝えることは控える。

5）　礼状は早く相手に届くことが重要なので、目上の人に出す場合でも時候の挨拶などを省略してかまわない。

マナー・プロトコール検定過去問題　３級

以下の文で適切なものには○、不適切なものには×を□に書きなさい。

□　①「何時にご到着されますか？」は正しい敬語表現である。

□　②ビジネスシーンでの身だしなみのポイントは、「清潔」「個性」「上品」である。

□　③お中元とお歳暮の一方だけを贈ることは失礼なので、両方とも贈るのがマナーである。

□　④現金を贈る場合は、慶事、弔事ともに新札を用意する。

□　⑤パーティの招待状のドレスコードが「ブラックタイ」と記されていた場合、男性はタキシードを着用する。

□　⑥和服は日本の民族衣装なので、フォーマルなパーティで着用してもかまわない。

【正解】2級：2、3　3級：①×　②×　③×　④×　⑤○　⑥○

◆第4章◆

ビジネスシーンのマナー

Global Standard Manners

ビジネスマナーの必要性

◆社会人としての心構え

仕事をする上で心得ておくべき社会人としての常識や知識を「ビジネスマナー」と言います。それらを身につけ、人間関係をよりよくすることで仕事の進め方や効率も大きく変わります。

会社には多くのお客様が訪れますし、逆に取引先を訪問することもあるでしょう。そうした場面では、受付で応対した人や訪問者が会社全体を代表することになります。もし、その時の態度や言葉遣いが無礼であったら、お客様や取引先からお叱りを受けることになるかもしれませんし、場合によっては取引や契約が取り消されることさえあるのです。

反対に、親切で心のこもった応対や、熱心で相手の立場に立った言動は、会社に対する評価や信頼を高めます。

また、役職が上がり、キャリアを積めば積むほど、人としての見識や品格が問われます。マナーに関する知識がないために、恥をかいたり、逆に相手に恥をかかせたり、といったことがないように、社会人として必要なマナーをしっかり習得しましょう。

◆ビジネスマナーの基本

仕事はできても身勝手で協調性がなければ、社会人としては失格です。ここでは、社会人として必要な基本的なマナーを紹介しましょう。

①自己管理をする

健康であることは、仕事をする上で欠かせない条件です。また、モラルや時間を守ることも、社会人としては当たり前のことです。こうした自己管理ができない人は周囲に迷惑をかけ、たとえ仕事ができても高い評価は得られません。

②向上心を持つ

仕事において、生きがいや面白味を見つけるためには、与えられた仕事をただ指示通りにするのではなく、自分で目標を立て、前向きな姿勢で取り組むことが大切です。また、常に新しい知識や情報を収集し、能力やスキルの向上に努めましょう。

③公私混同を避ける

会社には就業規則があります。規則を守ることは社会人の義務です。また、仕事中に私的な長電話をしたり、身勝手な行動を取ったりしないようにしましょう。

④上下関係をわきまえ、気配りを心がける

上司・先輩の指示に素直に従うのはもちろんのこと、後輩や同僚、お客様に対しても、相手の立場に立って物事を考え、気配りを心がけましょう。

⑤整理整頓・清掃を心がける

自分の机回りの清掃や整理整頓は仕事の効率にも影響します。机の上にはなるべく物を置かないようにし、床にゴミが落ちていた時などは率先して拾いましょう。

POINT

「企業は人なり」と言われるように、社員の言動が会社の印象を左右し、利益や損失に大きく関わるからこそビジネスマナーが大切なのです。特にビジネスが国際化し、人の価値観も多様化している時代だからこそ、基本となる社会人としての〝マナー〟が問われるのです。

会社の仕組みを知る

◆企業活動の目的

資本を投下し、人的要素と物的要素を結合させて生産や販売、あるいはサービスを行なう事業体のことを「企業」と言います。企業は、物やサービスを市場に提供して利益を上げることを目的として、その利益を以下のように還元することで、社会に貢献します。

経営者・社員に対して――報酬・給与
出資者・株主に対して――配当
社会・国に対して――税金
企業そのものには――内部留保

目的を効率的に達成するためには、「組織」という形態が必要です。「組織」とは、「共通の目的を達成するために、二人以上が集まって意思の疎通をはかり、秩序を守って働くシステム」のことを言いますが、組織を効果的に機能させるには、以下のようなポイントが大事です。

・共通の理念や目標がある（企業理念や行動指針）
・仕事が分担されている（権限委譲や分業体制）
・共有されたルールがある（就業規則）

一般に組織は、経営者（社長）の下に役員、その下に管理者層（部長・課長）がいます。管理者層は、経営陣を助けてその業務を分担し与えられた方針に基づいて部下に指揮・命令をします。さらにその下には、管理者層の指示を受けて、従業員を直接監督する監督者層（係長・主任等）がいます。これらの管理者層・監督者層が製造・販売・事務などの直接的な業務の指揮・監督を行ない、一般社員がその具体的な作業を分担することで、組織が機能します。

しかし最近は、急速な市場の変化に対して、企業が迅速に対応することが経営の課題となり、管理者層にその部門の権限を委譲する執行役員制度を採用する企業が増えてきました。

POINT

企業とは、「人」「物」「金」「情報」を有機的に結合して市場に提供し、利益を上げて社会に貢献することを目的に活動する集団のことで、その組織のあり方も時代に応じて流動的に変化しています。

◆自分の会社を知る

ビジネスにスピードが求められる昨今、経済環境は日々刻々と変化しています。そのような中で、自分の会社がどのような状況にあるのかを知るためには、日頃から情報を収集したり、先輩の話を聞いたり、社内報などで勉強することが重要です。

①自分の会社について知る

会社の創立年月日、沿革（歴史）、歴代社長、経営理念、社是・社訓、資本金、株主、従業員数、年商、業種、取扱商品、支社・工場の所在地などの最低限の知識は持っておくべきです。

②取引先を知る

関連会社の社名・業種・所在地、得意先の社名・所在地、取引先の社名・所在地などはしっかりと確認しておきましょう。

③職場内のことを知る

就業規則や職場のルール、社内外の年中行事、勤務上の手続き・届け出の仕方などは、最低限理解しておくべき事項です。

④業界の動きを知る

業界全体の景気動向、業界における自社の位置づけ（市場占有率など）、競争相手の有無とその概況、自社製品の評判・売れ行き、自社が業界の中でどのような動きをしているのかを知っておきましょう。近年では、インターネットなどでこれらの情報を容易に得ることができます。

POINT

自分に与えられた仕事をやり遂げることはもちろんですが、大きな視点に立って、自分の仕事の役割を理解したり、さらに業界内での自社のポジションを知ることも重要です。そこから、自分の仕事が会社にとっていかに大切な業務であるかを認識し、業務改善のアイデアを考えたり、効率を上げようとする意識も高まってきます。

◆企業人に必要なプロ意識

会社に勤め、その会社から報酬を受けている以上、プロとしての責任と自覚を持つことが求められます。ここでは、プロとして最低限必要な七つの意識を紹介します。

①顧客意識

会社は「お客様」のためにある、と言っても過言ではありません。お客様が会社の提供する物やサービスに対してお金を払ってくださるからこそ、会社が存続していけるのです。直接お客様と接することがない仕事であったとしても、常に「顧客」を想定・意識し、顧客の要望を実現するように努力しましょう。

②コスト意識

会社で使うものは、たとえペン一本、メモ用紙一枚でも会社の所有物です。一人ひとりのコスト意識の積み重ねが、会社の経費削減につながり、ひいては会社の利益にも影響します。与えられた業務の中で、少しでも無駄なコストはないか、常に考えながら仕事に取り組みましょう。

③目標達成意識

何を、どのように、いつまでにするかという明確な「目標」を持ち、その目標を期限までに「達成」することを常に心掛けましょう。

④協働意識

仕事に追われると、つい自分の仕事だけに目が向きがちです。しかし職場では、誰もが仕事を持っています。共に働く仲間として互いに協力し合い、よりよい仕事をすることが、職場全体のコミュニケーションをよくし、業績を向上させることにつながります。

⑤改善意識

仕事のやり方は一つではなく、また永久不変のものではありません。仕事の質や量の変化に合わせて、方法を変えた方がよい場合がたくさんあります。常に現状に満足することなく、感性を働かせて、改善のための創意工夫や提案をしていくことを心がけましょう。

⑥時間管理の意識

納期、訪問、会議など、仕事を遂行するためには時間が関係してきます。時間当たりの生産効率を高めることも含めて、常に時間を意識・確認して、時間を守ることが大切です。これには自分の時間だけでなく、相手の時間も大切に思う気持ちが必要です。

⑦情報管理・コンプライアンス意識

コンプライアンスとは、「法令遵守」のことです。企業や社員が法令や社会のモラルに反する活動や行為をしないことは当然ですが、情報化時代の昨今は、個人情報に関する配慮も重要です。

仕事の進め方

◆効率的に仕事を進めるために

仕事の目的や現状をしっかり把握し、問題点（目標と現状のギャップ）や、解決するための制約条件を検討してから、仕事に着手しましょう。仕事の内容が明確になったら、ＰＤＣＡサイクルに沿って仕事を進めていきます。

このように、常に実行しながら評価・改善を加えて、計画を立て直し進めることによって、目標はより正確に、迅速に達成できるようになります。また、このＰＤＣＡサイクルをより早く回すことによって、業務効率が向上します。

①Plan（計画を立てる）

期限内に仕事を効率的に達成するためには「計画」が不可欠です。計画は、５Ｗ３Ｈ（１２０ページ参照）に則って、仕事の目的や達成すべき内容、納期や予算などの条件を具体的に列挙して検討します。計画が甘いと無駄や無理が生じ、満足な結果は得られません。

②Do（実行する）

計画に基づいて仕事を「実行」します。ただし、必ず計画通りに仕事が進むとは限りません。実行してみて、新たに課題が見つかることもあるからです。

③Check（検討・評価する）

計画に対して、予定通り進んでいるか、想定した成果が得られているかなど、常に「検討・評価」することが必要です。また、状況の変化に応じて臨機応変に計画ややり方を見直すことも大切です。

④Action（対策・対処する）

検討・評価の結果、問題が発見された場合は速やかに「対策」を立てて「対処」することが必要です。

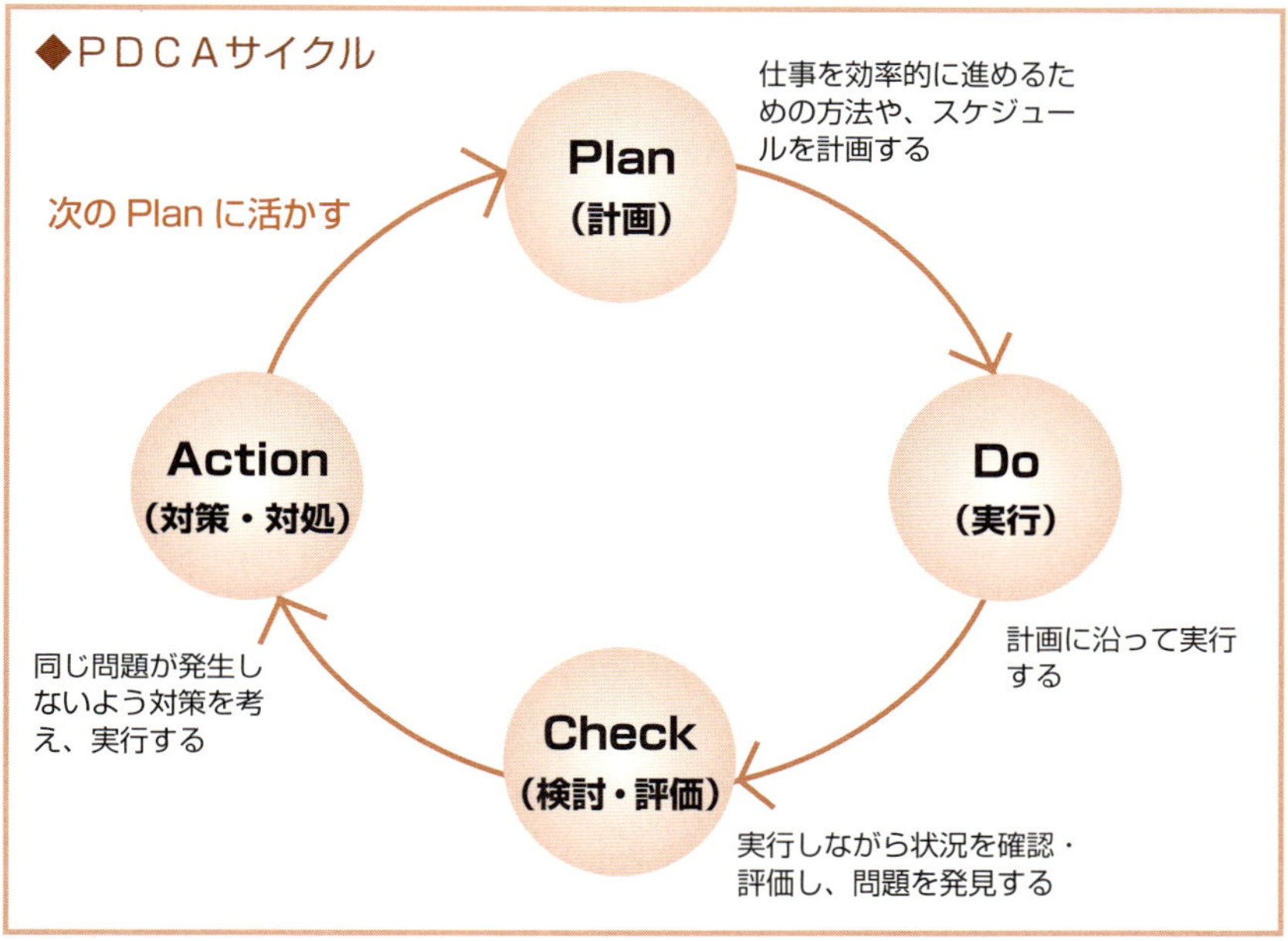
◆ＰＤＣＡサイクル
Plan
（計画）
仕事を効率的に進めるための方法や、スケジュールを計画する
Do
（実行）
計画に沿って実行する
Check
（検討・評価）
実行しながら状況を確認・評価し、問題を発見する
Action
（対策・対処）
同じ問題が発生しないよう対策を考え、実行する
次の Plan に活かす

◆「報・連・相」の基本

仕事を円滑に遂行するためには、「指示・命令」と「報告・連絡・相談」が不可欠です。これらは職場における重要なコミュニケーションであり、仕事で能力を発揮する人は、これらをタイムリーかつ上手に行なうことができます。

以下に、「報・連・相」のポイントをあげておきます。

①催促される前に、タイミングよく行なう

報・連・相が遅れると、上司は指示した仕事が順調に進んでいるのかわからず、不安になります。仕事の依頼を受けた時に報告の期日を決め、催促される前に自分から行なうようにしましょう。

②相手の都合に配慮する

忙しくしている時に話しかけられると、相手はイライラするものです。相手の都合を考え、「今、よろしいでしょうか」の一言を添えて、了解を得てから話します。

③結論を先に言う

結論を先に伝えてから、詳しい説明を加えます。わかりやすく報告するためにはポイントを絞って簡潔に話すことも大事ですが、口頭だけでなく、後で上司が見直せるように必要な書類や資料を用意する配慮も大切です。

④事実と意見を混同しない

「報・連・相」は、まず客観的であることが大切です。事実を正確に伝え、自分の感想や意見は後から「これは私の意見ですが」などと断ってから話すようにします。

⑤途中経過を必ず伝える

期間が長くかかる仕事の報告などは、終わってからするのではなく、必ず途中経過を伝えます。

⑥情報は即座に共有する

部署やチーム全体で共有すべき情報を入手した場合は、自分だけで情報を独占しないで、速やかに「報・連・相」をしましょう。

⑦悪い情報こそ伝えるべき人に早く伝える

起きてしまったトラブルやミスは自分だけで対処しようとせず、影響を最小限にとどめるために、速やかに上司に報告し、対応を相談し、適切な指示を受ける必要があります。ミスや悪い情報こそ自分ひとりで抱え込まないようにしましょう。

◆指示・命令の受け方、報告の仕方

仕事は指示・命令に始まり、報告によって終わりますが、その際は「5W3H」を基本に話すようにしましょう。さらに、ビジネスの場では、具体的な数字も大切な要素です。

〈「5W3H」とは〉

Who……誰が（人物・団体）
What……何を（対象の内容）
When……いつ（時期・時刻）
Where…どこで（場所・行き先）
Why……なぜ（目的・意図）

Ｈｏｗ……どうやって（方法・手段）
Ｈｏｗ ｍｕｃｈ……いくらで（金額・費用）
Ｈｏｗ ｍａｎｙ……いくつか（数量）

仕事には、重要性、緊急性、規模の大小などのさまざまな要素が含まれています。指示・命令をする側も、受ける側も、急ぎの仕事なのか、規模が大きく重要で時間をかける仕事なのかを明確にしておかなければなりません。また、仕事の背景にある状況や、指示・命令における会社の方針なども明らかにしておきましょう。

〈指示を受ける時のポイント〉

・上司に呼ばれたら、「ハイ」と返事をし、メモ用紙と筆記具を持ってすぐに席を立つ
・メモを取りながら最後まで指示を聞く
・わからないこと、不明な点などは最後にまとめて質問・確認する
・５Ｗ３Ｈに則って要点を復唱・確認する
・仕事の納期と初回の報告日を双方で確認する

指示された仕事が期限内にできそうにない場合や、二つ以上の指示が重なった場合は、その場で上司の指示を仰ぎます。また、仕事が終了したら、ただちに報告したり、指示を受けた人に直接報告すること、提案があれば積極的に申し出るといったことも重要です。

名刺の扱い方

ビジネスなどの場で初めて会った人には、挨拶をして名刺を交換します。特に日本では、名刺はその人自身のように受け取られている面があるので、汚れたり折れたりした名刺を差し出すこと、いただいた名刺をぞんざいに扱うことはマナーに反します。また、名刺入れは必ず携帯し、財布や定期入れなどで代用しないようにしましょう。

外出時には自分の名刺を確認し、少し多めに用意します。また、いただいた名刺は会社に帰ってから整理しますが、面談の日時や本人の特徴などをメモしておくとよいでしょう。ただし、相手の目の前でしてはいけません。一枚の名刺から大きなビジネスに発展することもあるので、有効に活用しましょう。

◆名刺交換のポイント

・目下の者から目上の方に差し出すのが原則
・訪問した側が先に出す
・相手が複数いる場合は、上位者から順に名刺を交換する
・名刺を渡す時は、相手が読みやすいように名刺の向きを変えて右手に持ち、左手を添えて「はじめまして、○○社の△△と申します。よろしくお願いいたします」と名前を名乗って渡す
・名刺を受け取る時は、右手で受け取り、左手をそえて「頂戴します」「いつもお世話になっております」と言い、礼をしながら受け取る
・名刺を同時に交換する場合は、次ページのイラストのように名刺を持ち、右手で相手の名刺入れの上に自分の名刺を置くように渡し、反対に相手の名刺は自分の名刺入れの上で受けるようにする

◆名刺の扱い方（同時交換の手順）

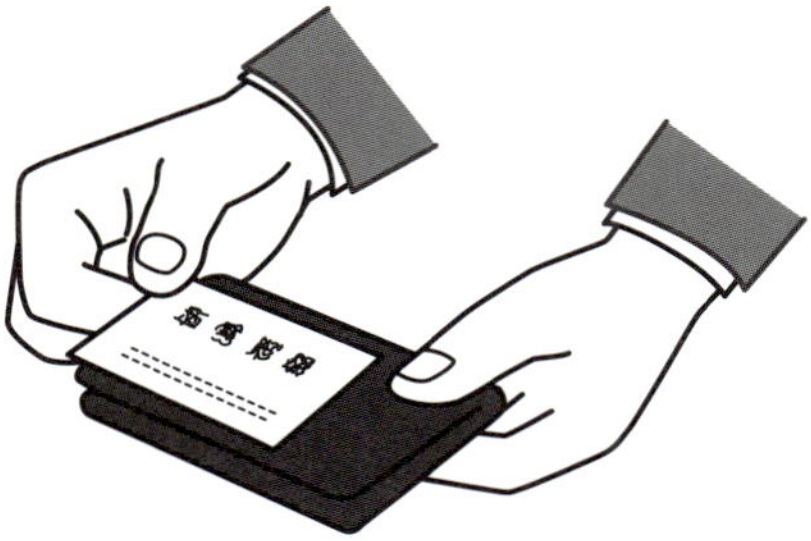

①名刺を取り出して名刺入れの上にのせ、自分の名刺であることや汚れや折れがないかを確認する。
②相手が読みやすいように名刺の正面を相手の方に向け直し、名刺は両手で持つ。

③まず目下や訪問者が社名、名前（フルネームが基本）を名乗り、次に相手が名乗る。
④互いの挨拶が終わったら、相手の名刺入れの上に自分の名刺を置くように渡し、反対に相手の名刺を自分の名刺入れの上で受け取る。

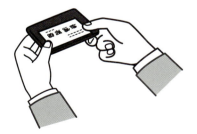

⑤受け取った後、名刺を渡した手を相手の名刺に添え、両手で持つ。

・相手の会社のロゴや名前の上に指をかけるのは失礼

・名前などが読めなかったら、その場で確認する

・相手から先に名刺を渡してきた場合は、「頂戴いたします」と言って名刺を受け取り、「申し遅れました、私《わたくし》○○会社の△△□□でございます」といった言葉を添えて自分の名刺を渡す

・いただいた名刺は名前を覚えたら名刺入れにしまいテーブルの上にいつまでも並べておかない（特に欧米ではそういう習慣はない）

◆複数人との名刺交換

・複数人と名刺交換をする場合は、人数分（相手が多数の場合はやや多めに）の名刺を取り出しておき、名刺入れの下で、左手の指に取り出した名刺を挟み、右手で一枚ずつ名刺入れの上に取り出し、挨拶をしてから渡すとスムーズ

・複数の人と名刺交換をした場合は、名前を覚えるまで相手の着席順に机の上に並べるのが一般的

◆名刺交換のタブー

・本人の前でいただいた名刺にメモ書きをする

・汚れたり、折れたりした名刺を渡さない

・テーブル越しや座ったままで名刺交換をしない。ただし、状況に応じて「テーブル越しで失礼いたします」とひと言添えればよい

・名刺の文字の上に指をかけない

・名刺を切らさない。もし切らしてしまったら、その場でお詫びをし、後日封書で送る

◆名刺入れの扱い

男性は一般に、スーツの内ポケットの中に名刺入れを入れている場合が多いようですが、スーツにポケットがない女性の場合、名刺入れは鞄の取り出しやすいところに入れておき、相手が来る前に手に持ちます。

名刺入れは、自分の名刺といただいた名刺を分けて収納できるように中に仕切りがあり、ある程度の枚数を入れられるようにマチがあるものがよいでしょう。自分の役職にもよりますが、装飾の少ないシンプルな形が無難で、一目で分かるブランド物などは避けます。

POINT

名刺交換は初対面の挨拶であり、そこで第一印象が形成されます。しかし、名刺はあくまでも相手に自分をよりよく知ってもらうための「情報カード」で、大切なのは目の前にいるその人です。また、名刺交換がスマートだとビジネスマンとして洗練された印象を与えることができますが、自分の名刺を渡すことばかりに気をとられて相手の動きに合わせる配慮がないと、余裕がない印象になります。よりよいコミュニケーションがはかれるように意識して名刺交換ができれば、好感度の高い挨拶につながります。

電話応対のマナー

◆電話応対のポイント

一本の電話に対する応対が、会社全体の印象やイメージを決めると言っても過言ではありません。互いに姿は見えないのに、電話を通して雰囲気は不思議と伝わってしまうものです。感情や態度が声や話し方、口調に表れるので、姿勢を正し、対面して話す時以上に丁寧な応対を心がけましょう。

①明るい声でハキハキ話す

早口やくせのある話し方は避け、はっきりとした発音、発声で、歯切れよく話します。無愛想でぶっきらぼうに話すと、相手は不快に感じます。また、語尾が聞き取りにくかったり、伸ばすくせなども聞き苦しいものです。

②三コール以内に出る

相手を待たせないのが電話応対の基本です。四コール以上鳴ってしまったら「お待たせしました」の一言を忘れずに。また、朝は「おはようございます」と爽やかな挨拶を心がけ、「いつもお世話になっております」という感謝の言葉も伝えましょう。

③丁寧な言葉遣いで応対する

対面して話す時よりも丁寧な言葉遣いを心がけ、敬語の間違いなどは特に注意が必要です。また、聞き取りにくい言葉は、わかりやすく言い換える工夫も必要です。

④話は簡潔に、要領よくまとめる

電話は有料であり、時間も有限です。特にこちらから電話をかける時は、相手が貴重な時間をさいてくれていることを忘れないようにし、「今、よろしいでしょうか」と一言断ってから話を始めましょう。また、事前に用件をメモにまとめ、相手にわかりやすいように「ご連絡が三つございます」などと最初に内容を簡潔に伝えるとよいでしょう。

⑤用件はメモを取り、復唱・確認する

電話の内容が正確に残るよう、相手の話した内容は必ずメモを取ります。机の上には常にメモ用紙と筆記具を用意し、受話器は利き手でない方の手で取るのが基本です。最後に用件を復唱し、内容を確認することで互いに誤解を防ぐことができます。

⑥「ながら電話」はしない

パソコンの画面を見ながらや、書類を見ながら話をしていると、注意が散漫になり、大事な用件を聞き間違えたり、聞き漏らしたりすることにもなりかねません。

⑦相手の声が聞き取りにくい場合

相手の声が小さくて聞き取れなかった時は、「恐れ入りますが、お電話が遠いようですので、もう一度おっしゃっていただけますか」と丁寧に聞き返しましょう。まちがっても、「は?」「え、何ですか?」「声が小さくて」などと無礼な聞き返し方をしないようにします。

⑧注意すべき言葉遣いや聞き間違いに注意する

「一(いち)」や「七(しち)」など、聞き間違えやすい言葉は避けましょう。この場合、「七」を「なな」と言い換えたり、「一郎のイチ」などと言いそえます。また、「ちょっとお待ちください」などの「ちょっと」や「こっちから電話します」といった言い方は幼稚に聞こえます。「少々」「こちら」と言いましょう。

⑨長時間保留にしない

資料を探したり、内容を確認したり、名指し人に取り次ぐ場合などは、「少々お待ちください」と断り、必ず電話機の「保留」機能を使います。再度、電話に出る時は「お待たせいたしました」の一言を忘れずに告げ、さらに時間がかかりそうな場合は、「申し訳ございませんが、○分後にこちらからかけ直しますが、よろしいでしょうか」と伝えて電話を切ります。もちろん約束した時間は必ず守るのがマナーです。

⑩電話をかけた側が先に切る

電話をかけた側が先に切るのが基本です。ただし、話のタイミングなどによって、受け手が先に切る場合は、「お電話ありがとうございました」「失礼します」などと言ってから、静かに受話器を置きます。相手がお客様や目上の人の場合は、相手が切ったのを確かめてから切りましょう。また、途中で電話が切れた時はたとえ相手の不手際で切れてしまった時でも、電話をかけた方からかけ直すのが基本です。

◆電話を受ける時のマナー

①社名や部署名は丁寧に告げる

社名や部署名は大切なものです。社外からの直通電話では、受話器を取ってから一呼吸おいて、明るい声のトーンで「○○商事（の××課）です」などと丁寧にはっきり告げると、電話の第一印象がよくなります。受付経由の場合は「××課です」と部署名を告げ、場合によっては名前を名乗りましょう。

②挨拶は心を込めてする

社外からの電話の場合は、相手が名乗ったら「○○社の△△様ですね。いつもお世話になっております」と心を込めて告げます。自分にとっては初めての相手でも、社内の他の人がお世話になっていることもあるからです。もし相手が名乗らない場合は、「失礼ですが、どちらさまでしょうか」と丁寧に聞くようにします。また、社内の人からの場合は、「お疲れ様です」の一言を忘れずに。こうした心遣いが、社内外の人間関係を円滑にします。

③電話の取り次ぎは速やかに行なう

名指し人への取り次ぎの場合は、「ただ今、◇◇と代わります。少々お待ちください」と告げます。また、自分で処理ができないような用件だった時は、「恐れ入りますが、上司（あるいは担当者）に代わります」と告げて取り次ぎます。取り次ぎの際は、事前に聞いた相手の社名や氏名、さらに用件や経過を手短に伝えましょう。

◆電話の受け方の基本パターン

呼び出し音が鳴ったら素早く出る	「はい」 「おはようございます」（午前10時頃まで） 「お待たせいたしました」 （呼び出し音が3～4回鳴った場合） 「大変お待たせいたしました」 （呼び出し音が5回以上鳴った場合）
↓	
会社名を名乗る	「○○社でございます」 「○○社の△△でございます」
↓	
相手の確認	「◇◇様でいらっしゃいますね」 「恐れ入りますが、お名前をもう一度お願いできますでしょうか」（聞き取りにくい場合）
↓	
日頃のお礼の挨拶	「いつもお世話になっております」
↓	
用件を伺う	**メモを正確に取り、必ず復唱して確認する。** 「復唱させていただきます。……」 「……でよろしいでしょうか」
↓	
自分を名乗る	**誰が受けたかを明確にする。** 「私、△△がうけたまわりました」
↓	
締めくくりの挨拶	「お電話ありがとうございました」 「失礼いたします」
↓	
電話を切る	**相手が切ったことを確認してから静かに電話を切る。**
↓	
処理をする	**伝言を受けた場合は、本人が戻ってきたら清書したメモを渡し、口頭でも伝える。**

◆電話をかける時のマナー

①電話をかける時間帯に配慮する

始業前や終業直前、昼休みの時間帯に電話をかけるのは避けましょう。また、休日の翌日の午前中は一般に多忙なことが多く、長電話にならないように配慮しましょう。

間違い電話は迷惑です。ダイヤルをする前に相手の電話番号をよく確認しましょう。間違えてしまった場合は、「失礼しました。番号を間違えました」と丁寧に謝ります。

②社名・名前をきちんと名乗る

相手が電話に出たら、「○○商事の××です。いつもお世話になっております。△△部の□□様をお願いしたいのですが」と、はっきり告げましょう。電話をかけた相手先が社名を名乗らない場合は、「失礼ですが、◇◇物産ですか」と確認します。電話を取り次がれたら、再度「○○商事の××です。いつもお世話になっております」と挨拶します。

③相手が不在の場合

相手が外出中の場合は帰社時間を、出張や休暇などで不在の場合は出社日時を確認し、「では、○時(日)に改めてお電話いたします」と告げ、念のため自分の社名・部署名・名前・電話番号を伝えておきます。もし折り返し電話すると言われたら、社名などの情報のほかに、自分が在席している時間も伝えておきましょう。折り返しかかってきた時は、「お忙しいところ申し訳ございません」「折り返しのお電話ありがとうございます」と、礼を述べます。

④出先の上司に電話をかける時

緊急な用件で、取引先やお客様を訪問している上司の携帯電話にかける時などは、電話の内容が取引先やお客様にわからないように配慮します。「B社より至急連絡がほしいと電話がありました。代わりに○○部長からお電話していただきましょうか」などと、上司が「はい」「いいえ」で答えられるような質問形式で話をするようにしましょう。

◆電話のかけ方の基本パターン

かける前の準備

・先方の番号、会社名、部署名、名前を確かめる。
・用件を5W3Hでまとめておく。
・必要書類やメモ用紙と筆記具が　手元にあるか確認する。

↓

かける

↓

名乗る

「（おはようございます）
私、○○社の△△でございます」

↓

日頃のお礼の挨拶

「いつもお世話になっております」

↓

名指し人を指定

「恐れ入りますが、×××課の◇◇様はいらっしゃいますか」

↓

挨拶して名乗る

名指し人が出たら、もう一度挨拶して名乗る。
「いつもお世話になっております。私、○○社の△△でございます」

↓

用件を伝える

結論を先に、5W3Hで用件を的確に伝える。
「○○の件で、ただ今お話ししてもよろしいでしょうか」

↓

確認する

正確に用件が伝わっているか確認する。
「ご不明な点はございませんか」
「よろしいでしょうか」

↓

締めくくりの挨拶

「それではよろしくお願いいたします」
「ありがとうございました」
「失礼いたします」

↓

電話を切る

相手が切ったことを確認してから電話を切る。

※電話はかけた方が先に切るのが基本ですが、相手が取引先やお客様の場合は、後から切る方が丁寧な印象になります。

◆電話を取り次ぐ時のマナー

①丁寧に応対する

自分にかかってきた電話ではないからといって、いいかげんな応対は禁物です。「少々お待ちくださ い」と告げて電話を保留にし、名指し人に相手の名前と用件を告げ、電話をつないでよいかを確認し、速やかに代わります。

②名指し人が不在の場合は相手の要望を確認する

「申し訳ございませんが、○○はただ今、席をはずしております。戻りましたら、こちらからお電話いたしますが……」「よろしければ、わたくしがご用件を伺いますが……」と聞いてみます。かけなおすと言われたら戻る時間を告げます。本人からかけなおしてほしいと言われた場合や伝言を頼まれた場合は、相手の会社名・名前・電話番号、伝言内容をメモに取り、復唱して確認します。伝言メモは机の目立つ場所に置き、本人が戻ったら口頭でも伝えます。

〈伝言メモの書き方〉

- 名指し人の名前
- 電話を受けた日時
- 先方の会社名・部署名・名前・電話番号
- 伝言内容
- 折り返しの電話が必要かどうか
- 電話を受けた人（自分）の名前

◆携帯電話のマナー

今やビジネスにおいても不可欠なものとなった携帯電話のマナーを以下に挙げておきます。

①「非通知」でかけない

携帯電話やビジネスホンにかけた時は、相手の電話の画面にこちらの電話番号が表示されます。番号が表示されないよう「非通知」に設定することもできますが、失礼であることに加え、先方が出ない場合や、着信を拒否する設定になっていることもあるので注意しましょう。

◆電話を取り次ぐ場合

名指し人がいる場合

「はい、少々お待ちください」（保留にする）

↓

「誰」に「どこの誰から」かを伝えて取り次ぐ

「□□さんに、○○○の◇◇様よりお電話です」

↓

本人が出る

「お待たせしました。□□でございます」

席をはずしている場合

「申し訳ございません。ただ今□□は外出しております（席をはずしております）」

↓

情報を提供する

「○時頃には戻る予定でございます」
「○分後には席に戻って参ります」

↓

相手の意向を聞く

「いかがいたしましょうか」
「こちらからお電話をさしあげましょうか」
「よろしければご伝言をうけたまわりますが」

↓

かけなおします

会社名と名前を確認（念のため電話番号も）

かけてください

会社名と名前と電話番号を確認

伝言をお願いします

伝言内容(5W3H)、会社名と名前と電話番号を確認

↓

復唱する

「復唱させていただきます。……」

↓

自分を名乗る

「私、△△がうけたまわりました」

↓

挨拶してから切る

「□□が戻りましたら申し伝えておきます。失礼いたします」

↓

処理をする

本人が戻ってきたら清書したメモを渡し、口頭でも伝える。

②会議や打ち合わせ中は電話に出ない

会議中や打ち合わせ中に、携帯電話の着信音が鳴るのは失礼です。他社を訪問中、式典に出席している時はもちろんのこと、自社においても会議や打ち合わせ中は、携帯電話の電源を切るかマナーモードにしておきましょう。

ただし、重要な緊急連絡が入る場合やどうしても連絡しなくてはならない場合は、あらかじめその旨を先方に話し、了解を得ておきます。通話する場合は、「申し訳ありません」と一言詫びて、話ができる場所に移動してから手短に話し、戻ったら「失礼いたしました」と再度詫びます。

また、着信音はビジネスシーンにふさわしいものにしましょう。

③相手の状況に配慮する

携帯電話にかける場合は、会社に電話する時と違って、相手がどのような状況で電話を取るかわかりません。用件を話し始める前に、必ず「今、お話ししてもよろしいでしょうか」と相手の了解を得てから話し始めましょう。

④歩きながら通話しない

駅や道路など公共の場では、歩きながら携帯電話を使用するのはやめましょう。

また、公共の場で携帯電話をかける際は、誰が聞いているかわからないので、具体的な社名を言ったり、話す内容などには十分な配慮が必要です。いずれにしろ、人の少ない場所を選び、立ち止まって通話するのがマナーです。

COLUMN

人の目を忘れずに

今や生活の必需品とも言える携帯電話ですが、使い方にその人の品性が表れます。

電車やバスなどの交通機関、美術館や図書館などの公共施設ではマナーモードに設定し、病院などの決められたところでは電源を切るのがマナーです。取引の内容やクレームなどを外で大声で話すのは、周囲に迷惑なばかりでなく、無神経で品性に欠ける行為です。また、人通りの多いところで歩きながら話をするのも、注意力が散漫になり思わぬ事故につながるのでやめましょう。

◆トラブル対応の基本

お客様とのトラブルは発生しないに越したことはありませんが、万一起きてしまった場合、会社やあなたがどのような対応をするかが問われます。トラブルに対してその原因を究明し、誠実にきちんと対応すれば、的確に対処してもらえたということで好感を持たれ、かえってお客様の信頼を得られることもあります。トラブルに対する苦情はメールや電話で寄せられることが多いようですが、ここでは電話対応について説明します。

①丁寧に詫びる

トラブルの原因や非はどちらにあるかなどは後にして、まずお客様に不便や不快感を与えたことに対して、「大変申し訳ございません」と詫びます。その一言で相手の怒りの感情を落ち着かせることができる場合もあります。

②相手の話を最後まで聞く

相手の話を最後まで聞くと同時に、ポイントをメモします。たとえお客様の勘違いや誤解だったとしても、言葉をさえぎってそれを説明すれば、さらにお客様の感情を害することになります。口を挟むのではなく、あいづちを適宜入れて、真剣に聞いていることを伝えましょう。

③丁寧に対応する

クレームを早く処理しようとすると、かえってこじれてしまう場合があります。相手の立場に立って原因を迅速に調査し、改善策を検討することを約束して了解を得るか、後日、担当者や責任者が報告することにして、納得してもらうようにしましょう。

結果報告までに時間がかかる場合は、その期日を伝えるとともに、必ず途中経過を連絡します。

④意見を寄せてくれたことに感謝する

最後にもう一度謝罪するとともに、貴重な意見を伝えてくださったことに感謝の気持ちを伝えましょう。

⑤上司に報告する

その場で解決できたと思っても、再度、苦情が寄せられることもあります。上司には速やかに報告しましょう。

〈トラブル対応のタブー〉

・その場逃れの返事をする
・曖昧な返事をして、かえって相手に誤解を与える
・自分ではよくわからないことを、勝手に判断したり、推測して答える
・クレーマー（言いがかりをつける人）と決めつけ、反論したり、失礼な対応をする

POINT

トラブル対応の基本は、「誠実な態度」「迅速な処理」「丁寧な対応」です。相手の立場に立って考えるとともに、自社では気づかない問題点をお客様が指摘してくださったことを真摯に受け止める姿勢が何より大切です。また、相手の怒りがおさまらない時は、一般的には、①人を代える（上司などに代わってもらう）、②場所を変える（落ち着いて話が聞ける場所に移動する）、③時間をおく（しっかり調査をし、後日きちんと報告をする約束をする）とよいと言われます。

◆トラブル対応の基本パターン

丁寧に詫びる	「大変申し訳ございませんでした」
⬇	
あいづちを入れ申し出の内容を最後まで聞く	「はい、おっしゃる通りでございます。……はい……」
⬇	
調査し、折り返し連絡する旨を伝える	「ご迷惑をおかけし、申し訳ございません。すぐにお調べし、折り返し（時間）ご連絡いたします」
⬇	
迅速に原因を調査し、解決策を検討する	**担当者に引き継ぐ時は、申し出の内容を正確に伝える**
⬇	
原則として、上位者から原因・対処の報告とお詫びをする	**内容によって、電話・文書・訪問など適切な方法で誠意をもって応対する**
⬇	
意見を寄せてくれたことに対するお礼を述べる	「大変申し訳ございませんでした。二度とこのようなことがないように、今後は注意いたします。お知らせいただきありがとうございました」

※自分で処理した場合は、上司への報告を忘れずに。

来客応対のマナー

会社には、毎日多くのお客様がいらっしゃいます。あなたの応対次第で会社に対するお客様の印象が変わることを理解し、心のこもった丁寧な応対を心がけましょう。

◆来客応対の心得

お客様を迎える時には、身だしなみを整え、応接室など来客を迎える場所の環境整備をしておくことが大切です。以下のポイントを参考にして厳しい目でチェックしておきましょう。

・応接室などを使用する場合は事前に予約し、受付係に来客があることを告げる
・先客の茶器・灰皿などは片づけられているか
・テーブルの上はきれいに拭かれているか。応接セットは整っているか
・床にゴミが落ちていないか。じゅうたんや壁が汚れていないか
・室内灯はついているか。冷暖房の温度設定は快適か。換気はされているか
・メモ用紙や筆記具などの備品は揃っているか
・テーブルクロスやソファカバーは汚れていないか。シワなどはないか
・部屋の隅や棚など、隅々まできれいになっているか

また、打ち合わせなどで来客がある場合は、事前に資料を用意し、お客様が持ち帰る封筒も準備しておきましょう。

◆受付のマナー

受付の印象は、会社全体の印象に影響します。お客様には、常に明るく、公平な態度で丁寧に接しましょう。

受付の基本的な流れは、以下の通りです。

・お客様に気づいたら、すぐに立ち上がって笑顔で挨拶する

・お客様が会社名、名前、面会の約束の有無を告げたら、「いつもお世話になっております」と挨拶し、面会の約束がある場合は「お待ちしておりました」と告げる

・取り次ぎのために名刺を出されたら、胸の位置で預かり、名指し人に確認する旨をお客様に伝え、椅子があれば座ってお待ちいただく。預かった名刺は名指し人に渡すか、確認後にお客様にお返しする

・約束がある場合や、名指し人の了解が得られたら、面談の場所に誘導するか、口頭で案内する

・約束がなく、取り次ぐべきかわからない時は、先方の名前や会社名と用件を確認し、名指し人の在・不在はふせて、「(社内にいるかどうか)お調べいたします。少々お待ちください」と告げて、面会するかどうかを本人に確認してから取り次ぐ。また、不在の場合は「あいにく○○は外出しております(所用で席をはずしております)が、いかがいたしましょうか」と告げ、用件を伺い、伝言を確認する

・一度に数名のお客様がいらした時は、先着順に対応し、顔見知りを優先したりしない

・取り次いだ後も、お客様が長く待たされたままになっていないか、常に気を配る。また、名指し人が来る時間などを憶測で言うのは混乱のもとなので控える

POINT

受付の基本は、お客様を気遣い、大切にもてなす心を、明るい笑顔や丁寧でスムーズな応対や行動で示すことです。専任の受付係がいない場合は、社員一人ひとりが来客に注意し、お客様がいらしたら積極的に声をかけて、速やかに対応するようにしましょう。

◆ご案内

来客の応対では、その場でやりとりして、名指し人を呼び出すのが普通ですが、来客を応接室などに案内することもあります。その時は、「〇〇へご案内します」と行き先を告げ、お客様の二～三歩先を歩いて部屋まで案内します。無言で誘導するのは、気づまりになるので、天気の話をしたり、「あちらのエレベーターでございます」「右に曲がります」などと声をかけましょう。ただし、「これから商談ですか」など、余計な話をするのは厳禁です。

①廊下の誘導

廊下を案内する場合、来客には通路の真ん中を歩いていただくようにして、自分はお客様の斜め前を歩きます。お客様の歩く速さにあわせるようにしましょう。曲がり角では立ち止まり、改めて方向をさし示して「こちらでございます」と誘導します。

②エレベーターの乗降

複数のお客様をご案内する場合は、「〇階でございます」と行き先を告げてから、中に誰も乗っていなければ「お先に失礼いたします」と先に乗り、「開」ボタンを押してお客様を招き入れ、降りる時はお客様を先にします。お客様が一人の場合は、外側のボタンを押すか、扉を手で押さえて、お客様に先に乗り込んでもらってもかまいません。

エレベーター内の操作パネルの前に人がいる時は、お客様を先に乗せ、自分は後に乗って行き先を告げます。降りる時もお客様が先です。

③応接室のドアの開閉

応接室に着いたら、「こちらでございます」と言い、必ず軽くノックしてからドアを開けます。ドアが外開きの時はドアを引いてお客様を先に案内し、内開きの時は先に入ってドアを押さえ、「どうぞお入りください」とお客様を招き入れるようにします。

④応接室の席次

応接室に入ったら、「〇〇は間もなく参りますので、こちらに掛けてお待ちください」などと言って、上席をすすめます。コートや傘などの持ち物を預かり、「こちらにお預かりしておきます」と場所を知らせます。応接室の表示を「使用中」にするのも忘れないようにしましょう（応接室での席次は、37ページを参照）。

◆茶菓応対

応接室にお客様をご案内したら、速やかに茶菓を出します。あらかじめ来客がわかっている時は、事前に準備をしておくとよいでしょう。

〈茶菓応対の手順〉

①お茶を運ぶ

お茶は一人分でも必ずお盆にのせて運びます。途中でお茶がこぼれて茶托《ちゃたく》が濡れないよう、茶碗と茶托は重ねず別々にお盆の上にのせ、布巾を添えます。

②応接室に入る

室内の人にわかるように必ずノックをし、「失礼いたします」と声をかけてからドアをゆっくり開けて入り、会釈をします。

③お客様にお茶を出す

お茶は上席のお客様から順に出します。まず、サイドテーブルかテーブルの端にお盆を置き、茶托に茶碗をのせてから一人ずつお茶を出します。テーブルが狭く、お盆の置き場がない場合は左手にお盆を持ち、右手で出します。茶托や茶碗が濡れていたらさっと布巾で拭き取りましょう。

出す時は茶托を右手で持ち、左手を添えて、お客様の上位者から順番に出します。お茶はお客様の下座側から出すのが基本ですが、ビジネスシーンでは会議や面談の邪魔にならないように、出しやすい方からでかまいません。

茶碗は、柄がお客様の正面に来るようにし、個人宅の場合は原則としてお客様の正面に置きます。ビジネスシーンでは、書類などが広がっていれば、邪魔にならない位置を選び、お客様が飲みやすいように右手側にするとよいでしょう。

④社内の人にお茶を出す

お客様と同じ茶碗を使い、出す時はお客様の後に社内の上位者から出します。

⑤お菓子を出す場合

原則として、お菓子はお客様の左手側に、お茶は右手側に出します。出す順番は、本来はお菓子が先でお茶が後ですが、お菓子を越えてお茶を出すのであれば、出す位置を優先させ、お茶が先でもかまいません。

⑥退室する

お盆の表を外側にして、ドアを右手で開けるため、お盆は左手で体の左側面につけて持ち、ドアの近くで立ち止まり、軽く一礼してから退室します。

⑦お茶を差し替える

会議などが長くなりお茶を差し替える場合は、一人ずつ新しい飲み物を出し、その手で前のものを下げます。

POINT

茶菓応対の基本は「おもてなしの心」です。一杯のお茶にも心を込め、少しでもおいしく、熱いものは熱いうちに、冷たいものは冷たいうちに出すのが原則です。ただし、ビジネスシーンでは仕事の話を中断させないように、速やかで控えめな対応が何より求められます。

◆出迎えと見送りのマナー

会社にとって特に大切なお客様が来社される場合は、歓迎の意を表すために受付や玄関ホールまで出迎え、帰りは見送りをします。

①出迎え

到着予定の時間より少し前に出迎えの場所で待機します。事前に受付を済ませるなどして、速やかにお客様をご案内できるように準備し、お客様がいらしたら「お待ちしておりました」と笑顔で近づき、出迎えます。

◆お茶の出し方

①茶碗と茶托は重ねずにお盆にのせ、布巾も添えて持っていく。

②サイドテーブルかテーブルの下座側の隅にお盆を置き、茶碗と茶托をセットする。

③茶碗の正面が自分の正面に向くようにして茶托を右手で持ち、左手を添えて運ぶ。

④基本はお客様の下座側の後ろに立ち、「失礼いたします」と小声で一言かけてから、適切な位置に置く。

②見送り

面会が終わったら、応接室から出てお客様を見送るのが最低限のマナーです。挨拶とともにお辞儀をして、しばらく後ろ姿を見送ります。エレベーターまで見送る場合は、お客様がエレベーターに乗る時に一礼し、ドアが閉まるまで見送ります。さらに丁寧な見送りでは、受付や建物の外まで案内し、姿が見えなくなるまで見送ったり、車の場合は車が動きだしたら一礼し、走り去るまで見送ります。

POINT

「終わりよければすべてよし」という諺がありますが、丁寧な見送りは、自分が来客として大切にされていたことを最後まで実感させる行為です。さらにインパクトがあるのは出迎えです。どちらも、自分の領域（テリトリー）からより遠くに出ることによって、相手を大切に思う気持ちの大きさを示すことになります。すべてのお客様に丁寧な接遇をすることが原則ですが、より重要なお客様には、それに応じた対応も必要です。

◆接待のマナー

得意先や関係先とよりよい関係を構築するために、社外で飲食などを交えて接遇をすることを「接待」と言います。接待は仕事の延長線なので、節度を持って臨みましょう。

〈接待する時の心得〉

・相手の都合を最優先に日程を決める
・接待の目的や相手の趣味・嗜好に合わせて、店や場所を決める
・お土産や帰りの車を用意するなど、相手に喜んでもらえるように配慮する
・早めに店を予約し、あらかじめ日時、人数、メニューなどを決めて、接待であることなどを店に伝える
・待ち合わせの場所には相手より早く着いて迎える
・請求書を送ってもらうようにするか、その場で支払う時は相手に気づかれないように代金の支払いを済ませる

〈接待を受ける時の心得〉

・接待を受けるかどうかを上司に相談するなど、慎重に対応する
・担当者からの個人的な誘いでも、会社との関係を考えて判断する
・飲みすぎたり、ハメをはずしたりしない
・仕事に関して、無責任な発言や約束はしない
・感謝の気持ちはその場できちんと伝え、後日お礼の電話や手紙、メールを速やかに送る

POINT

接待の目的は友好的な人間関係の構築にありますが、飲食が伴う場合が多く、話題選びや食事のマナーなどにも配慮が必要です。お酒が入っても、常に品格ある言動が求められます。

ビジネス文書のルール

ビジネスの場では、さまざまなツールを業務上の伝達手段として使います。ビジネス文書は、その中でも、もっとも重要なものです。

◆ビジネス文書の扱い方

ビジネス文書は、組織の業務を運営していく上で、必要な情報を正確に伝えるためのものです。

①文書として残す必要性

仕事を依頼したとしても、その仕事を確実に履行してもらえるのか、期日までに完了するのかといった保証はありません。そこで「契約書」を交わし、約束事を文書にして残しておくことが必要です。

取引先との交渉や、連絡、受注（発注）内容、契約、請求、催促など、ビジネスに関わる活動は、すべて文書にすることで効力を持ちます。ビジネスを継続し、取引先とよりよい関係を保つ上でも、ビジネス文書は以下のような重要な役割を果たしています。

・言い間違いや聞き間違いを防止し、いつでも過去にさかのぼって確認できる。情報を正確に記録・伝達できる

・交渉経過の根拠となり、利害関係に信頼性や社会的・法的な根拠を持たせられる

・仕事の目的を明らかにし、社員のモラルを高められる

・会社と会社、会社と個人の協調関係を維持できる

・一つの情報を、多くの人に同時に伝達できる

②重要な文書の保管

ビジネス文書は、社内・社外を問わず十分注意して取り扱います。特に、機密文書や契約書など厳重に保管しなければならないものは、必ず鍵のかかるキャビネットなどに整理して収納しましょう。

それらを廃棄する場合はシュレッダーなどを使用し、安易にゴミ箱などに捨ててはいけません。

◆ビジネス文書の構成・実例

ビジネス文書は、大きく「社内文書」と「社外文書」の二種類に分けられます。どちらもA4サイズの用紙一枚、横書きが基本です。

①社内文書

社内文書とは、社内での通達や連絡、業務上の報告、提案、企画、記録に関する文書で、社内業務を円滑に進めるのが目的です。形式にとらわれず、儀礼的な部分は省略して、実用的で合理的な文書を心がけましょう。

②社外文書

社外文書は、社外の第三者に出すすべての文書です。会社を代表する気持ちで、相手に礼を尽くし、敬語や漢字などに間違いがないよう丁寧かつ慎重に作成しましょう。慣用的な言い回しや独特の尊敬語、尊称などを適切に使いこなすことがポイントです。

社外文書では、先方の社名・個人名・敬称・住所・商品名・数字などが二行にまたがったり、行末に来たりしないように注意します。商品取引に関する文書は一件につき一枚とし、受・発信とも二人以上の連名にする場合は上位者から書きます。

POINT

社外文書は、会社を代表して書いていることを忘れずに、丁寧かつ慎重に書きます。一方、社内文書は実用的でわかりやすいことが大切です。いずれも誤字・脱字、肩書き、社名や氏名などの間違いがないよう注意・確認することが必要です。

◆ビジネス文書の基本マナー

ビジネス文書の目的は、社内・社外を問わず、用件を正しくかつわかりやすく伝えることです。以下のルールを念頭に置いて書きましょう。

①原則は「結論優先」

まず、「結論・趣旨」を最初に書き、その後に「原因・経過」と続け、最後に「意見・提言」でまとめます。冒頭に「表題」を書くと、内容が一目でわかるのでよいでしょう。

②文章は簡潔に

一文は短くし、用件が複数ある時は「付記」をつけて内容を箇条書きにするなど、一読してわかるように工夫しましょう。

③事実を正確に

自分の意見や感想に基づいたものや、曖昧な表現は避けましょう。特に、日時や金額・数量などの数字は記憶にたよらず、必ずデータを参照します。その際は最新のデータを使うようにしましょう。

④わかりにくい言葉は使わない

業界用語や略語、専門用語の使い方には注意が必要です。それを使った方がわかりやすい場合もありますが、誤解を招くこともあるからです。特に社外文書には使わないようにします。また、表現や敬語の間違いにも注意しましょう。

⑤書いた後は必ず読み返す

公式なビジネス文書は後々まで保存されます。数字の間違いや誤字・脱字などがないよう、読み返すだけでなく、他の人にも見てもらうなどして十分なチェックが必要です。

◆ビジネス上の慣用句

ビジネス文書の中でも社外文書では、手紙と同様に前文や末文などの儀礼的な挨拶文を入れます。ビジネス文書の構成は149ページで確認しましょう。形式の中で手紙と異なるものが、次ページのような慣用的な表現です。いずれも、相手の会社に対するお礼や感謝、お詫びなどの気持ちを伝えるものですが、適切な表現を選び、よりよい印象になるように配慮して文章を書きましょう。

◆よく使われる慣用句

前文の慣用句	相手の繁栄や清栄を喜ぶ言葉	「貴社におかれましては益々ご清栄のこととお慶び申し上げます」 「貴社ますますご隆盛の由、何よりと存じます」
	相手の厚誼に対するお礼、感謝の言葉	「平素は格別なるご高配を賜り、心より厚く御礼申し上げます」 「いつもご愛顧を賜り、深く感謝しております」 「この度はご用命を賜り、誠にありがとうございます」
	お詫びをする時	「日頃よりお手数をおかけし、誠に申し訳ございません」 「この度は当方の手違いから貴社に多大なご迷惑をおかけし、深くお詫び申し上げます」
末文の慣用句	一般的な結びの挨拶	「今後とも一層のお引き立てを賜りますようお願い申し上げます」 「略儀ながら、書面にてお知らせ申し上げます」 「まずは取り急ぎ、ご報告申し上げます」
	返事を依頼する末文	「ご多用とは存じますが、ご臨席を賜りますようお願い申し上げます」 「追ってご連絡賜りますよう、お願い申し上げます」
	催促する際の末文	「何かとご都合はおありかと存じますが……」 「ご多用のところ誠に恐れ入りますが……」

◆ビジネス文書の頭語と結語の例

	頭 語	結 語
一般的な場合	拝啓、拝呈	敬具、拝具
丁寧な場合	謹啓、謹呈	謹白、謹言、敬具
至急の場合	急啓、急呈	草々、敬具
前文を略す場合	前略	草々
返信	拝復	敬具、草々

◆敬称、謙称

	敬 称	謙 称
相手／自分	○○様、あなた様、貴殿、各位	私、小職、私ども、一同
会社	貴社、御社、貴店、貴方	弊社、当社、小社、当店、当方
団体	貴会、貴協会、貴組合	本会、当協会、当組合
官庁	貴省、貴庁、御署	本省、当庁、本署
受け取る	ご笑納、ご査収、お納め	拝受、頂戴、受領
意見	ご高見、ご高説	私見、愚案
気遣う	ご高配、ご配慮	配慮
見る	ご高覧、ご覧	拝見

〈頭語と結語〉

頭語と結語は必ず対応させます。頻繁にやりとりがある場合は「前略」で始めてもかまいません。その際は、前文を省略するので時候の挨拶などは不要です。

〈敬称、謙称〉

ビジネス文書では、左の表のような敬称や謙称を使います。覚えておきましょう。

◆ビジネス文書の構成

前付	①文書番号	文書を整理するもので、会社の規則にそって入れる。
	②発信日付	作成日ではなく、発信日を記載する。
	③宛名	正式な社名（(社)(株)などと略さない)、部課名、役職名、氏名、敬称の順に。敬称は、個人には「様」、組織には「御中」、同一の文書を多数配布する場合は「各位」。 ※「○○会社御中 △△様」や「△△部長様」は誤り。正しくは「○○会社 △△様」か「部長 △△様」。
	④発信者名	正式な社名、部課名、役職名、氏名の順に。
件名	⑤表題	「○○のご案内」「○○の件」「○○について」など、用件が一目でわかるようにする。
前文	⑥頭語	ビジネスでは「拝啓」「謹啓」が一般的。前文を略す時は「前略」、返信は「拝復」を用いる。
	⑦時候の挨拶	（105ページ参照）
	⑧繁栄を喜ぶ言葉	（148ページ参照）
	⑨厚誼へのお礼	（148ページ参照）
主文	⑩起辞	「さて」「ついては」「ところで」など本文を導く言葉。
	⑪用件	最初に結論を述べる「結・起承転結」の展開でわかりやすく。
末文	⑫結びの挨拶	「まずはお知らせ申し上げます」「取り急ぎご報告まで」など締めくくりの言葉。
	⑬結語	頭語と対の結語を用いる。（148ページ参照）
付記	⑭特記事項	日時や場所、品名、金額、数量などは「記」と記した後に箇条書きにするとわかりやすい。
	⑮末尾	「以上」として文書の終わりを明確にする。
	⑯担当者	発信者の他に担当者がいる場合は部課名と氏名、連絡先を書く。

◆社外文書の基本文例

※数字は 149 ページの表を参考

①No.000-0000
②平成　年　月　日

③お取引先各位

④株式会社〇〇〇〇
営業部　部長　〇〇〇〇

⑤新商品発表会のご案内

⑥拝啓　⑦春暖の候、⑧貴社におかれましては益々ご清栄のこととお慶び申し上げます。

⑨平素は格別なるお引き立てを賜り、厚くお礼申し上げます。

⑩さて、早速ですが⑪弊社が今期に発売を予定しております新商品〇〇につきまして、下記のとおり発表会を開催させていただきます。ご多用中のことと存じますが、ぜひご来場くださいますようご案内申し上げます。

⑫まずは取り急ぎご案内申し上げます。

⑬敬具

⑭記

日時　平成〇年〇月〇日（水）午後３時～午後５時
会場　当社本館 10 階会議室
住所：〇〇〇〇〇〇〇〇〇〇〇
電話：000-000-0000（代表）

⑮以上

⑯担当：営業部　〇〇〇〇
TEL 000-000-0000
FAX 000-000-0000

◆社内文書の基本文例

※数字は149ページの表を参考

① No.000-0000
②平成　年　月　日

③営業部
　○○○○部長

④人事部　部長　○○○○

⑤新人事制度説明会について

⑪表題の件につき、下記の要領で実施します。各部の責任者はご出席くださいますよう、よろしくお願いいたします。

⑭記

日　時　平成○年○月○日(水)　午後１時～午後５時
会　場　本社５階Ａ会議室
案内先　営業部　○○○○部長
　　　　経理部　○○○○部長
　　　　技術部　○○○○部長

⑮以上
⑯担当者：人事部　○○
(内線 0000)

◆押印の仕方

契約書や請求書などの重要文書には、社印や代表者印、職印（個人印）などを押します。

社名だけの場合、社印は社名の末尾近くに押すか、最後の一字にかかるように押します。契約書の場合は代表者印を、社名と役職名を書いた場合は、社印を社名の中央に、職印を氏名の最後の一字にかかるように押し、二つの印が重ならないようにします。ただし、重要な書類でなければ社印は必要ありません。いずれにしろ、曲がらないようにバランスよく押します。

職印だけを押す場合は、氏名の最後の一字にかかるように押します。

◆封筒の書き方

封筒に宛名を書く際は、所在地・住所を番地まで一行にまとめます。二行になる時は、二行目は文字を下げて書きます。番地が二行にまたがらないように注意しましょう。縦書きの場合、番地は基本的に漢数字で、横書きの場合は算用数字で書きます。

ビル名の階数は「○F」ではなく「○階」とします。また、切手は所定の位置にきれいに貼ります。枚数は多くても三枚程度にとどめ、ベタベタ貼るのは見苦しいのでやめましょう。

電子メールとファックス

◆電子メールの基本

電子メール（Eメール）は、今やビジネスにおいてなくてはならないコミュニケーションツールですが、一方で歴史が浅いために共通のルールが確立されていません。また、文字のみによる一方向のコミュニケーションなので、さまざまな弊害もありますが、それを補ってあまりあるメリットがあります。

具体的には自分に都合のいいタイミングで瞬時に送れること、送信履歴が残ること、一度に複数の相手に送信できること、文書や画像などのデータを添付ファイルで送れることなどが挙げられます。

一方、デメリットとしては、いつ読んでもらえるかわからない、書き方によっては内容を誤解される可能性があり、相手が正しく理解してくれたかどうかわからないことなどがあります。電話や対面のコミュニケーションと異なり、その場では相手の反応がわからないので、一方的な書き方をしない、相手を否定しない、わかりやすい文章にするなどの配慮が求められます。

また、ビジネスにおいて送受信するメールの数は非常に多くなっているので、送信したメールが見落とされている可能性もあります。メールだけでなく電話も活用して確実な情報伝達を心がけましょう。

メールは、手紙と比べて気軽な印象がありますが、その内容が及ぼす影響は大きいものです。送ったメールは取り消すことができません。ですから、送信する前にもう一度、誤字・脱字、宛先や内容に間違いがないか、添付ファイルの有無、誰が読んでもわかりやすい内容になっているか、失礼に受け取られる表現はないか、などについて確認しましょう。

①電子メールの作成のポイント

・件名（Subject）は、内容が具体的にわかるように簡潔なものにする

・頭語や結語、時候の挨拶などの決まり文句は省略し、用件だけを簡潔にまとめる

・機器によっては、正しく表示されないことがある。受信側の環境によって文字化けを起こす可能性のある文字や記号（環境依存文字）の使用は控える。具体的には、丸つきの数字（①、②、③など）、カッコつきの数字・漢字（⑴、㈱、㈲など）、単位記号（㎝、㎏など）の使用は避ける

・読みにくくならないように一行あたりの文字数は少なめにし、改行を適宜入れる

・内容が変わる場合は改行して一行あけた方が、段落の一文字下げをするよりも読みやすい

・取引先など社外に発信する場合は、「（いつも、大変）お世話になっております。○○（会社名）の△△（氏名）です」のように冒頭に挨拶の文章を入れる

・メールのアドレス帳を作成する場合は、相手側に表示される氏名が呼び捨てにならないよう「様」などの敬称をつけておくとよい

・設定した送信者名が氏名だけの場合、件名のあとに、（○○社）というように（　）内に社名を添えるとわかりやすい

・すぐに確認してもらいたい時は、【緊急】【重要】【至急】などの一言を件名の冒頭に添えるとわかりやすい

・本文の最初には受信者の名前等を明記するが、初めてメールをする場合は、「会社名＋部署名＋役職名＋氏名（フルネーム）＋敬称」の形で書くのが原則。ただし、返信の場合は、役職名を省略するなど効率を考えてもよい

・署名には、最低限、会社名、部署名、氏名、会社の住所、電話番号と自分のメールアドレス、自社サイトのＵＲＬを入れる

◆電子メールの例

宛先：○○○○様
CC：
件名：次回打ち合わせのご相談
差出人：××××

① 株式会社○○
販売促進部　○○○○様

② いつも大変お世話になっております。
株式会社○○○○の○○でございます。

③→

④ このたびは、弊社商品のご購入をご検討いただきまして
誠にありがとうございます。

早速ではございますが、次回打ち合わせの日程、
概要についてご連絡申し上げます。

⑤
■日時：○月○日(○)　○時～○時
　　　　○月○日(○)　○時～○時
　　　　○月○日(○)　○時～○時
　　　　＊ご都合のよい日時をご指定くださいませ。
■場所：弊社第2会議室
■内容：①商品の詳細について
　　　　②納期について

なお、日時につきましては、お忙しいところ恐縮ですが、
○月○日(○)○時までにご連絡いただけましたら幸いです。

⑥ またご不明の点などございましたら、
お気軽にご連絡ください。

引き続きどうぞよろしくお願い申し上げます。

----

⑦ 株式会社○○○○　○○部
○○○○
住所：〒111-1111　東京都◎◎区◎◎町1-2-3
TEL：03-○○○○-○○○○／FAX：03-○○○○-○○○○
URL：http://www.○○○○.co.jp
Mail:◎◎@***.co.jp

----

①宛名
社名は(株)のように省略せず、正式に記す。部署名も入れる

②自己紹介
初めての相手にはきちんと部署名とフルネームを記すが、何度かやりとりをしている相手はこれで十分

③行間
2～5行くらいを目安にして1行空きを入れる

④本文
25～30字程度で改行する。簡潔にまとめ、長くても1スクロールくらいまでにする。それ以上長くなる場合は、添付ファイルにするなど工夫を

⑤要旨
「記」に当たる内容。■などの記号を使って箇条書きに

⑥締め
必ず一言添える

⑦署名
送信者の所属・氏名・連絡先を記す

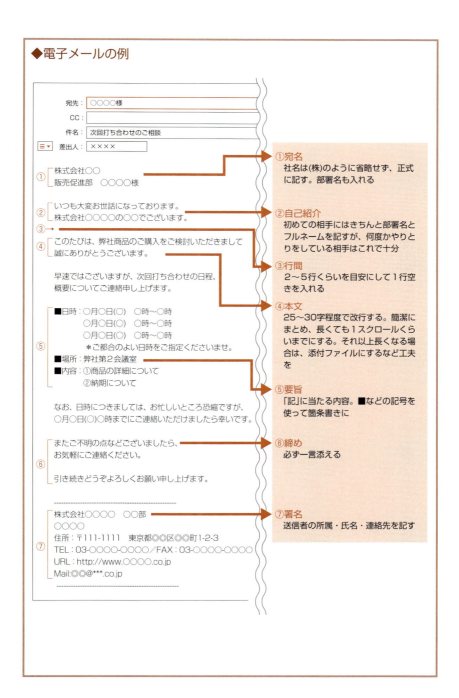

・メール本文はできるだけ簡潔にまとめる。長くなる場合は、別ファイルを添付する方がよい

②電子メール送信のポイント

・相手に必ず読んでもらいたかったり、受信を確認したい場合は、事前に電話を入れるか、「受信後、簡単で結構ですので確認メールをください」と返信を依頼する

・「開封確認」がついたメールは、失礼に感じる人もいるので、事情を書いた上で、「○○のため、開封確認メールでお送りいたしました」などと一言添える

・未発表の情報など、取り扱いに注意が必要な情報は、原則としてメールでやりとりしない

・質問に対する回答は、送信者の文章を引用するとわかりやすい

・依頼した期日になっても返事がない場合、「【再送・至急】訪問日時のご連絡」という件名で再送信し、あわせて電話でもメールの確認をお願いする

・未完成のメールを送ってしまったら、件名を【再送】と入れた完全なメールを直ちに送り直す。「大変申し訳ございません。先ほど、入力途中で誤ってメールを送信してしまいました。大変恐縮ですが、先のメールは削除いただけますでしょうか」といった一文を添える

・他の人に誤って送信してしまった場合、誤送信した相手にすぐに電話をかけてお詫びし、速やかな削除を依頼する

・メールのやりとりをしている相手に別件でメールを送る場合は、用件を明確にするため、以前に届いたメールの返信にせず、新たに件名を記したメールを作成し、送信する

③電子メール受信のポイント

・メールを受け取ったら、なるべく早く返信し、受け取ったことを相手に知らせる

・受信したメールの返信は、受け取った履歴を残し、件名を変えないで送るケースが多いようだ

が、今のところ明確なルールはない
・読み終わった後のメールは、用途に応じて作成したフォルダに移動し、整理しておくとわかりやすくて便利
・受け取ったメッセージを他人に転送する時は、事前に送信者の了解を得る
・コンピュータウイルスについては十分に注意し、不審な添付書類を開かない、心当たりのない相手からのメールは開かず削除。パソコンには必ずウイルスをチェックするソフトをインストールする
・返信が必要なメールには、遅くとも翌営業日中にメールを返す。すぐには対応や回答が困難な場合は受信したことだけでも伝える
・メールの文章を引用する場合、引用元の文章は、一字一句変えてはいけない
・受信したメールを他人に転送する場合は、事前に送信者の了解を得るとともに、元の文章には手を加えず、件名の「Ｆｗ：」をつけたままにする

・長期の休暇や出張がある場合、「○月△日まで不在なので、お急ぎの場合は□□へ連絡をお願いします」といった自動返信を設定するとよい

④「CC」と「BCC」の使い方

同じ内容を同時に関連する人に送る場合は、主たる受取人の他に、「ＣＣ」（カーボンコピー=Carbon Copyの頭文字の略）を活用します。ＣＣは「参考としてこの人にも送っています」という意味ですが、活用や認知度には差があるようです。

企業によっては、関係者全員ＣＣに入れるのが原則というところもあるようですが、情報の共有化ができる反面、メールの数が増えて確認・処理に時間を費やすことになるので注意が必要です。

ＣＣを使う場合は、本文にも以下のように記しておくと、わかりやすいでしょう。

○○様
（ＣＣ：△△様　または　弊社□□など）

なお、「ＢＣＣ」（＝Blind Carbon Copyの略）は「ＣＣ」とは反対に、同時に送っていることを相手に知らせないようにする場合に使います。多くの対象者に一斉送信する場合にもよく使われます。受信者からはＢＣＣに入れた人のアドレスが見えないので、個人情報に配慮した送り方になります。自分に届いたメールなのに、自分のアドレスが入っていない場合は、「ＢＣＣ」で送られているということになります。

ＣＣは、「全員に返信」にした場合、発信者以外の人も返信されますが、ＢＣＣは発信者のみに返信されます。

◆ファックスのマナー

複数枚にわたる文書を送る際は、必ず通し番号を入れ、一枚目に送り主の社名・氏名と挨拶文、簡単な内容を記した「送信状」をつけます。送る枚数も書いておくと親切です。また、送信後に電話連絡をすれば、送り間違いや送った枚数が足りないなどのトラブルが未然に防げます。受信者にもコストがかかることを考慮し、一度に大量の枚数を送るのは避けましょう。

事前連絡のないファックスが届いたら、内容によっては送信元に確認の電話をした方がよいでしょう。

また、個人宛に送る場合は電話と共用のことが多く、電話の呼び出し音が鳴るので深夜や早朝は避け、場合によってはあらかじめ連絡の電話を入れるとよいでしょう。

多くの人の目に触れる可能性があるので、個人情報や機密情報の取り扱いには注意し、宛先の人以外に見られたくない場合「これから送信するのですぐに確認をお願いします」などと電話で依頼します。

POINT

電子メールやファックスは、簡単で利便性の高い情報手段として今やビジネスに不可欠な存在ですが、その反面、誤送信などのリスクがあるので注意が必要です。送信前には確認をし、落ち着いて慎重に操作することが大切です。

◆SNSのマナー

SNS（ソーシャル・ネットワーク・サービス）は、情報が拡散するとコントロールできない状況になるなど、大きなリスクがあることを十分認識する必要があります。プライベートとビジネスを明確に分け、プライベートなアカウントでは仕事に関係する情報は一切投稿してはいけません。

また、ビジネス、プライベートにかかわらず、個人の住所やメールアドレス、電話番号などの情報は掲載しない、他人の写真などを載せたい時は、事前に相手の許可をとる、不確実な情報を拡散しないなどの注意が必要です。アカウントを乗っ取られる被害なども頻繁に発生しているので、パスワードの管理や見知らぬ人からのアクセスには十分に注意しましょう。

さらに軽はずみな発言が思わぬトラブルを引き起こすこともあります。「〇〇さんと△△でランチ」と食事をしている写真を載せたことに対して、誘わなかった友人から不快感を持たれたり、他人の噂話を親しい人だけにつぶやいたつもりが拡散されて人間関係が壊れたり、あるいは同行者は内緒にしておきたかったのに一緒に旅行へ行った写真が掲載されてトラブルになるなど、多くの問題が起きています。

SNSは誰が読むかわからないということを十分理解し、安易に投稿しないよう留意しましょう。

マナー・プロトコール検定試験 出題例

マナー・プロトコール検定過去問題　２級

ビジネスマナーについて、不適切なものを2つ選びなさい。

1）　茶菓応対では、お菓子を先に、続いてお茶を出すのが基本である。
2）　相手の目の前でいただいた名刺に日付などをメモ書きするのは失礼である。
3）　電話に出る時はいつも「お待たせいたしました」と言う。
4）　面会予約のない初めてのお客様が来社された場合は、用件にかかわらず受付で面会を断る。
5）　仕事を進める中で生じた課題に対して対策を講じ、次の計画に反映させて改善するのがＰＤＣＡサイクルである。

マナー・プロトコール検定過去問題　３級

以下の文で適切なものには○、不適切なものには×を□に書きなさい。

□　①仕事上のミスは、自分で解決できることであっても上司に報告し、指示を仰ぐのが基本である。
□　②男性がビジネススーツを着用する時は、白い靴下を履くのが基本である。
□　③受付では、お得意様を常に優先して応対する。
□　④取引先すべてに送る同一内容の案内状では、宛名を「お取引先各位」としてもよい。
□　⑤お客様へ商品やサービスの説明をする際、専門用語や業界用語を多用するとプロらしさが出て高評価を得られる。
□　⑥機密性の高い未発表の情報などは電子メールで送付するとよい。

【正解】2級：3、4　3級：①○　②×　③×　④○　⑤×　⑥×

◆第5章◆

食事のマナー

Global Standard Manners

食事の文化と歴史

◆食事の作法の成り立ち

人が生きていくために食事は不可欠な行為ですが、動物と違って人間が食べる時には、さまざまな決まりごとがあります。〝調理されたものを〟〝道具を使って〟〝集団で食べる〟のは人間だけに見られる行動だからでしょう。

人が集まって食事をする原点は、神様への供物をお下がりとしていただくことでした。そのためには、限りある食物を分かち合わなければなりません。このように「食べ物が公平に行き渡り、食事を通じてコミュニケーションがはかれ、食事の秩序が保てること」が、和洋を問わず食事のマナーの原点と言えましょう。

これは、日本では有職《ゆうそく》（22ページ参照）ができた平安時代以降、西洋ではカトリーヌ・ド・メディシスがフランス宮廷に嫁いでナイフとフォークによる食文化を広めた一六世紀以降に、マナーとして形作られました。

◆テーブルマナーの確立

西洋料理のテーブルマナーは、「社交」と「危機管理」の二つの側面から確立されました。ヨーロッパのマナーの成り立ちは階級社会の維持と密接に関連していて、階級がひと目でわかるように、地位によって座る位置が決められる〝席次のルール〟が形成されました。

また、危機管理の面からは、武器を隠し持っていないことを示すために、両手をテーブルの上に置き、大皿に盛られた食事をゲストの目の前でホストが取り分けて一同で食す、ホストが試飲をしたワインを振る舞う、というルールができたのです。

さらにそこに、食卓の雰囲気を壊さない言動や、もてなしに対して感謝を表すなどの配慮が加えられてルールが作られています。

◆食文化の特徴

食事のマナーの地域による違いは、食事に使う道具と密接に関連しています。「手」を使って食べる地域、「箸」を使う地域、「ナイフとフォーク、スプーン」を使って食べる地域では、食事の作法はそれぞれ違います。いずれも、その地域の主食や調理法、宗教などの影響を受けて形成されたものです。

多くの人が現在でも手で食事をしているのは東南アジア、西アジア、南アジア、アフリカ、中近東などです。ヒンドゥー教徒やイスラム教徒に多いのは、彼らにとって食べ物は神から与えられた神聖なもので、それを清浄な右手で食べることをよしとするからです。また、パサパサした長粒のインディカ種の米などを食べるには、手がもっとも適しているからでしょう。

箸は日本、中国、韓国など東アジアでよく使われ、ジャポニカ種のような粘り気のあるご飯や、油で揚げた熱い料理の多い中国料理などを食べるのに適しています。ただし、太さや長さ、素材などが多種類あり、家庭で個人用の箸を使用しているのは日本だけのようで、大抵の国では一種類の箸を家族で共用しています。また、日本の箸先は細いのに対して、中国の箸はずんどうであるなど、形状や作法も国によって異なります。

ナイフやフォークを使うのは、ヨーロッパ、オセアニア、南北アメリカ、ロシアなど、キリスト教圏が中心です。肉を切り裂き、突き刺して食べるのに便利なために発達しました。とはいえ、フォークが広まったのは一六世紀半ば以降で、それ以前は宮廷の食事であっても、最初に主人が肉を切り分ける時にナイフを使い、その後は各々が手で食べていました。

最近では食文化の地域性も薄れつつありますが、

こうした歴史的な背景などを知ることで食事の作法に対する理解を深めましょう。

POINT

食べること、飲むことは、人が生きていくために毎日繰り返される大切な行為です。しかし、ただ食べるだけでなく、そのシーンを心地よく、より豊かに、そして品格あるものにするために時間をかけて確立されたのが食事の作法です。

食事の作法の難しい点は、気候や風土、宗教や生活様式などの違いによって料理や食習慣が異なるため、そのルールも一定ではないことです。このように国によって食文化は異なりますが、その背景には必ず理由があります。ですから、なぜそうなったのかという点に心をとめて、それぞれの料理のいただき方を学びましょう。

しかし古今東西、万国共通の基本は何かというと、同席者はもちろん、食物を育んだ自然や料理を作ってくれた人、サービスをしてくれる人々に感謝し、料理を美味しく、楽しくいただくことです。細かいルールや作法にとらわれる以上に、食事の場で、テーブルを囲む人たちに配慮ができることが会食時のマナーの大切なポイントです。

和食のマナー

◆日本料理の基本知識

日本料理を大別すると、おもに「本膳《ほんぜん》料理」「懐《かい》石《せき》料理」「会席《かいせき》料理」の三種類があります。どれも季節感を大切にし、旬の味覚や彩り、香りを活かして美しく盛り付けられています。

①本膳料理

室町時代に形式が整い、日本料理の基礎としてもっとも伝統的で格式の高い料理です。流派によって異なりますが、基本構成は〝一汁三菜《いちじゅうさんさい》（飯、汁、向付け、煮物、焼き物）〟で、漆塗りの脚付き膳に「一の膳」から「五の膳」まで料理が並べられます。膳は一度に出されますが、通常「与（四）の膳」の焼き物と「五の膳」のかまぼこなどはおみやげとして持ち帰り、箸はつけません。

本膳料理は、今では宮中の儀式や、地方の冠婚葬祭の席などで出されるだけになりましたが、茶会で

◆本膳料理の構成例

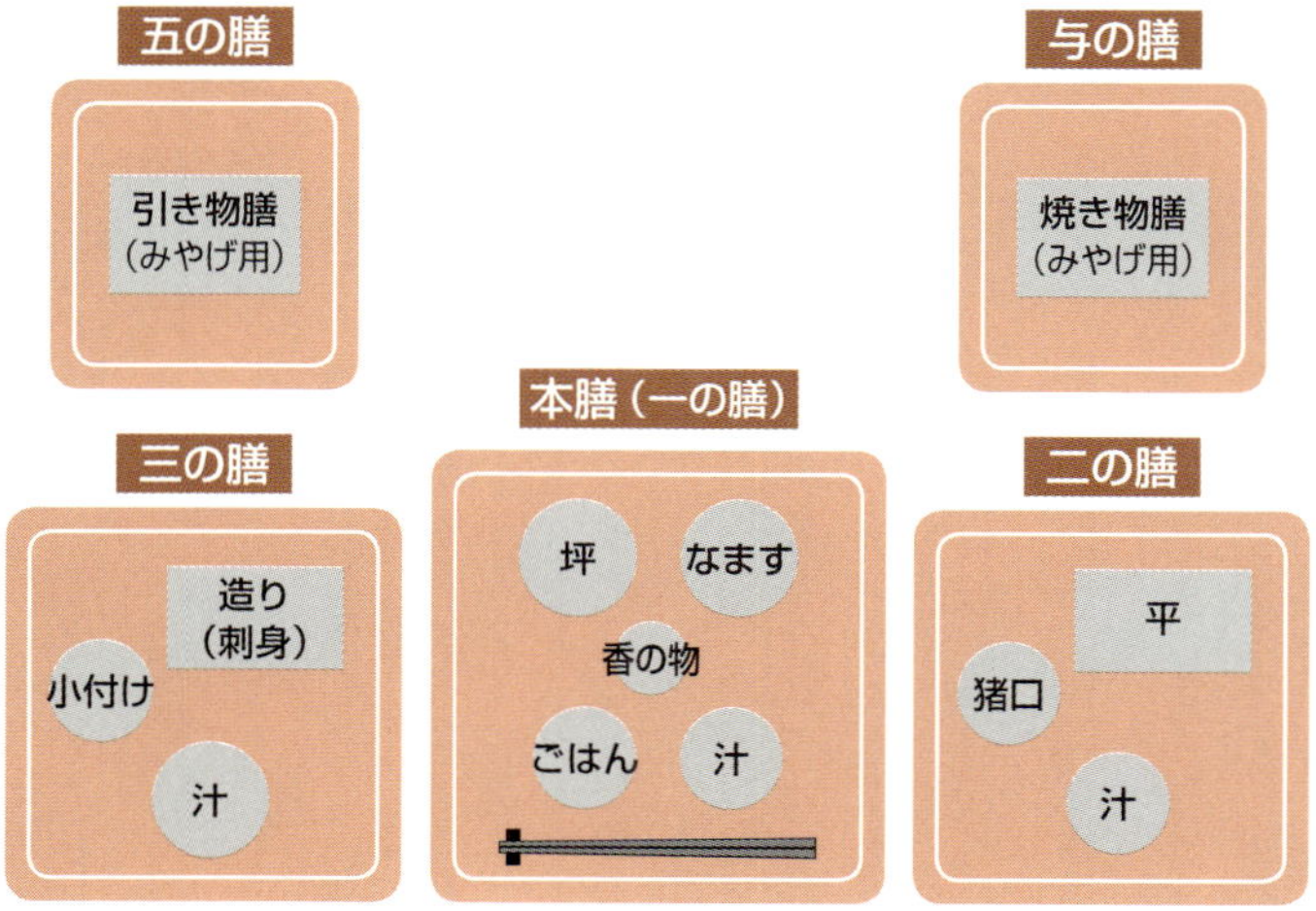

坪・平：煮物／猪口：和え物

は懐石料理に、酒席では会席料理へと変化しました。

②懐石料理

懐石料理は、茶会の席で出される一汁三菜を基本とした料理で、その後の濃茶を美味しくいただくために作られた比較的質素な料理です。

「懐石」の語源は、禅宗の僧侶が石を温めて懐に入れ、空腹をしのいだことに由来すると言われます。

折敷《おしき》と呼ばれる黒塗りの脚のない膳に、飯、汁、向付けをのせて、煮物は椀に入って一人分ずつ出されますが、焼き物は一つの器に全員の分が盛られ、順番に回して取ります。料理はお酒を飲みながらいただきます。

③会席料理

江戸時代に料理茶屋が始めたもてなし料理が起源とされ、一般に結婚披露宴や料亭、旅館などで出されるコース料理です。

料理は先付けから順に一品ずつ各人の膳に運ばれる場合と、最初からすべて膳に並べられる場合があります。その際、ふたつきの器が出されたら、食べる前にすべてのふたを取り、折敷の外に置いてからいただきます。

〈会席料理の順番〉

・先付け……料理の前に楽しむ酒の肴、前菜
・吸い物（煮物椀）……旬の魚介や野菜を用いた吸い物
・向付け（お造り）……三菜の一つで、旬の魚介の刺身
・八寸……海のものと山のものを盛った一品
・焼き物……三菜の一つで旬の魚介を焼いたもの
・強肴《しいざかな》……箸休めの酢の物や和え物
・煮物……三菜の一つで、関西では「炊き合わせ」と言う
・止め椀、ごはん、香の物……汁を先に味わってからごはんをいただく
・果物（水菓子）……食事の最後に出る果物か甘いもの

④その他の料理

・精進料理《しょうじん》……仏前の供え物を用いて僧侶が作った料理から発展したもの。殺生を嫌って肉や魚、卵など動物性の食材は使わずに野菜や穀物、海藻類など限られた材料で工夫を凝らして作られる

・普茶《ふちゃ》料理……隠元禅師が広めた中国風の精進料理。素材は季節の植物が多く、動物性の食材は使わない

・卓袱《しっぽく》料理……江戸時代に長崎に滞留した中国人の影響を受けて生まれた和風の中国料理。円卓を囲んで大皿に盛られた料理をいただく

POINT

寿司や天ぷら、そばなども含め、和食は種類が豊富で、最近では外国人にも人気があります。日本人として、自国の食文化に関心を持ち、日本料理の基本的な知識は知っておきたいものです。

◆食事のいただき方

ここでは、日本料理の大半を占める会席料理のいただき方を説明しましょう。

会席料理は出された順に箸をつけます。食べ切らないうちに次の料理が出てきても気にせず、運ばれた料理に一度箸をつけた後で、残っている料理をゆっくりといただきましょう。

また、日本料理では焼き魚、刺身、天ぷらなどの平皿や大鉢を除いて、基本的に器を手に持って食べます。両手で胸元まで運び、左手で器の底を支えてから右手を離します。卓の奥に器がある時、箸を伸ばして料理を取るのはマナー違反です。いったん箸を置き、必ず両手で器を手前まで運んでから、料理を取っていただきましょう。

①先付け(前菜)

旬の珍味が彩りよく盛られます。汁気のない平皿のものは置いたまま、小鉢は器を持っていただきます。田楽やつくねだんごなどの串ものは、箸で押さ

えながら串を引き抜いて食べます。抜いた串は皿の向こう側へ置きましょう。

②吸い物

すまし汁が一般的ですが、季節によっては「松茸の土瓶蒸し」などが出される場合もあります。椀がふたつきの時は、目上の人がふたを取ってから自分の椀のふたを取ります。左手を椀の縁に添え、右手でふたをつまみ、静かに持ち上げます。その時、ふたの内側についた水滴を器の中に落とすようにしましょう。

ふたを置く時は、片手を添えてふたを裏返し、器が右にあれば右手であけて右側に、左にあれば左手で左側に置きます。ふたが取りにくい時は、椀の縁を両側から押すと、取りやすくなります。漆塗りの椀で出された時は、お椀を少し回して、正面の蒔絵《まきえ》の部分に口をつけないようにいただきます。

汁を吸う時は箸を持ったままでもかまいませんが、いったん箸を置いて、両手で器を持っていただく方が見た目も美しいでしょう。具が邪魔な時は、箸で軽く押さえて飲みましょう。食べ終わったらふたは元通りにかぶせます。高級な塗りの器は傷つける恐れがあるので、裏返して重ねたりしないようにします。

③向付け(お造り)

手前に淡白な白身の魚、中ほどに貝、奥にまぐろなど脂身のある魚が盛りつけられています。なるべく盛りつけを崩さないよう、左手前、右手前、中央、奥の順にいただきます。穂じそは好みで刺身の器の中かしょうゆ皿に入れ、わさびは刺身にのせ、刺身にしょうゆをつけるようにします。口に運ぶ時はしょうゆがたれないよう、しょうゆの小皿か懐紙で受けていただきます。ツマは刺身の臭みを消す効果があるので、刺身と交互にいただきましょう。

④焼き物

会席料理のコースの中心となるのが、切り身や尾《お》頭《かしら》つきの魚、エビ、ホタテなどの焼き物です。

◆ふたつきの椀の扱い方

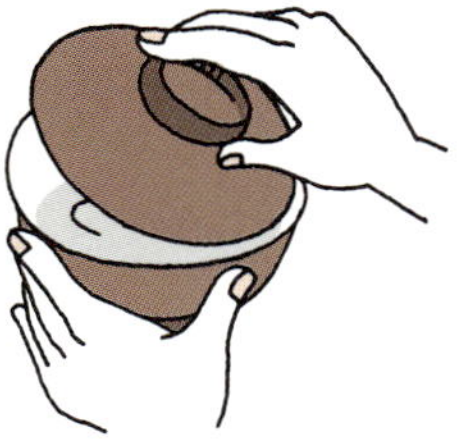

①左手を椀の縁に添え、右手でふたをつまむ。

②ふたの水滴を器の中に落とすようにして手前から開ける。

③左手を添えてふたを返してからテーブルに置く。

◆焼き魚のいただき方

①頭側から箸をつけ、尾に向かって食べる。

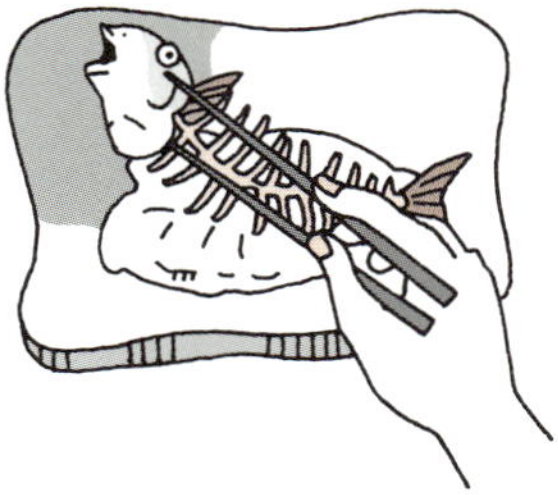

②上身を食べ終えたら骨と身の間に箸を入れて骨を外す。

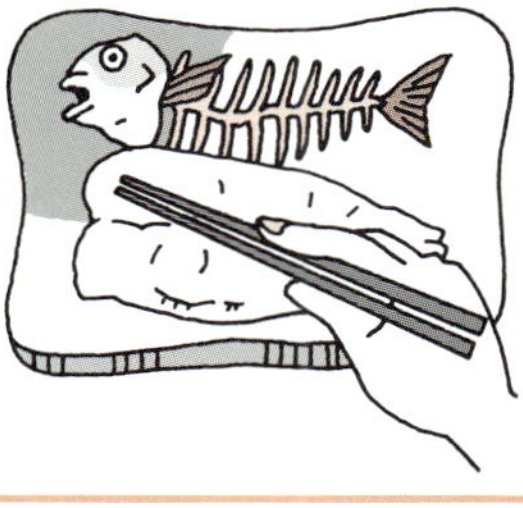

③外した骨は向こう側に置き、下の身を食べる。

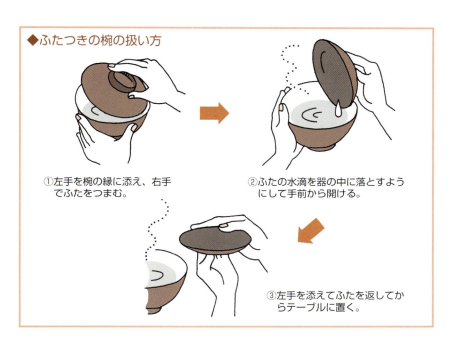

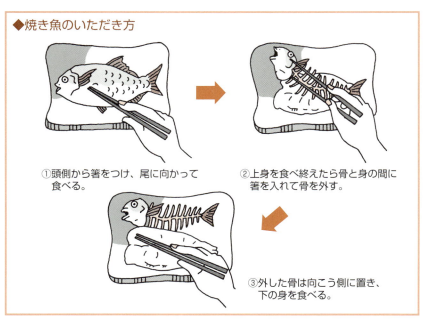

筆しょうがなどのあしらいが付いています。

尾頭つきの魚は左肩の身から尾に向かって食べ、上身を食べ終えたら左手で魚の頭を押さえ、骨と身の間に箸を入れて中骨を外します。外した骨は、皿の向こう側に置いて下身を食べます。手が汚れた場合は懐紙やおしぼりで拭きます。切り身も同様に左から食べましょう。

殻つきのエビや尾頭つきの魚、貝料理は手を使って食べてもかまいません。エビは懐紙を使って頭を押さえ、身と頭を分けたら、箸でひと口分ずつ切り分けていただきます。懐紙で口元を押さえて、歯で噛み切ってもかまいません。

⑤煮物

煮物はふたつきの煮物碗で出されるのが一般的です。小ぶりの器なら手で持ち、大きめの器なら膳に置いたまま、懐紙や碗のふたで煮汁を受けながらいただきます。ひと口で入るものはそのままで、大きなものはふたの裏に取って箸で切り分けるか、懐紙で口元を押さえ、歯で噛み切ってもかまいません。

⑥揚げ物（天ぷら）

天つゆに薬味を入れ、皿の盛りつけを崩さないよう、手前のものから天つゆをつけていただきます。つゆがたれないように天つゆの器を手に持つか、懐紙で受けながら口に運びます。

⑦蒸し物・酢の物

蒸し物は茶碗蒸しが一般的です。水滴がたれないよう、ふたを器の内側でとめて水気を切ってから横に置き、両手で器を取って左手にのせてからさじを取ります。器が熱い時は、置いたままにするか、器を懐紙で包んで持ちます。手前からすくって食べるようにし、中身をさぐるようにかき混ぜるのはやめましょう。

酢の物の小鉢は汁がたれやすいので、器を手で持っていただきます。

⑧止め椀、ごはん、香の物

止め椀（汁物）、ごはん、香の物（漬物）が出されたらコースのしめくくりです。これらが運ばれたらお酒を切り上げるのがルールで、温かいうちにいただきます。止め椀とごはん、香の物は交互にいただきましょう。香の物をごはんの上にのせたり、かじったものを器に戻すのは不作法です。

⑨水菓子・甘味

デザートには、果物（水菓子）、あるいは抹茶と和菓子などがあります。あらかじめ切り目が入っているメロンやスイカなどは右側からいただき、食べ終えたら食べ口が手前になるように皮を倒し、その前にフォークやスプーンを置きます。汁気が多いものは、懐紙で受けながら食べるとよいでしょう。

　抹茶と和菓子の場合は、抹茶をいただく前に和菓子を食べます。やわらかい生菓子は、添えられた黒文字《くろもじ》と呼ばれる大きめの楊枝でひと口分ずつ切っていただき、干菓子《ひがし》はそのまま手でいただきます。

COLUMN

お寿司の食べ方

　寿司は魚と米を発酵させた保存食である「なれずし」がその起源で、江戸時代に握り寿司として普及しました。江戸の町では屋台で寿司をつまむのが一般的で、当時は高級料理ではなく庶民が口にするものでした。したがって元来厳格な作法はなく、食べ方を気にするようになったのは最近のことと言ってよいでしょう。

　気になる点を以下に記します。

・手で食べても、箸で食べてもどちらでもかまいません。ただし生姜は箸でとります。
・握り寿司は一貫を一口で食べるのが基本です。箸で切ったり、噛み切ったりするのは美しくありません。
・しょうゆはごはん（シャリ）ではなく、ネタにつけます。軍艦巻きの場合、添えられている生姜にしょうゆをつけて、上からたらすとよいでしょう。
・箸は箸置きに置き、寿司下駄や取り皿にのせるのは不作法です。箸置きがない場合は、しょうゆ皿や取り皿に箸の先端部分だけをかけます。
・会計を「おあいそ」、しょうゆを「むらさき」などと言うのはやめましょう。「おあいそ」は店の人がお客様に「愛想がなくては申し訳ありません」と言ったのが語源といわれ、「ガリ」「あがり（お茶）」も店員同士が使う言葉です。寿司屋だからといって特別な用語を使う必要はありません。

〈抹茶のいただき方〉

右手で茶碗を取り、左手で受けます。茶碗の正面に口をつけないよう右手で時計回りに二〜三度回した後、三口ほどで飲み干します。飲み口は親指と人差し指で拭い、指先の汚れは懐紙で清めてから、茶碗を正面の位置まで逆に回して置きます。

◆美しい箸使い

①箸の持ち方

右手で箸の中ほどを持って取り上げ、左手で下から支えながら右手を右にすべらせ、右手を返して右端から三分の一くらいのところを持ちます。右手だけで持ち替えたり、左手で取り上げるのは不作法です。置く時はこの逆です。口をつけた箸先は、箸置きから出るように置きましょう。

箸置きがあるのに、皿の端に箸の先をかけたり、皿や器の上に渡したりするのは不作法なのでやめましょう。箸置きがなかったり、割り箸が出されたら、臨機応変に対応します。箸袋がある時は、千代結びに折るなどして箸置きの代わりにし、食べ終わったら結び目に箸先をしまうと、汚れた箸先が隠れてよいでしょう。

◆基本的な箸の持ち方

右端から３分の１ほどのところを持ち、１本を薬指にのせるようにして親指の付け根で支え、もう１本を親指、人差し指、中指で軽く挟みます。箸で食べ物を挟む時は、下の箸を固定して上の箸だけ動かします。

②椀物といっしょに箸を持つ場合

まず、椀を両手で取り上げ、親指を椀の縁にかけて左手に椀をのせます。右手で箸の中ほどを取り、右手を椀を持ったまま箸先を左手の指の間に挟み、右手をすべらせて返し、正しく持ちかえてから左手を外し

◆箸の取り上げ方（※置く時は逆の手順で）

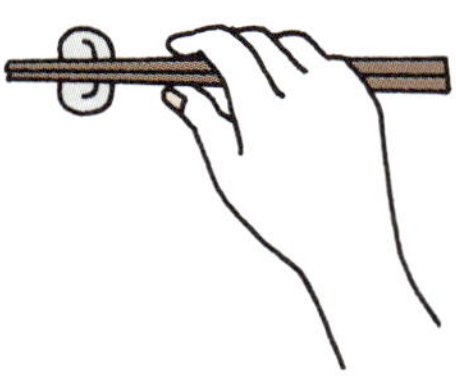

①箸の中ほどを持つ。

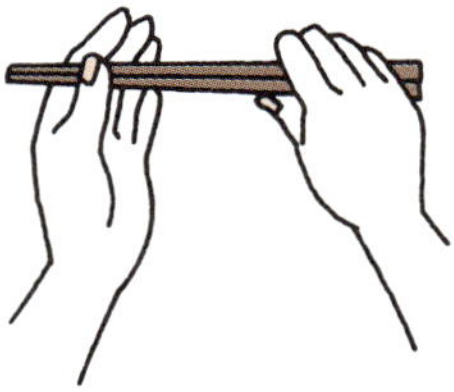

②左手で下から支え、右手をすべらせる。

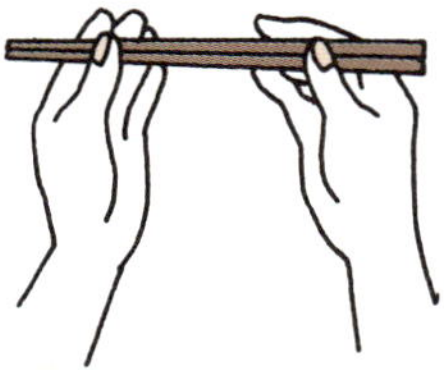

③右手を返して右端から３分の１くらいのところを持つ。

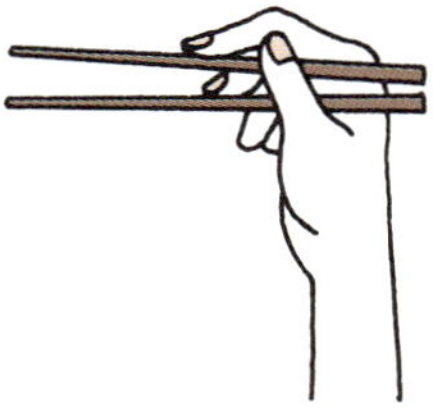

④左手を外し、正しく箸を持つ。

〈椀を持ってから箸を取る時〉

①椀を両手で取り上げ、左手にのせる。

②右手で箸を取り上げ、左手の指で挟む。

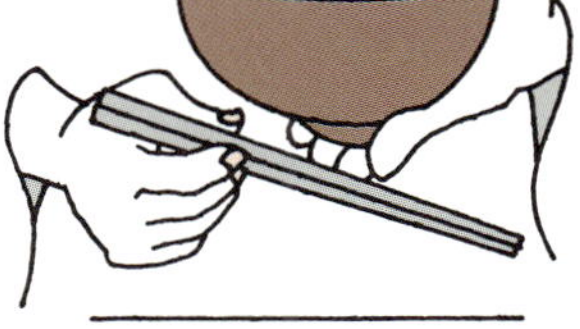

③右手を返し正しく持ったら左手を離す。

ます。箸も椀も両手で扱うのが基本で、左手で椀を、右手で箸を同時に取るのは不作法です。

③忌み箸（嫌い箸）

不作法とされる箸使いは「忌《い》み箸」や「嫌《きら》い箸」と呼ばれます。癖になっているものがあるかもしれません。以下に主なものを紹介しますので普段の食事から気をつけましょう。また、話が盛り上がって箸を持った手を振り回したり、箸で人を指したりすることは、もちろん不作法なのでやめましょう。

・迷い箸……お皿の上で箸をうろうろさせること。何を食べようか迷っているようで卑しく見える
・探り箸……料理の中を探るように下から引き出して取ること。せっかくの美しい盛りつけが台無しになる
・移り箸……料理から料理へ箸を移すこと。和食では料理を食べたら一度ごはんか汁をいただく
・移し箸（拾い箸）……箸から箸へ食べ物を渡すこと。火葬場での骨あげを連想させ、忌み嫌われる
・刺し箸……料理に箸を突き刺して食べること。箸先も汚れ、幼稚に見える
・寄せ箸……料理の入った器を箸で引き寄せること。ひっかけてこぼしたり、テーブルに傷をつけることになる
・涙箸……煮物の汁などをたらしながら口に運ぶこと。汁気はよく切って口に運ぶか、懐紙を添えていただく。手を皿のようにして受けるのは不作法
・重ね箸……同じ料理ばかりを続けて食べること。バランスよく食べるのがスマート
・もぎ箸……箸についたごはん粒などを口でもぎ取ること。取りたい時は手や懐紙を使う
・ねぶり箸……箸先を口に入れてなめること。見た目に不潔で下品
・握り箸……箸を片手で握り締めること。器を持つ時なども含む
・返し箸……大皿から料理を取り分けて食べる際に自分の箸先を返して元の方で取ること。手で持つ

◆忌み箸（嫌い箸）の例

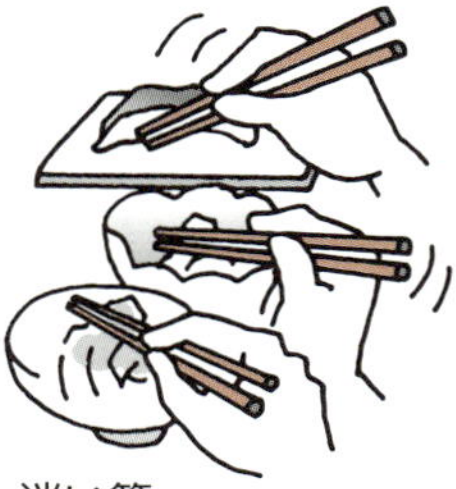

迷い箸

探り箸

移り箸

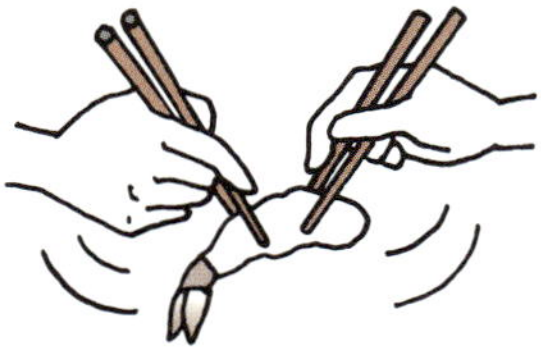

移し箸（拾い箸）

刺し箸

寄せ箸

涙箸

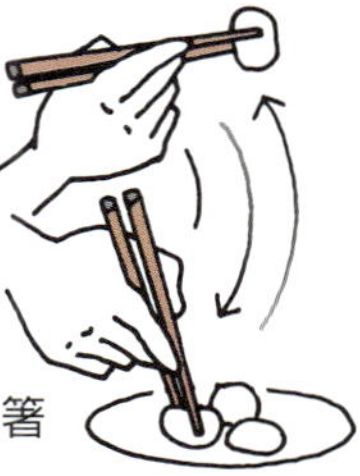

重ね箸

もぎ箸

ねぶり箸

握り箸

返し箸

部分が食べ物に触れ不衛生で箸も汚れる。目上の人から順に直箸で取るか、お店の人に取り箸を用意してもらう

◆不作法ないただき方

前述した箸使いのほかにも、和食では不作法とされる行為がいくつかあります。周囲の人を不快にさせないよう、最低限のルールとして覚えておきましょう。

・袖越し……右側にある器を左手で取ったり、左側のものを右手で取ること
・犬食い……背中を丸め、食器に覆いかぶさるようにして口を近づけて食べること
・膳越し……大皿から取った料理を小皿に取らず、直接口に運ぶこと
・手皿……食べ物を口に運ぶ時、空いている手を受け皿のようにして口元に持っていくこと
・にらみ食い……口元に器を持っている状態で、相手をじろりと見ること。または、ものを食べながら、次に食べるものを探して目をキョロキョロさせること

◆懐紙の使い方

懐紙は本来、懐中紙と言われ、茶席で使われますが、日本料理を美しくいただくためには便利なものです。和装なら胸元に忍ばせ、洋装ならバッグに入れ、席に着いたらテーブルの上の目立たないところに出しておきましょう。ただし西洋料理ではナプキンがあるので使いません。

懐紙は二つ折りになった和紙が一帖一束となっています。束のまま持ち歩き、外側から一枚ずつ使うのが基本です。かさばるようなら減らすこともできますが、少し多めに持っておく方がよいでしょう。

使い方の決まりは特になく、口元や指先の汚れを拭う、箸先や器の汚れを拭く、魚の頭などを押さえる、汁気のあるものを食べる時の受け皿にする、口

に入りにくいものを噛み切る時や小骨や果物の種を出す時に口元を隠すなど、さまざまな場面で使える便利なものです。口元や箸先を拭いた後は、相手に見えないようにその部分を内側にして脇に置き、小骨や種を包んだ懐紙は小さくたたんで皿の隅に置きます。グラスや椀についた口紅は、懐紙で直接拭くのではなく、指先でそっと拭い、その指を懐紙で拭く方がスマートです。

POINT

西洋料理のテーブルマナーにくらべて和食のいただき方は柔軟性が高く、機能的です。右のものは右手で、左のものは左手で取り、いただきにくければ手元に持ってきたり、小皿を使ったりするとよいでしょう。

また、美しい和食のいただき方のポイントは、箸使いにあると言ってよいでしょう。昔から「箸先五分（約1.5㎝）、長くて一寸（約３㎝）」と言われるように、箸先を汚さずに食べるのが上品ないただき方です。箸の持ち方や扱い方で、その人の育ちがわかると言われますが、日本の食生活に欠かせない箸の文化にも関心を持ち、日常の食事の時から美しい箸使いができるように気をつけたいものです。

西洋料理のマナー

◆テーブル・セッティング

西洋料理にはフランス料理、イタリア料理、スペイン料理などがありますが、一般的な料理の出し方には、大きく「フルコース」と「一品料理（ア・ラ・カルト）」の二つがあります。

どの国の料理でも、フルコースのテーブル・セッティングはあまり変わらず、あらかじめテーブルに食器類をセットし、食べ終わると順次下げられます。複数のナイフやフォークをいかに使いこなすかが、フルコースをいただく場合のポイントになります。一方、ア・ラ・カルトではナイフとフォークが料理に合わせて出てきます。

フルコースのテーブル・セッティングは次ページの図のようになっています。席の正面中央に置かれるのが位置皿（飾り皿またはアンダープレート）で、その上には飾り折りしたナプキンがのせられています。食器類は、料理に合わせて温めたり冷やしたりしてあるので、セッティングされた場所から動かさないのが基本です。手で持ってよいのは、スープのブイヨンカップやコーヒーカップだけです。

位置皿の右側にはナイフとスプーン、左側にはフォーク類が並べられています。コースに合わせてオードブル用、魚料理用、肉料理用と左右一対で置かれていて、外側から順に使います。使う順番を間違えても、慌てずにそのまま食事を続けましょう。足りなくなればサービス係が追加を持ってきてくれますし、不要なものは下げてくれます。

スープ用のスプーンは一番右に、デザート用のナイフやフォークは位置皿の向こう側にセットされている場合と、デザートが出される時に用意される場合があります。

グラス類は、ワイングラス、シャンパングラス、

◆フルコースのテーブル・セッティング

①位置皿（飾り皿）
②ナプキン
③パン皿
④オードブル用ナイフ＆フォーク
⑤スープスプーン
⑥バタースプレッダー
⑦魚用ナイフ＆フォーク
⑧肉用ナイフ＆フォーク
⑨デザート用スプーン
⑩フルーツ用ナイフ＆フォーク
⑪白ワイン用グラス
⑫赤ワイン用グラス
⑬水用グラス（ゴブレット）
⑭シャンパングラス

タンブラー、ゴブレット（水用）などが右側に置かれます。持つ時は、ナイフやフォークをいったん皿に置いて、右手で取るのが基本です。

ア・ラ・カルトはコースの順序に準じて、好みの料理を選びますが、一皿の分量がコース料理よりも多いことがあるので、食べきれる量を考えてオーダーしましょう。

◆食事のいただき方

西洋料理の正式なフルコースは、かつては一二〜一三品の料理で構成され、一品ずつ順番に出されていました。しかし最近では、健康志向の高まりとともに、品数や量、料理の内容も変化しています。日本でも肉料理が一品になったり、食後のチーズを省略したり、ソルベ（口直しの冷菓）が魚料理と肉料理の間に出されたりします。

いずれにしても、食事は同席者とともに楽しくいただくのがマナーです。基本的なコース内容にそって西洋料理のいただき方を確認しましょう。

①前菜（オードブル）

最初に出される料理で、彩りや盛りつけに食欲を促す工夫が施されています。大皿に盛り合わせて出される場合と、一皿に取りわけられている場合があります。

〈オードブルのいただき方〉

大皿に盛り合わされている時は、正式には自分で取り分けます。日本ではサービス係が取り分けてくれたり、取り分けられたものが運ばれることが多いようです。自分で取り分ける時は食べるものだけを取りますが、好きなものを多く取りすぎないようにして全員に行き渡るよう配慮しましょう。嫌いなものを無理に取る必要はありません。サービス係から料理の皿が差し出されたら、スプーンを右手に、フォークを左手に持ち、各種類一つずつ（または一人分ずつ）自分の皿に取ります。

全員に料理が行き渡り、ホストやホステスから「どうぞ」とすすめた時か、または、上席者がナイフとフォークを手に取ってから食べ始めます。

②スープ

前菜が下げられた後、しばらくするとスープ皿が運ばれてきます。スープには「コンソメ・ロワイヤル」などがあり、西洋ではスープは「飲む」ものではなく「食べる」料理です。チューリン（スープボウル）からレードル（玉杓子）で取り分ける場合と、初めからブイヨンカップなどに入れて出される場合があります。

〈スープのいただき方〉

上体を起こしたまま、スープ皿に左手を軽く添え、スプーンですくい、こぼさないように注意して口に運びます。皿に口を近づけるのは不作法です。

スープが少なくなったら、皿の手前を少し持ち上げて傾け、スプーンの先ですくっていただきます。スプーンを途中で置く場合は、スープ皿の中に入れたままにするか、受け皿の手前に自分の体と並行にスプーンを置きます。食べ終わったら、スープ皿の手前の受け皿の上に置きます。

日本人はズルズルと音をたててすすってもあまり気にしませんが、西洋はもちろん、どこの国でも音をたてて飲むのは嫌われます。スプーンを唇につけ、流し込むようにして静かにいただきましょう。

また、ひと口で飲みきれる量だけをすくい、すくったスープを二度、三度と分けて飲まないようにしましょう。熱いからといって、フーフーと吹いて冷ますのは幼稚な印象を与えるのでやめましょう。

◆フルコースのメニュー例

- 前菜（オードブル）
- スープ
- パン
- 魚料理
  （肉料理［アントレ］）
  （ソルベ）
- 肉料理（メインディッシュ）
- サラダ
  （チーズ）
- デザート（アイスクリームなど）
- フルーツ
- コーヒー
- プティフール（ひと口ケーキ）

③パン・ライス

通常、コース料理ではスープの前後にパンが出されます。運ばれてきたパンを取る時は、一度にたくさん取るよりも、一つずつ取る方が上品です。足りなければ、「もう一つお願いします」とサービス係に後で頼めばよいでしょう。

〈バターの取り方〉

共用のバターケースから、備えつけのバターナイフで自分の皿に取り分けます。その際は使う分だけにし、一度にたくさん取らないようにします。備えつけのバターナイフは忘れずに元の皿に戻し、パンに塗るのは自分のバタースプレッダー（ナイフ）を使います。食べる分だけそのつど塗るようにして、最初に全体に塗ってしまわないようにしましょう。

〈パンのいただき方〉

パン皿の上でひと口大にちぎって口に運びます。丸ごとかじったり、ナイフで切ったり、全部先にちぎってはいけません。皿に残ったソースをパンにつけて食べるのはマナー違反ではありませんが、カジュアルな印象を与えるので、フォーマルな席では控えましょう。パン皿がない場合は、テーブルクロス上、自分の左側に直接置き、料理皿の上でパンをちぎって食べます。パンくずがテーブルクロスに散かりますが、サービス係が後で片づけてくれます。

〈ライス〉

パンの代わりにライスが出されるのは日本だけで、本格的なフランス料理店ではライスはメニューにありません。西洋では野菜の一種であり、バターライスも「付け合わせ」なので、正式な食べ方というものはありませんが、フォークを右手に持ちかえてすくって食べるのが一般的なようです。

④魚料理

魚料理には骨つきのもの、切り身、伊勢エビなどの殻つきのものなどがあります。

・骨つきの魚……頭をフォークで押さえ、中骨にそってナイフで頭から尾に向かって切り込みを入れる。切り込みに沿って上身を骨から外したら皿の手前側に置き、左側からひと口大に切って食べる。上身を食べ終えたら、裏返しにせず、ナイフを骨の下に入れて身と骨を外し、向こう側に骨を置いて上身と同様に下身を食べる

・切り身や柔らかくて骨のない魚……フォークだけで食べてもかまわない。使わないナイフはテーブルの上にそのままにしておけば、サービス係がフォークと一緒に下げてくれる

・魚料理にレモンが添えられている時……薄い輪切りのレモンはナイフで軽く押しつぶし、魚の上を滑らせて全体に果汁を行き渡らせる。くし型は手でしぼるが、果汁が飛び散らないように、もう一

◆魚料理のいただき方

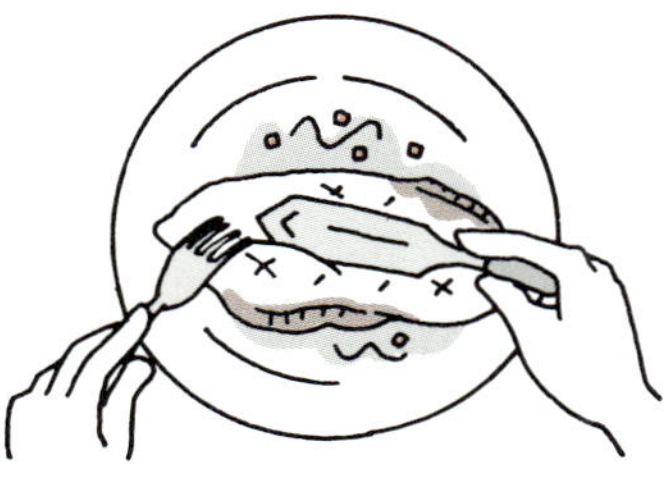

①頭をフォークで押さえ、中骨に沿って尾に向かって切り込みを入れる。

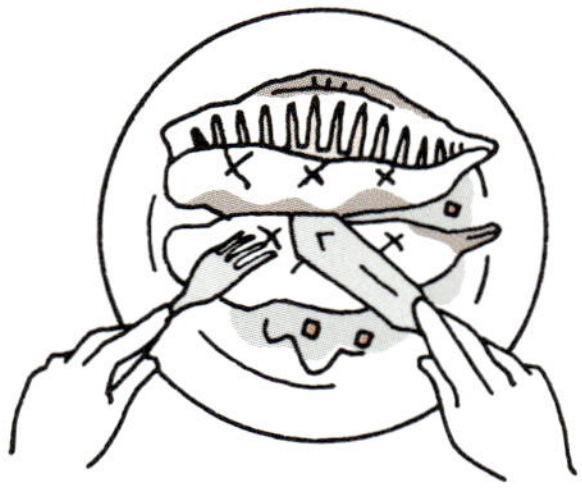

②奥の身を手前に置いて左からひと口大に切って食べる。手前も同様に。

③骨と身の間にナイフを入れ骨を外したら向こう側へ置き、裏身を食べる。

方の手で覆いながらしぼるとよい

・魚の小骨が口に入った時……左手かナプキンで口元を覆い、フォークの先に出して皿の隅に置く

・伊勢エビなど殻がついているもの……ナイフとフォークを使えば簡単に取り出せるように調理されているので、フォークで身を押さえ、身と殻の間にナイフを入れ、ナイフとフォークで挟むようにして取り出す。身を皿の手前側に置いたら、左側からひと口大に切り、ソースをからめながらいただく。殻に入ったまま身を切ろうとすると、ソースがこぼれるので注意

⑤肉料理

ひと口に肉料理と言っても、鹿や山羊、羊などの軽い肉や、鴨《かも》、雉《きじ》、鶉《うずら》、山鳩などの野鳥を使った料理など、種類はさまざまです。

・ステーキ……日本では牛肉のフィレミニヨン・ステーキ（テンダーロイン・ステーキ）とサーロイン・ステーキが一般的。焼き方には、生に近い

「レア」、外側だけ焼いた「ミディアム」、中まで火が通った「ウェルダン」があり、好みの焼き方をオーダーする。肉が来たらまず全部をひと口大に切り分ける人がいるが、これは見た目に幼稚なだけでなく、肉汁が流れ出て旨味も損なわれるので、左側からひと口分ずつ切って食べる。切りにくい時は何度もナイフをゴシゴシと動かすのではなく、いったんナイフを外してから、あらためて刃先を引くようにするとうまく切れる

・鶏肉などの骨付き肉……フォークで肉を押さえ、骨に沿ってナイフを入れ、骨と肉を外す。フィンガーボウルが出ている時は骨を手で押さえてもよいが、必ずナイフでひと口大に切ってから食べる

・ブロシェット……肉や野菜を串に刺して焼いた料理。左手で串を持ち、フォークで肉や野菜を押さえながら串を引き抜く。串が熱い場合はナプキンを使って持ち、肉が外れにくい時は串を回しながら引くとうまく外れる。最初に全部串から外しても、食べながら一つずつ外してもどちらでもよいが、必ずひと口大に切って食べる。外した串は皿の向こう側に置くこと

⑥付け合わせ

魚料理や肉料理には、付け合わせとして温野菜やクレソン、パセリ、パスタ、バターライスなどが添えられます。これらは単なる飾りではなく、魚や肉の味を引き立てるとともに、栄養のバランスを整える役割もあるので、同時に食べ終わるように、肉や魚と交互に食べるのがスマートです。

転がりやすい小さな豆などは、フォークを右手に持ちかえてすくったり、フォークの背で軽くつぶすと食べやすいでしょう。大きな豆などはすべらないようにナイフで軽く押さえ、フォークで刺して食べます。

⑦サラダ

肉料理に合わせて、別皿で出されます。肉用のナイフとフォークでいただきましょう。小さなサラダ

ボウルで出された時は、フォークだけを使いますが、レタスなどの大きな葉や、アスパラガスなどの長いものは、ナイフで小さく切ります。力を入れすぎないようにするのが、音を立てずに切るポイントです。サラダの皿が遠くに置かれたら、皿を動かさずにメインディッシュの皿の隅にサラダを取り分けていただきましょう。

⑧チーズ

チーズは味や作り方によって次の七種に分類されます。レーズンなどと一緒に、少量をいただくのが一般的です。

・フレッシュタイプ……牛、山羊、羊などのミルクから水分を取り除いて固めたもので、脂肪率の高いものから低いもの、粒状のものからペースト状のものまでさまざまな種類がある。クリームチーズ、モッツァレラ、マスカルポーネなど

・白かびタイプ……チーズの表面にたんぱく質分解力が強い白かびを植えつけてあり、表面から中心に向けて熟成する。中身がトロッとしてきたら食べ頃。カマンベール、ブリー・ド・モー、クロミエなど

・ウォッシュタイプ……匂いが強烈で、数日間塩水や酒などで表面を洗い落としながら熟成を調整している。匂いがきついわりに味はマイルド。ポン・レヴェック、エポワス、マンステールなど

・シェーヴルタイプ……山羊のミルクからできるチーズの総称。酸味が特徴で、熟成も早め。サントモール、ヴァランセ、ピコドンなど

COLUMN

メニュー選びはじっくりと

ア・ラ・カルトは、前菜・主菜などの一品料理から好きな料理を選びますが、初めての店の時は、その店らしい味が堪能できる料理を選ぶのが無難。または、サービス係に自分の好みを伝えて相談したり、シェフのおすすめを聞いてみるのもいいでしょう。

メニューを見ても料理がよくわからない時は、遠慮なくサービス係に聞きましょう。お店の人と上手にコミュニケーションを取りながら料理をいただくことも、食事を楽しくいただくポイントです。

・青かびタイプ……チーズに青かびを植えつけて熟成させたもの。独特の匂いと塩味が特徴。ロックフォール、ゴルゴンゾーラ、スティルトンなど

・ハードタイプ……元々山岳地方の冬の保存食として作られたもので、加熱圧縮して水分を抜いてから熟成させてあるので保存がきく。パルメジャーノ・レジャーノ、コンテ、ミモレットなど

・セミハードタイプ……ハードタイプよりやや柔らかい。ゴーダ、モルビエ、ラクレットなど

それぞれ個性の近いワインと合わせると相性がよく、ソフトでプレーンなチーズにはフルーティなワイン、個性の強いチーズにはコクや渋みの強いワイン、塩分の高いチーズには酸味のあるワイン、脂肪分の高いチーズにはコクのあるワインを合わせるのが定番です。

⑨デザート・フルーツ・コーヒー

・アイスクリーム・シャーベット……最初のデザートには、アイスクリームかシャーベットが出される。器を左手で軽く押さえ、手前からひと口ずつスプーンですくって食べ、とけないうちに食べ終えるようにする。ウエハースが添えられていたら、手で持って、交互に少しずつ食べ、食べかけのウエハースは食べ口が人に見えないように置く

・ケーキ類……デザート用のナイフとフォークを使い、左側からひと口大に切って食べる。パイ生地のものなどは崩れやすいので、最初に真ん中で半分に切り分けておく。背の高いものは横に倒して切ってもかまわない

・フルーツ……フルーツの盛り合わせが運ばれたら好みのものを取る。基本的にはナイフとフォークを使うが、ぶどうやヘタつきのいちごは手で持ってもかまわない。ぶどうは手で皮を半分むき、下半分の皮を持って口に実を押し出して食べる。種は、手やナプキンで口元を隠しながらフォークに出し、皿の隅にまとめておくこと。メロンは左端をフォークで押さえ、右端から皮と果肉の間に三

分の二ほど切り込みを入れる。次にナイフとフォークを使って半回転させ左右を入れ替え、左端からひと口大に切って食べる。バナナは手で持たず、両端をナイフで落とし、筋にそって切れ目を入れて皮を開き、中身を一口大に切っていただく

・**コーヒー・紅茶**……砂糖とミルクは好みで入れる。角砂糖の場合、シュガートングで直接入れるとコーヒーがはねるので、スプーンの上に取ってから静かにカップに沈めるとスマート。使ったスプーンはカップの向こう側に置き、受け皿を持ち上げないようにして飲む。コーヒーか紅茶に合わせて「プティフール」と呼ばれる小さな焼き菓子やチョコレートなどが出されることもある

◆カトラリーの知識と使い方

①カトラリーの種類

ナイフやフォーク、スプーンを総称して「カトラリー」と言います。英語の「CUT」が語源のように、最も古くから使われていたのはナイフです。「カトラリー」は、料理に応じて種類が異なります。万一、落としてしまっても、あわてずに「失礼しました」と同席者に一言詫び、軽く手を上げて、サービス係を呼んで新しいものを持ってきてもらいます。自分で拾おうと身をかがめるのは、他人の足元を覗くようで失礼にあたります。

②ナイフ・フォークの使い方

左利き、右利きにかかわらず、ナイフは右手、フォークは左手で持つのが基本です。利き手でないと使いづらいという人は、店の人にあらかじめ左右逆に置いてもらうようにお願いしましょう。

ナイフは刃を下にして人差し指を背にあて、フォークは歯の先を下にして人差し指で上から背を押さえて軽く握ります。肘から先を使うようにして、フォークで料理を軽く押さえ、左側からナイフでひと口分を切り分け、フォークで突き刺すか、すくって口に運びます。

ナイフは料理にソースを塗ったり、添えられたレモンスライスをつぶす時に、刃先を横にして使うこともあります。カチャカチャと音を立てたり、ナイフやフォークを持ったまま身ぶり手ぶりでおしゃべりするのは不作法です。グラスに手を伸ばしたり、ナプキンを使う時は、いったんナイフやフォークを皿の上に置きます。

③ナイフ・フォークの置き方

食事の途中でナイフやフォークをいったん置く場合は、皿の上にナイフとフォークを「ハ」の字型に置きます。皿の大きさなど、状況によって置く位置に違いはありますが、ナイフの刃を内向きに、フォークの背を上にするのは同じです。

ナイフレスト（フォークレスト）は、いわゆる箸置きのようなもので、最後まで一組のナイフとフォークですませる時や、オードブルが二～三品出される時に用意されます。ひと皿終わるごとに、ナイフは刃を内側に、フォークは背を下にして揃えて置きます。

料理を食べ終えたら、皿の上にナイフとフォークを揃えて置きます。使わなかったナイフなども、一緒に皿の上に置きましょう。

④スプーンの使い方

スプーンは、スープ用でもデザート用でも、鉛筆を握るような感じで右手に持ちます。スープ用には丸形と縦長がありますが、丸形の場合は口元に対してスプーンの先が四五度になるよう、縦長のものは直角にして口に運ぶと、スープを飲む時に音を立てずにすみます。

平らな形のソーススプーン（フィッシュスプーン）は、魚やデザートなど、柔らかいものを切りながら、スープと同じ要領で料理にかけられたソースをいただきます。

コーヒースプーンを使う時は、スプーンがカップに当たらないよう、静かにかき回します。

◆ナイフ・フォークの使い方

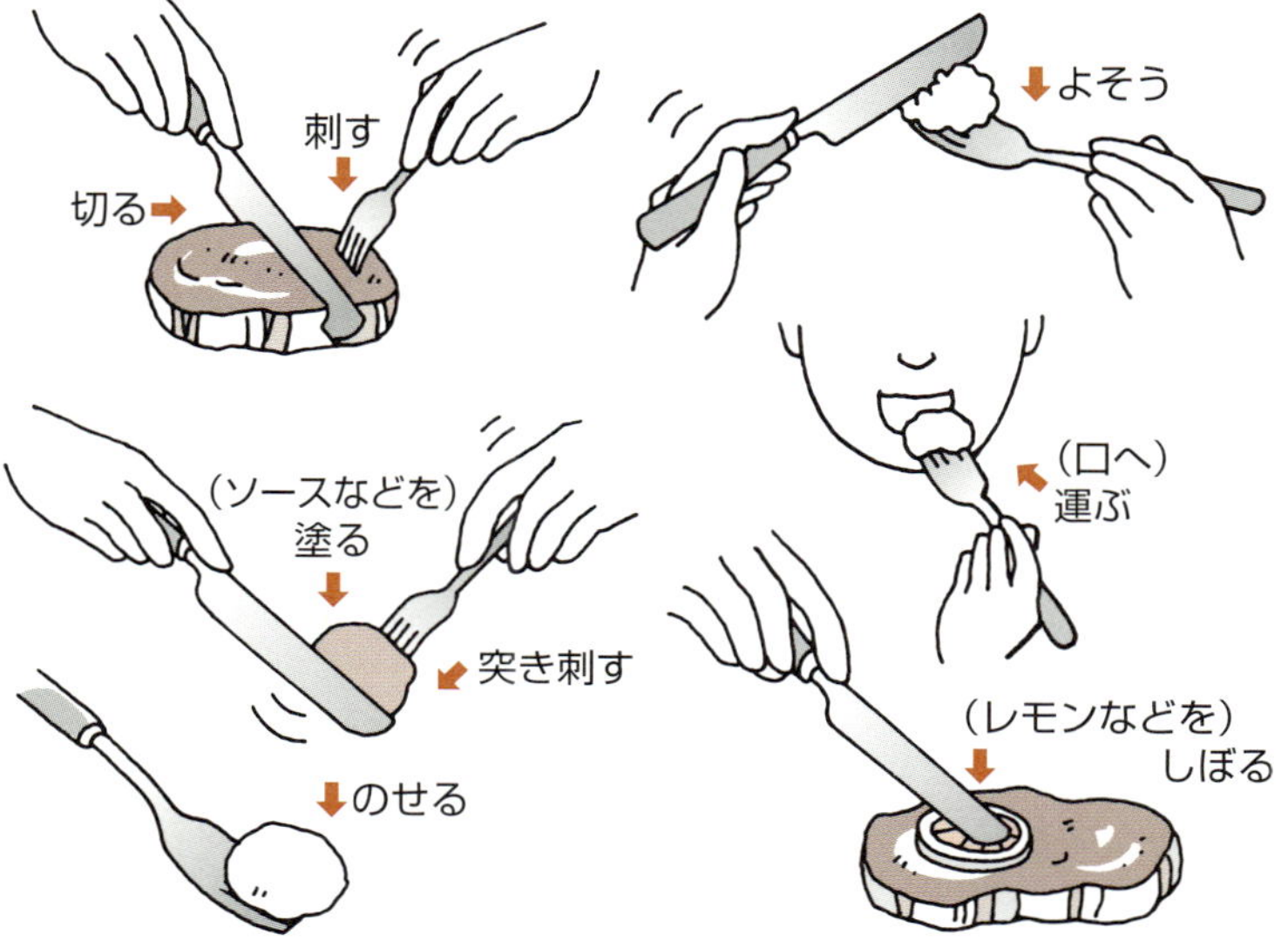

◆ナイフ・フォークの置き方

◎食事中の合図

◎食事を終えた合図

◎ナイフレストの場合

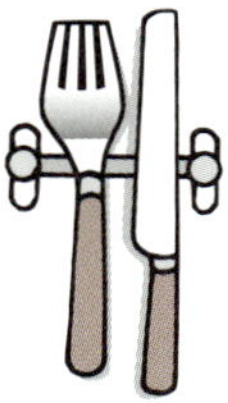

ナイフの刃は内側に、フォークの背は下にする

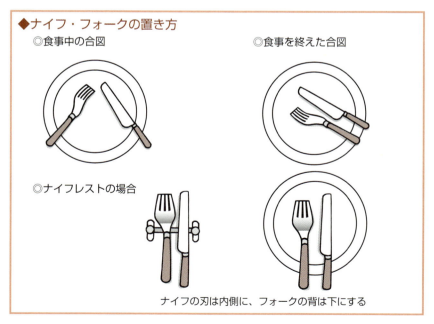

◆ナプキン、フィンガーボウルの使い方

ナプキンは、ヨーロッパで手を使って食事をしていた時代に、手拭きとして用意されたのがその起源で、手や口元が汚れた時に拭うためのものです。

料理が出てくるタイミングで、二つ折りにした折り目を手前にして、ナプキンを膝の上に置きます。口元や指が汚れた時は折りたたんだ内側の面で拭くと、自分の服に汚れを移す心配もなく、汚れが他の人に見えません。なお、ナプキンが用意されているにもかかわらず、自分のハンカチを使うのは、「このナプキンは使う気になれません」と言っているのと同じで、レストランに対して失礼な行為です。

本来、食事中に中座するのはマナー違反ですが、やむをえない時はナプキンを軽くたたみ、椅子の上に置くか、椅子の背にかけておけば、「戻ってきます」という合図になります。食事が終わって席を立つ時には、軽くたたんでテーブルの左側に置きます。

ナプキンは汚してもよいものですが、ひどく汚してしまったり、床に落としてしまったら、サービス係を呼んで新しいものに替えてもらいます。

フィンガーボウルは、手を使って食べてもよい、殻つきのエビやフルーツなどと一緒に出され、指が汚れた時に洗うためのものです。使う時は自分の左手前に置き、片方ずつ指先を入れて軽く洗った後、ナプキンで拭きます。手をごしごし洗ったり、両手を一緒に入れないようにしましょう。

POINT

優雅にカトラリーを使いこなせるかどうかが、西洋料理のスマートないただき方のポイントです。日本人は慣れないために、力を入れすぎて音を立ててしまったり、ナイフとフォークを使う時に姿勢が悪くなってしまうことがあるようです。背筋を伸ばして、軽く肘をはり、ナイフとフォークを上手に使って、美しい盛り付けの料理をきれいにいただきたいものです。

◆着席のポイントと席次

目上の人やお客様、女性と一緒にレストランに入る場合、男性はエスコートをして、それらの人に先に入ってもらいます。大きな荷物やコートなどはクロークに預け、必ずサービス係が案内してくれるのを待ちましょう。空席があっても勝手に席に着いてはいけません。窓際や禁煙席などの希望は、予約をする時か、席に案内される前に伝えておきます。

西洋料理での席次は、入り口から遠い奥の席、眺めのよい席が上席です。サービス係が椅子を引いてくれた席がそのテーブルの最上席なので、そこに目上の人やお客様に座っていただき、上位の人が席に着くのを確認してから、その他の人は自分で椅子を引き、腰かけます。

椅子にかける時も立つ時も原則として椅子の左側から出入りをするのは、かつて男性が食事の席でも帯剣していた名残です。ただし、出入り口の位置などによって異なる場合があります。

サービス係が引いてくれた椅子が、膝の後ろに触れたら静かに腰をおろします。椅子には深く腰かけ、体とテーブルの間は握りこぶし二つ分くらい空けます。背筋を伸ばして、両足を揃えるのが正しい姿勢で、足を組んだり肘をつくのは不作法です。

両手はテーブルの端にのせておくか、自然に膝の上に置くと、見た目にも上品です。

バッグは椅子の背もたれと体の間に置くか、肘掛けのある椅子なら脇に置きます。小さなバッグであってもテーブルの上に置いてはいけません。鞄は、サービスの邪魔にならないように足元に置き、大きなボストンバッグなどはクロークに預けましょう。

◆食事中のマナー

同席者はもちろん、周囲の人々や料理をサービスしてくれる人など、すべての人と楽しい時間を共有できるように心がけましょう。マナー違反を恐れて、極度に緊張する必要はありませんが、次のような点は配慮が必要です。

①スマートに着席する

テーブルには原則として全員が揃ってからつきます。したがって、約束の時間には遅れないようにしましょう。また、時間より早めに来た場合は、別室で食前酒を飲んだりして全員が揃うのを待ちます。席への案内は、ゲストや目上の人、女性が先で、男性は右隣の女性の着席をサポートするのが礼儀です。

②料理が揃ってから食べ始める

自分の前に料理が置かれても、すぐに食べ始めず、同席者全員に料理が行き渡るまで待ちます。料理にすぐに口をつけるのは、はしたない行為です。ただし、ホストやホステスがすすめた場合はかまいません。料理をいただくだけでなく、楽しい時間を共有するのが目的だということを忘れないようにしたいものです。

③会話を楽しむ

食事の席で無言なのは、西洋ではマナー違反です。初対面の人とも会話を楽しみましょう（話題に関しては44ページを参照）。ただし、料理が冷めるほどおしゃべりに夢中になったり、口の中に食べ物を入れたまま話すのは不作法です。また、相手が料理を口に入れている時に話しかけないなどの配慮も必要です。

日本の着席パーティや食事会では、通常同伴者が隣りになるように座席が決められますが、西洋では離れた席に指定されることが多いようです。知り合いだけで話し込まず、周囲の人との会話を楽しむようにしましょう。

④食べるスピードを合わせる

一人だけ先に食べ終わってしまったり、いつまでも食べていたりするのは他の人に迷惑です。西洋料理は料理が全員に一斉にサービスされるので、次の料理にスムーズに移れるよう、周囲のペースに合わせていただきましょう。

⑤音を立てない

スープを飲む音、ものをかむ音、食器同士があたる音など、食事のシーンで音をたてることはマナー違反です。フォーマルな席では、乾杯の時も目の高さに掲げるだけにして、グラス同士は合わせません。ゲップも失礼にあたるので、ハンカチやナプキンで口を覆います。万一音が出てしまった時は、さりげなく謝罪します。しかし、洟《はな》をかむことはマナー違反ではありません。グズグズさせているよりは、洟をかんですっきりした方がいいという考えからでしょう。

⑥大声を出さない

会話が盛り上がったり、お酒が入ったからといって声が大きくなると、せっかくの雰囲気を壊してしまいます。サービス係を呼ぶ時も声を出さずに、目配せするか、軽く手を上げるようにしましょう。また、声高に笑うのも同様にマナー違反です。

⑦グラスを持ったまま食べない

片手にグラスを持ったまま食べたり、フォークを持ったままグラスに手を伸ばすのはマナー違反です。飲むことと食べることは明確に分け、飲み物はナイフとフォークをいったん皿に「ハ」の字に置いてから飲みましょう。

⑧手はテーブルの上に

日本では、手は膝の上に置くのが一般的ですが、西洋料理の場合は手はテーブルの縁に置くのがマナーです。軽く食器に手を添える程度はかまいませんが、食器を持ち上げたり、肘をつくのはタブーです。ワインを注いでもらう時にグラスを持ち上げたり、グラスの脚に触れたりしてもいけません。

⑨手が届かないものは取ってもらう

テーブルの上の塩やこしょう、バターなどを取りたい時、身を乗り出し、手を伸ばすのは不作法です。近くの人やサービス係に「取っていただけませんか」とお願いしましょう。

⑩レディ・ファーストを忘れない

日本と海外で大きく違うのが「レディ・ファースト」です。西洋では、会食の部屋への出入りも女性からで、女性が座るまで男性は座らず、女性が立とうとすれば椅子を引くために男性は先に動きます。男性はレディ・ファーストを実践し、女性も慣れないからといって、男性の後ろから出入りしたり、エスコートを断って自分で椅子を引いてしまうことのないよう、スマートにレディ・ファーストを受け入れるようにしましょう。

⑪携帯電話は切っておく

食事の場は、そこにいる人たちと楽しい時間を共有するのが目的です。携帯電話の着信音で食卓の雰囲気が壊されないように電源を切っておくか、マナーモードにしましょう。電話に出るのは論外です。

⑫喫煙は周囲に配慮して

たとえテーブルの上に灰皿が置かれていたとしても、原則としてデザートが終わるまでタバコを吸わないのがマナーです。また、吸う時は周囲の了解を得るようにします。

⑬化粧直しをしない

カップやグラスについた口紅の跡は、さっと右手の親指の先で拭き、指先の汚れはナプキンの内側でぬぐうとスマートでしょう。しかし本来は、テーブルにつく前に化粧室に行き、ティシューなどで口紅を押さえておきましょう。また、席で鏡を見たり、化粧直しをするのはマナー違反です。身づくろいは必ず食事を終えてから化粧室でしましょう。香りのきつい香水は料理の香りを損ねるので、控えめにしましょう。

⑭感謝の気持ちを持つ

楽しい時間と、美味しい料理がいただけることに感謝しましょう。同席者はもちろんのこと、料理を作ってくれたシェフ、サービス係、さらには食材を育んでくれた自然に対する感謝の気持ちも忘れないようにしたいものです。

中国料理・各国料理のマナー

◆中国料理の基本知識

中国料理には、地域ごとに特色があり、使われる食材も多岐にわたっています。ここでは、四つの代表的な地域料理を紹介しましょう。

①北京料理

北京、河北、山東、河南周辺といった中国北部、黄河流域で一般的な料理です。元、明、清の時代から今日まで長らく首都が置かれたため、宮廷料理の影響を受けています。牛、羊、鴨、あひる、鯉やネギ、ニンニク、ニラなどの素材を、油を使って強火で加熱したものが多く、高カロリーで、塩や味噌、しょうゆを多用した濃厚な味付けが特徴です。北京ダックなどが主な料理です。

②広東料理

広州、東江、潮州などを中心に発達した広州料理の総称で、中国料理の中でもっともポピュラーです。この地域は交易が盛んで、国内だけでなく、西洋料理の影響も受けています。豊富な食材を控えめの油で料理し、あっさりとした味付けが特徴です。主な料理は酢豚、八宝菜、ツバメの巣、フカヒレスープなど。

③四川料理

中国の中央部、盆地で暑さ寒さも厳しい長江上流の四川省で発達しました。唐辛子、しょうが、ニンニク、ネギ、山椒などの香辛料を多く使っているのが

COLUMN

究極の中国料理「満漢全席」

かつて清朝中期の皇帝が揚州を訪れた際、その土地の富豪が皇帝に振る舞った豪華な料理が起源とされるのが「満漢全席」。

後に、珍味や高級食材をふんだんに使い、満州族と漢民族の料理の粋を集めた最高級料理として世に知られるようになりました。

その宴は3日3晩続くと言われ、最高の宮廷料理でしたが、清朝の滅亡とともにその伝統も途絶えたとされています。

特徴で、麻婆豆腐、担々麺などが有名です。

④上海料理

長江の中流、下流沿岸の上海、揚州、蘇州などで発達した料理です。海の幸や山の幸に恵まれた風土を活かし、薄めの味付けが特徴です。上海ガニ、小籠包《しょうろんぽう》など。

◆中国料理の席次

中国料理のテーブルは通常、円卓で、その上に回転卓が付いている場合もあります。円卓は数人で囲むようにして座りますが、個室の場合、出入り口から一番遠い席が上座、近い席が下座で、ホストは下座に座ります。男女は交互に座るのが一般的です（席次は下の図を参照。ただし中国では、その宴会の支払をする人が①に座るようです）。

中国料理においてもレディ・ファーストが原則で、女性が男性よりも先に席に着きます。カップルや夫婦の場合は、女性が先に座り、女性の左側に男性が座ります。

最初に主賓が料理を取り分けた後、時計回りに順に料理を取っていくのが基本です。最後に取る人の分が少なくならないよう、分量に気をつけて取ります。自分の分を取ったら、他の人が円卓の料理や調味料に手を伸ばしていないことを確認して、左の人の正面に料理が来るように回転卓を回します。箸をつけるのは、料理が全員に行き渡ってからにしまし

◆円卓での席次

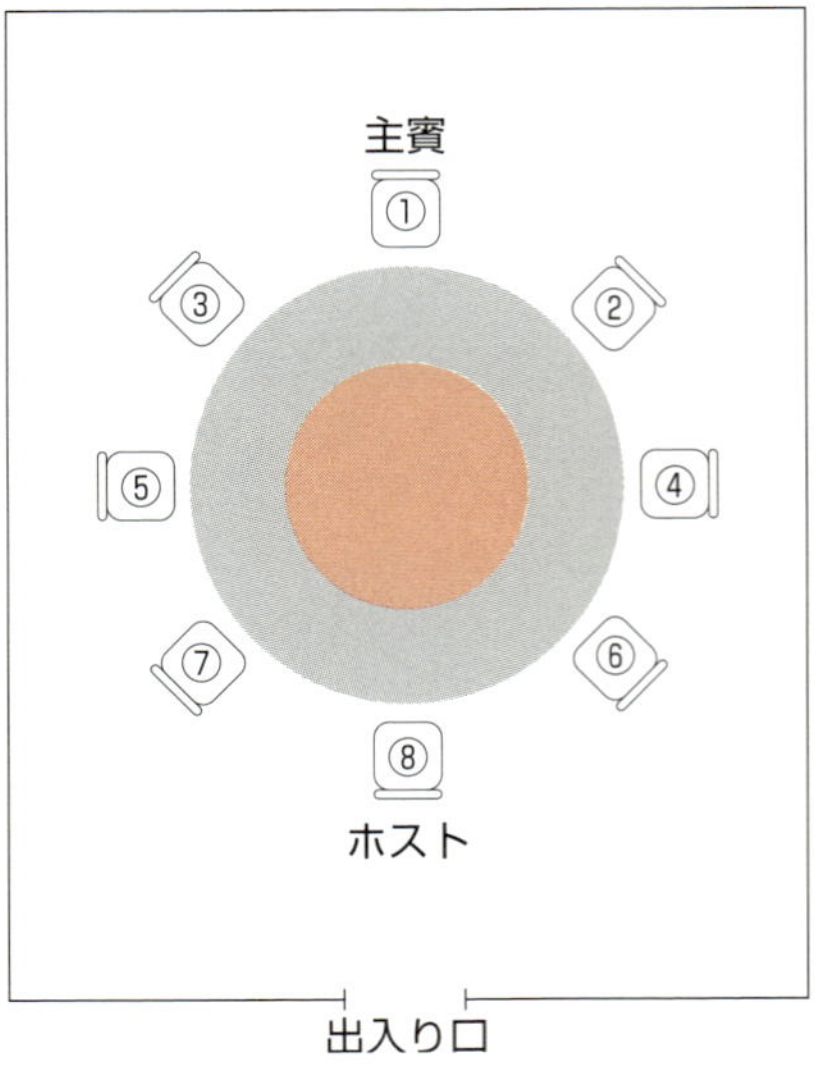

ょう。

回転卓から箸やスプーンがはみ出していると、テーブルの上のグラスを倒したり、ソースがこぼれてしまうことがあるので、回転卓を回す時は十分に注意しましょう。

◆中国料理のいただき方

中国料理の品数の基本は、八大八小、六大六小（大は大菜＝主菜、小は小菜＝前菜や点心のこと）というように偶数で構成されています。

①前菜

大皿に、冷たいものと温かいものを数種類盛り合わせています。料理がなくなるまでテーブルに置かれているので、全部を一気に取ろうとせず、盛り付けを崩さないように注意しながら二～三種類ずつ取っていただきます。

②スープ

スープは大きな器に全員の分を入れて出されるので、スープ用の器に取り分けていただきます。レンゲですくう際は、ひと口で飲める量だけすくい、音を立てないようにするのは西洋料理と同じです。

レンゲは人さし指を溝に入れ、親指と中指ではさんで持ちます。斜めになった部分に口をあてて、流し込むように飲みましょう。スプーンのように扱わないように注意しましょう。

③大菜（主菜）

魚介類や牛肉、豚肉、鶏肉などの素材が、蒸す、炒めるといったさまざまな調理法を用いて出されます。何品かが同時に供されたら、味の薄いものから食べるようにしましょう。北京ダックやエビ、カニなど手を使って食べる料理にフィンガーボウルが用意されたら、西洋料理と同じ要領で使います。

通常、テーブルの上に取り皿がたくさん重ねてあるので、料理の味が混ざらないよう、一品ごとに取り替えます。取り皿が足りなくなったらサービス係に追加してもらいましょう。

④ごはん・めん類

ごはん類の料理（炒飯など）も大皿に盛られて出されるので、自分の皿に取り分けてから、ひと口分ずつレンゲですくっていただきます。めん類は箸とレンゲを使っていただきますが、器を持ち上げてはいけません。

レンゲは汁を飲む時や、めんを食べる時に、受け皿代わりに使ってよいので、左手に持って受けながらいただくと見た目にスマートです。

⑤点心（デザート）

点心には「塩味」と「甘味」があります。塩味は軽食として位置付けられるもので、餃子や春巻、焼売、包子《パオズ》（まんじゅう類）などがあり、中国茶とともにいただきます。甘味はデザートで、杏仁豆腐やタピオカココナッツ、マンゴープリンなどがあります。

⑥中国茶

中国茶には、脂肪を分解する効果があると言われ、油の多い中国料理には欠かせません。食事中はクセの少ないウーロン茶が料理によく合い、香りが高く後味のさっぱりしたジャスミン茶やプーアル茶などは食後に適しています。

お茶が急須に入って出された時は、隣の人の分にも気を配りながら、急須のふたを押さえて注ぎます。

お茶のおかわりがほしい時は、店の人に声をかけなくても、急須のふたを半分ほどずらしておくと持ってきてくれます。

茶葉が入った状態で、ふたつきの茶碗でお茶が出された時は、茶托ごと手で持って飲みます。茶碗の中の茶葉を飲まないようにふたを少しずらして右手で押さえて、香りを楽しみながら隙間から飲むようにします。

◆中国料理のテーブル・セッティングの基本例

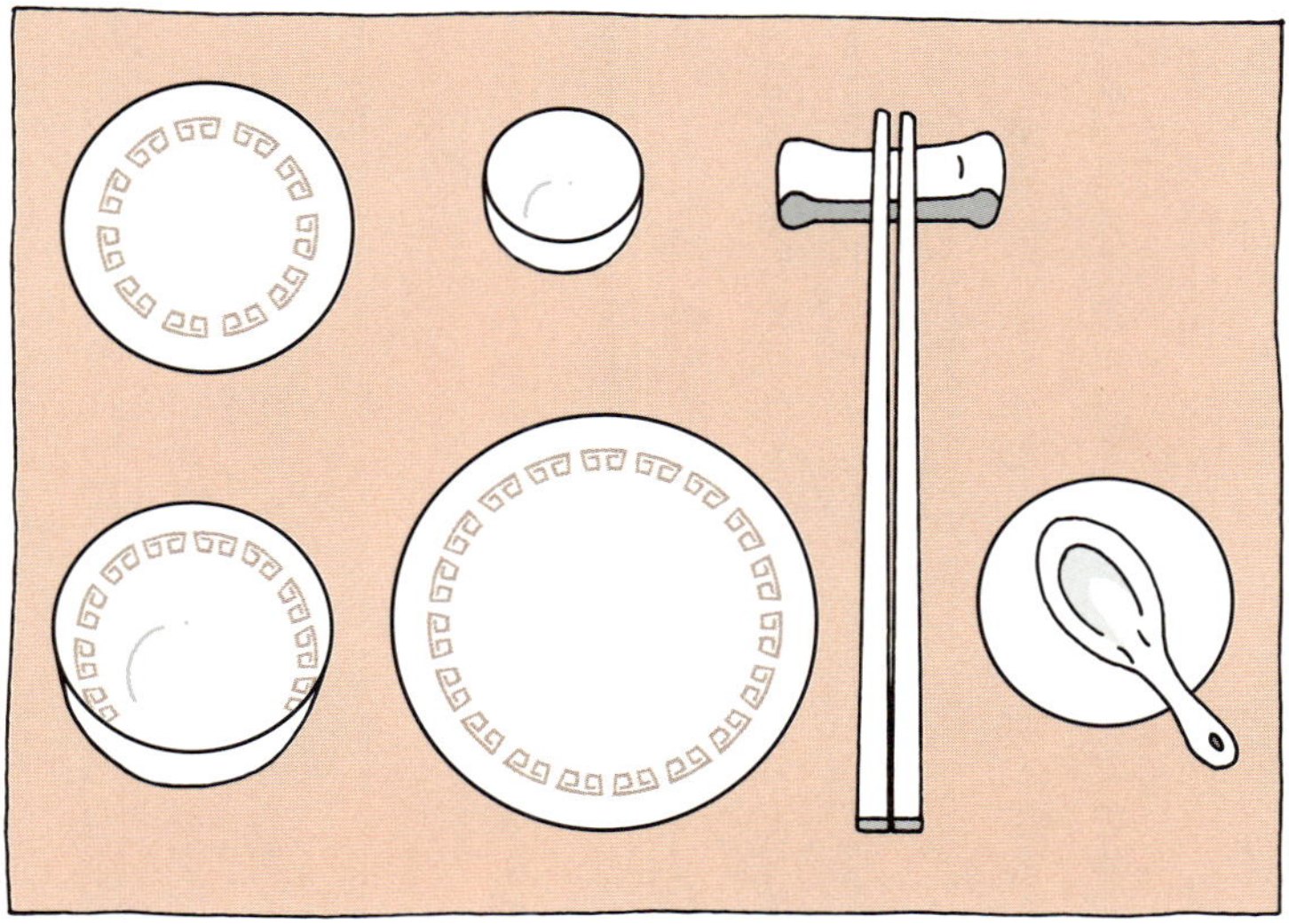

◆ふたつき茶碗のお茶の飲み方

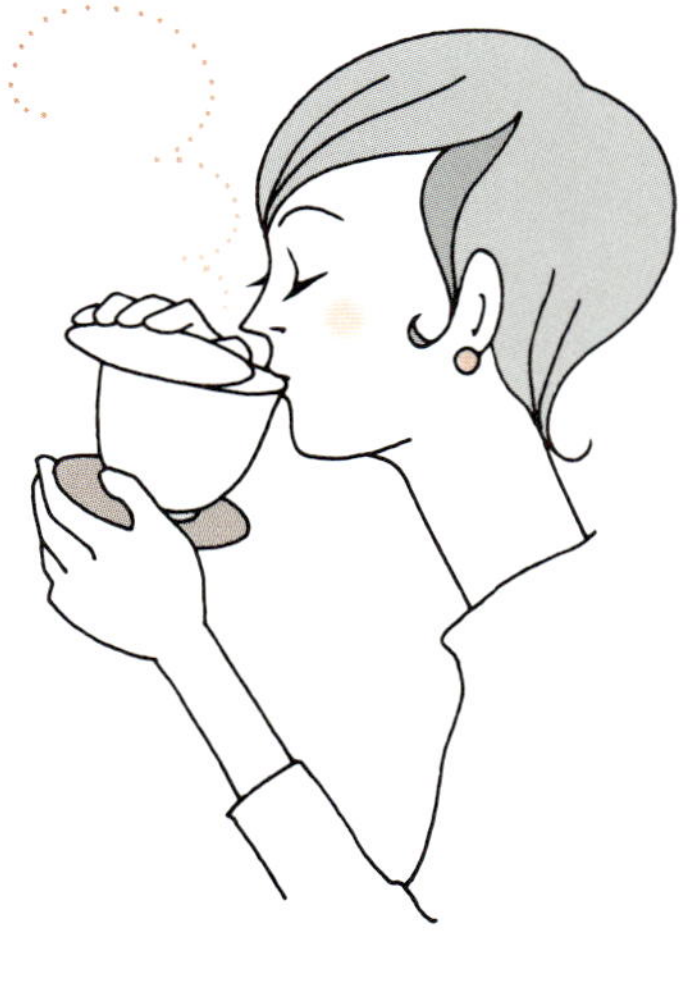

◆レンゲの持ち方

◆中国料理の食事のタブー

①回転卓の料理を立って取らない

料理や調味料を取るために、立ち上がったり、身を乗り出したりするのは見苦しいものです。必ず回転卓を回して、自分の正面に持ってきてから取るようにしましょう。

②回転卓を反対に回さない

最初に主賓が料理を取った後、回転卓は時計回りに回すようにします。

ただし、全員に料理が行き渡った後であれば、残った料理を取るために回しやすい方向に回してもかまいません。

③主賓や年長者より先に食べ始めない

料理が全員に行き渡ったからといって、主賓や年長者が食べ始める前に箸をつけるのは失礼です。

④他の人に料理を取らない

中国料理は、自分の食べたい料理を好きなように取って食べるものです。取り皿がテーブルの上を行き来するのは不恰好ですから、他の人の分を取り分ける必要はありません。

ただし、お茶は隣の人にも気配りを忘れずに注いであげましょう。

⑤取り皿は手に持たない

料理をいただく時は、取り皿をテーブルの上に置いたままにします。汁がたれるようなら、レンゲを受け皿代わりにするとよいでしょう。

⑥回転卓の上に自分の箸やグラスをのせない

うっかりのせてしまうと、回転卓を回した時に、他の人のところへ行ってしまい、恥ずかしい思いをすることになります。

⑦大皿の料理は少し残し、取り皿の料理は残さない

ホストのもてなしが十分であることを示すために回転卓の上の料理は少し残しておくのがマナーです。

しかし、自分の取り皿には食べ切れる分だけ取るようにしましょう。

遠慮して料理を取らないのも失礼ですが、取りすぎて残してしまうのはもっと不作法です。もちろん嫌いなものや食べられないものは無理に取る必要はありません。

POINT

中国料理のいただき方は比較的自由で、日本料理や西洋料理ほど厳格な決まりはありません。最低限のマナーを守って、同席者と楽しくお食事をいただきましょう。

◆韓国料理

李朝の宮中料理の流れをくんだ韓国料理は、一人用の膳にキムチやスープ、揚げ物、焼き物、蒸し物、和え物、ごはんをのせて供されるのが一般的です。

韓国料理では、五つの要素を揃えるのが縁起がよいとされ、五色（青、黄、赤、白、黒）の彩りと、五味（甘味、辛味、塩味、苦味、酸味）、五辛（ニラ、ニンニク、ノビル、ネギ、ショウガ）をふんだんに使って調理されています。

料理が運ばれてきたら、主賓や目上の人が箸をつけるのを待って、自分も箸を取ります。食事が終って席を立つ時も、目上の人などを優先するようにしましょう。

いただき方に厳格な決まりはありません。まず膳の上のさじを取り、スープか水キムチの汁をすくい、次にごはん、スープ、おかずの順でいただきます。ごはんとスープはさじで、おかずは箸でいただ

COLUMN

中国酒のいただき方

中国酒の代表と言えば老酒《ラオチユウ》です。老酒は長期熟成させたもので、特に、美味しい水と米どころとして有名な浙江省《せつこう》の紹興市《しようこう》で作られる老酒は、「紹興老酒」と言われ有名です。そのため日本では、老酒といえば「紹興酒」と思われていますが、他の地域で造られた老酒もあります。

お酒と一緒にザラメが出されることがありますが、高級な老酒は十分に甘みがあり、ザラメを入れる必要はありません。

その昔、お酒の品質が悪かった時代にザラメを入れて甘みを補っていた習慣の名残なので、ザラメを入れると失礼な場合があることを覚えておきましょう。

き、食事中はスープの碗の中にさじを入れておきます。大皿に盛られた料理は直箸で取ってもかまいませんし、ごはんの上におかずを置いたり、混ぜたりしても問題ありません。碗や皿は膳に置いたままで食べ、手に取らないようにします。食べ終わったら、さじと箸を膳の上に並べて置きます。

◆タイ料理

暑いタイの風土に合った、唐辛子の辛さとライムの酸味がマッチした料理です。有名なのが「トムヤムクン」と呼ばれるスープで、エビの殻から取っただしに、ナンプラー、ライムの搾り汁、レモングラスなどが入り、酸味が利いているのが特徴です。

大皿に盛られた料理がテーブルに並べられますので、それを取り分けていただきます。主に使うのはスプーンとフォークで、スプーンはナイフの代わりになります。めん類は器を手に持たないようにして、箸とレンゲでいただきます。

◆インド料理

ターメリックやコリアンダーなど十数種のスパイスをふんだんに使った、スパイシーな料理です。暑さで弱った胃を活性化し、発汗をうながす効果があります。タンドールという円筒形の土釜で焼いた料理を「タンドール料理」と呼び、鉄串に刺した肉や魚を焼くほか、粗挽きの小麦粉で作るチャパティも一般的です。

インドでは、右手の指を使い、料理を混ぜながらいただきますが、フォークやスプーンがついていれば、それを使ってもかまいません。

マナー・プロトコール検定試験 出題例

マナー・プロトコール検定過去問題　２級

西洋料理のテーブルマナーについて、不適切なものを２つ選びなさい。

1）　魚料理をいただく際は、ナイフの代わりに出されたソーススプーンで料理を口に運ぶのはマナー違反である。
2）　コーヒーや紅茶を飲む時は、ソーサーを右手で持ち、左手でカップを持ち上げる。
3）　フルコースのテーブルセッティングでは、席の中心に位置皿が置かれる。
4）　ナイフやフォーク、スプーン等の総称を「カトラリー」と呼ぶ。
5）　食事中、やむを得ず中座する時はナプキンを椅子の上に置く。

マナー・プロトコール検定過去問題　３級

以下の文で適切なものには○、不適切なものには×を□に書きなさい。

□　①普茶料理とは、韓国から伝わった精進料理のことである。
□　②西洋料理の食事の席に着く時は椅子の左側から座り、立ち上がる時は右側から出るのが基本である。
□　③汁椀などのふたは、器が右にあれば右側に、左にあれば左側に置く。
□　④「重ね箸」とは、同じ料理ばかり食べ続けることである。
□　⑤中国料理では、箸は日本料理と同じように皿の手前に横向きに置かれる。
□　⑥和食で汁気のある料理を口に運ぶ時は、片手を皿代わりにして受けると上品である。

【正解】2級：1、2　3級：①×　②×　③○　④○　⑤×　⑥×

◆第6章◆

お酒のマナー

Global Standard Manners

お酒の種類

◆醸造酒・蒸留酒・混成酒（製法による分類）

ワインをはじめ、ビール、日本酒、紹興酒《しょうこうしゅ》など、お酒には食欲を刺激するだけでなく、リラックスして楽しい気分にさせてくれる効果もあり、食事の席には欠かせません。お酒が飲めない人も、場の雰囲気を楽しむために、お酒についての知識を学んでおきましょう。

お酒を原料、製造法から分類したものを、以下に示します。

・醸造酒……穀物や果実などを発酵させて作ったお酒。大麦が原料のビール、米が原料の日本酒、ぶどうから作られたワインなど

・蒸留酒……醸造酒をさらに蒸留してアルコール度を高めたお酒。大麦から作られるウィスキー、さとうきびから作られるラム、ワインを蒸留したブランデーなど

・混成酒……醸造酒や蒸留酒に香草や果汁などを添加して作ったお酒

◆製法による酒の分類

醸造酒	乾燥穀物原料	ビール、日本酒、老酒《ラオチュウ》など
	生鮮果実原料	ワイン、シードルなど
蒸留酒	穀物原料	ウォッカ、ウィスキー、ジン、焼酎など
	果実原料	ブランデー類
混成酒	醸造酒原料	クレーム・ド・カシスなど
	蒸留酒原料	グランマニエ、みりんなど

◆食前酒・食中酒・食後酒・カクテル（飲酒シーンによる分類）

お酒は食事とともに飲むことが多く、主に食前酒、食中酒、食後酒に分けられ、食中酒にはワインや日本酒が多く飲まれています。

①食前酒

「アペリティフ」と言い、シャンパンやシェリー、

ワインベースのカクテルなどが一般的です。

胃の粘膜を刺激して食欲を促す効果があり、正式な席や高級レストランでは食事の前に食前酒を楽しむ部屋（ウェイティングバー、アペリティフバー）が設けられています。そうした部屋がないレストランなどでは、テーブルについたらまず食前酒を選び、それをいただきながらゆっくりメニューを選ぶとよいでしょう。

食前酒で一般的なのはスパークリング・ワイン（シャンパン）です。見た目にも華やかで気分を盛り上げてくれるだけでなく、炭酸や適度な酸味が食欲を刺激します。酸味がきついと感じる人には、カシスリキュールを加えたキール・ロワイヤル、フランボワーズリキュールを加えたキール・アンペリアル、オレンジジュースで割ったミモザなどがいいでしょう。また、スペインのシェリー酒や、カンパリソーダ、ジンとヴェルモットから作るマティーニなどのカクテル類もよく飲まれます。

食前酒はあくまで食事をおいしくいただくためのものなので、おいしいからといって何杯も飲まず、二杯程度でとどめておくようにしましょう。また、食前酒と食中酒を区別せずに、軽めのワインをオーダーし、そのまま食事をすることもあります。

②食中酒

食事とともに飲むアルコール飲料で、西洋料理では魚料理には白ワインを、肉料理には赤ワインを選ぶのが一般的ですが、料理の味を引き立たせるものであれば、特に決まりがあるわけではありません。ワインは非常に高額なものもあるので予算を考え、料理に合わせてソムリエやサービス係に相談するとよいでしょう。

和食では日本酒が一般的です。

③食後酒

フランス語で「ディジェスティフ（消化を助けるという意味）」と言い、英語では「アフター・ディナー・ドリンク」と言います。アルコール度を高めた甘口のワインであるポートワイン、ブランデー、甘めのリキュール類やクリームを使ったカクテルなどが代表的で、少しアルコール度が高く、総じて甘口なのが特徴です。

　代表的なブランデーに、フランスのコニャックとアルマニャックがあります。少しクセがあり男性的なアルマニャックよりも、女性的な香りや味わいのコニャックが飲みやすいでしょう。ブランデーには等級があり、VO、VSO、VSOP、XOの順に高くなります。ブランデーには他に、リンゴを原料にしたカルヴァドス、ワインの搾りかすを再発酵させて作るブランデー（フランスではマール、イタリアではグラッパと言う）があります。

④カクテル

　食前、食後以外にも、昼向き、夜向き、就寝前用など、種類や飲み方はさまざまです。カクテルとは、ベースとなる飲料に、お酒、果汁、炭酸など二種類以上の素材を混ぜ合わせたものと考えればいいでしょう。したがって、ノンアルコールのカクテルもあります。

　ジン、ウォッカ、ラム、テキーラ、ウィスキー、ブランデー、ワインなどをベースに、シェイカーでシェイクするか、大きめのミキシンググラスでステア（かき混ぜる）して作ります。

　カクテルは、よく冷えた小さなグラスに入った「ショートドリンクス」と、大きめのグラスに入った「ロングドリンクス」に分けられます。ショートドリンクスは冷えているうちにいただきますが、ロングドリンクスはゆっくり飲んでもかまいません。ショートはアルコール度数が高く、ロングは甘めで口当たりのよいものが多いようです。

　飾りのオリーブやフルーツなどは、カクテルピックを持って食べてもかまいません。種や皮は紙ナプキンなどで包んでグラスの脇に置きます。

　カクテルは名称で注文する必要はなく、アルコールの強さや味、色などをバーテンダーに相談して作ってもらってもいいでしょう。既成のレシピを「甘めに」などとリクエストすることもできます。

POINT

食事をさらに美味しく、また、その場の雰囲気をさらに楽しくするのがお酒です。お酒の分類は、原料や製造方法から分ける場合と、お酒を飲む機会や飲み方で分ける場合があります。お酒の基礎知識があれば、食事の時の楽しみも広がります。シーンや料理にあった飲料を注文できるようでありたいものです。

COLUMN

グラスの持ち方

お酒を美味しく飲むためには、グラスの持ち方に注意しましょう。ワインやシャンパンは飲み物がぬるくならないように、グラスの脚の部分（ステム）を持ちます。その際、脚は指先を軽く伸ばして持つようにし、手で握りこまないようにしましょう。

脚が長いフルート型のシャンパングラスは、五本指を軽く伸ばすようにして持つ。

丈の短いソーサー（クープ）型のシャンパングラスは、親指・人差し指・中指で全体を支えるように持つ。

ブランデーグラスは、バルーン部分を手のひらで包み込むように持つ。

ウィスキーグラスは重いので、五本指でしっかり持つ。

ワインの基本知識

◆ワインの種類

ワインの歴史は古く、紀元前四〇〇〇年頃のメソポタミア文明にその痕跡を確認することができます。また、紀元前二五〇〇年頃のエジプトの壁画には、ワインの醸造の様子が描かれていたそうです。自然の中で落下したぶどうが発酵し、それをたまたま飲んだ人が、そのおいしさに驚き、何とか再現しようと努力した賜物だと言われています。

ワインはその色により、赤、白、ロゼの三種類に大別されます。

①赤ワイン

黒ぶどうの果実を砕き、皮や種も一緒に発酵させたもの。皮から溶けだした色素による赤い色と、種と皮に含まれるタンニンから出る渋みが赤ワインの特徴です。空気に触れさせて室温で飲む方がいいと言われますが、ヨーロッパよりも気温が高い日本では、少し冷やしてから飲み始め、味の変化を楽しんでもいいでしょう。

②白ワイン

主に白ぶどうから作られますが、まれに黒ぶどうを使うことがあります。皮と種を取り除いてしぼった果汁だけを発酵させるため、色はつきません。酸味のあるすっきりとした口当たりが特徴です。冷やして飲むのが一般的です。

③ロゼワイン

いろいろな製法がありますが、赤ワインと同様に皮と種を一緒に発酵させ、ある程度色づいたら早めに皮と種を取り出して作るものが主流です。赤と白を混ぜて作るシャンパーニュのロゼ以外のヨーロッパワインは、混ぜることが法律で禁じられています。

◆製法による分類

色による分類のほか、製法による分類として、次の四つがあります。

①スティル・ワイン(Still Wine　非発泡性ワイン)

一般的に「ワイン」と言えばスティル・ワインをさします。スティル（静かな）という意味からもわかるように、炭酸ガスを含まないワインです。赤、白、ロゼの三種類があります。

②スパークリング・ワイン(Sparkling Wine　発泡性ワイン)

炭酸ガスを含み、栓を抜くと発泡するのが特徴です。ガス圧三気圧以上が基準で、一気圧以上三気圧未満のものは弱発泡性ワインと言います。「シャンパン（シャンパーニュ）」が有名ですが、フランスのシャンパーニュ地方で作られるものだけを称し、それ以外はヴァン・ムスーと呼びます。

③フォーティファイド・ワイン(Fortified Wine　酒精強化ワイン)

アルコール度数が高いのが特徴で、スティル・ワインの製造過程でブランデーまたはアルコールを添加して作ります。スペインのシェリー、ポルトガルのポートワイン、マディラなどがあります。

④フレーヴァード・ワイン(Flavored Wine)

スティル・ワインに、香草や薬草、甘味料、果汁などで独特の香味をつけたワイン。薬草などを加えたイタリアのヴェルモット、果物などを加えたスペインのサングリアなどが有名です。

◆ぶどうの種類

ぶどうの品種の違いによって、ワインの味は大きく左右されます。

ぶどうの品種は、大きくヨーロッパ種とアメリカ種に分けられます。

・ヨーロッパ種……一〇〇種類ほどあり、主なもの

◆白ワイン用の代表的なぶどう品種

品種	主な産地	特徴
シャルドネ	フランス・ブルゴーニュ地方シャブリ地区、コート・ドール地区、シャンパーニュ地方	こしが強く、奥行きと余韻のある辛口のワインとなる。カリフォルニアやオーストラリアでも栽培される。
リースリング	ドイツワインの代表品種。フランス・アルザス地方	しっかりした酸味とフルーティな香りで辛口から極甘口までバラエティに富む。
ソーヴィニョン・ブラン	フランス・ボルドー地方、ロワール地方	軽快で爽やか、酸味の強いスッキリとした香味が特徴。シンプルな酒質に仕上がることが多く、飲みやすいワインが多い。
セミヨン	フランス・ボルドー地方のソーテルヌ、グラーヴ地区など	なめらかでしっかりした個性があり、酸味が少ないためブレンドされることが多い。貴腐ワインのソーテルヌが有名。
ミュスカデ	フランス・ロワール地方	繊細な香りで、さわやかな辛口ワインとなる。マスクメロンの香りに似たものはムロン・ド・ブルゴーニュとも呼ばれる。

はシャルドネ、ソーヴィニョン・ブラン、リースリング、セミヨン、カベルネ・ソーヴィニョン、メルロ、ピノ・ノワールなど

・アメリカ種……イザベラ、ナイアガラ、キャンベル・アーリー、チャンピオン、デラウエアなど

醸造向きなのはヨーロッパ種で、アメリカ種は香りが強く、ジュースやレーズンに向いています。また、熟したぶどうに細菌がつくと、果実の水分が蒸発して、糖度の高いぶどうになります。このぶどうから作られた甘口のワインを「貴腐ワイン」と呼びます。

◆ボトルの種類

ワインのボトルは産地によって形や色が異なり、産地を見分けることができます（次ページの図を参照）。

◆赤ワイン用の代表的なぶどう品種

品種	主な産地	特徴
カベルネ・ソーヴィニョン	フランス・ボルドー地方	深みのある色合いと力強い味わいを持ち、辛口で、タンニンと酸が多く、長期熟成に向く。カリフォルニア、オーストラリア、イタリアでも栽培される。
ピノ・ノワール	フランス・ブルゴーニュ地方	ブレンドされず単独で使用され、フルーツを煮詰めたような香りが特徴。フランス・シャンパーニュ地方では高品質のシャンパーニュの原料で、ドイツではシュペートブルグンダーと呼ばれる。
カベルネ・フラン	フランス・ボルドー地方やロワール地方	カベルネ・ソーヴィニョンとブレンドされることも多く、タンニンや酸味の少ない温和なワインとなる。ロワール地方ではシノンの主要品種。
メルロ	フランス・ボルドー地方のサンテミリオンやポムロール地区など	カベルネ・ソーヴィニョンよりタンニンが少なめで口当たりがよくコクがある。
ガメイ	フランス・ブルゴーニュ地方のボジョレ地区など	軽くて酸味に優れ、フルーティなワインとなり、比較的若いうちに飲まれる。時差の関係で日本が世界で一番早く飲めるボジョレ・ヌーボーは 11 月の第 3 木曜日が解禁日。
シラー	フランス・コート・デュ・ローヌ地方	非常にコクがあり、タンニンが豊富、かつアルコール度数の高い濃い色のワインとなる。オーストラリアの主要品種でもあり、シラーズと呼ばれる。

◆産地によるボトルの違い

【ボルドー型】　【ブルゴーニュ型】　【ライン・モーゼル型】

緑、茶、無色透明があるが、辛口の白は薄い緑色、甘口は無色透明。

赤白ともに緑色だが、赤ワインの方が濃い緑色。

ほとんどのドイツワインはこの形。ライン地方のボトルは茶色、モーゼル地方は緑色。フランス・アルザス地方はさらに細身の形。

◆フランスワインの基本知識

フランスのワインの歴史は紀元前六〇〇年頃まで遡ります。五世紀末頃にはボルドー、ブルゴーニュ、シャンパーニュの三大醸造地が開かれ、「ワイン王国」として世界的に名を馳せました。

フランスは自国の文化として、ワインに誇りを持っているため、ワインに関して厳格な法律を定めています。

一九三五年に設立されたINAO（国立原産地名称研究所）は、ワインの品質保証を目的に、A. O. C. 法を制定していましたが、EU統合により新たな品質基準が定められ、現在ではA. O. P. と表記されるものが多くなりました。

◆フランスワインの産地

ボルドー、ブルゴーニュ、シャンパーニュ、コート・デュ・ローヌ、ロワール、アルザスの六地方が、フランスワインの主要産地として有名です。

①ボルドー地方

ボルドーは、ジロンド県全域に広がる良質ワインの世界的な産地です。ボルドーで産出されるワインは品質が高く、数種類のぶどうをブレンドしてワインを作ります。醸造元（シャトー）によってブレンドの割合はかなり異なる上に、シャトーごとに地質や地形が大きく違うため、ワインの種類がとても豊富です。個性的で力強い味わいが特徴です。

②ブルゴーニュ地方

ボルドーと並ぶ優良なワインの産地がブルゴーニュです。通常、単一のぶどうから作られるのが特徴で、土壌環境や作り手などの違いにより、作られるワインのタイプは多岐にわたります。

③シャンパーニュ地方

「シャンパーニュ（シャンパン）」はこの地方で作られた発泡性ワインにのみに許された名称。ピノ・ノワール、ピノ・ムニエ、シャルドネの三種のぶどうが使われ、一般のスパークリング・ワインと区別

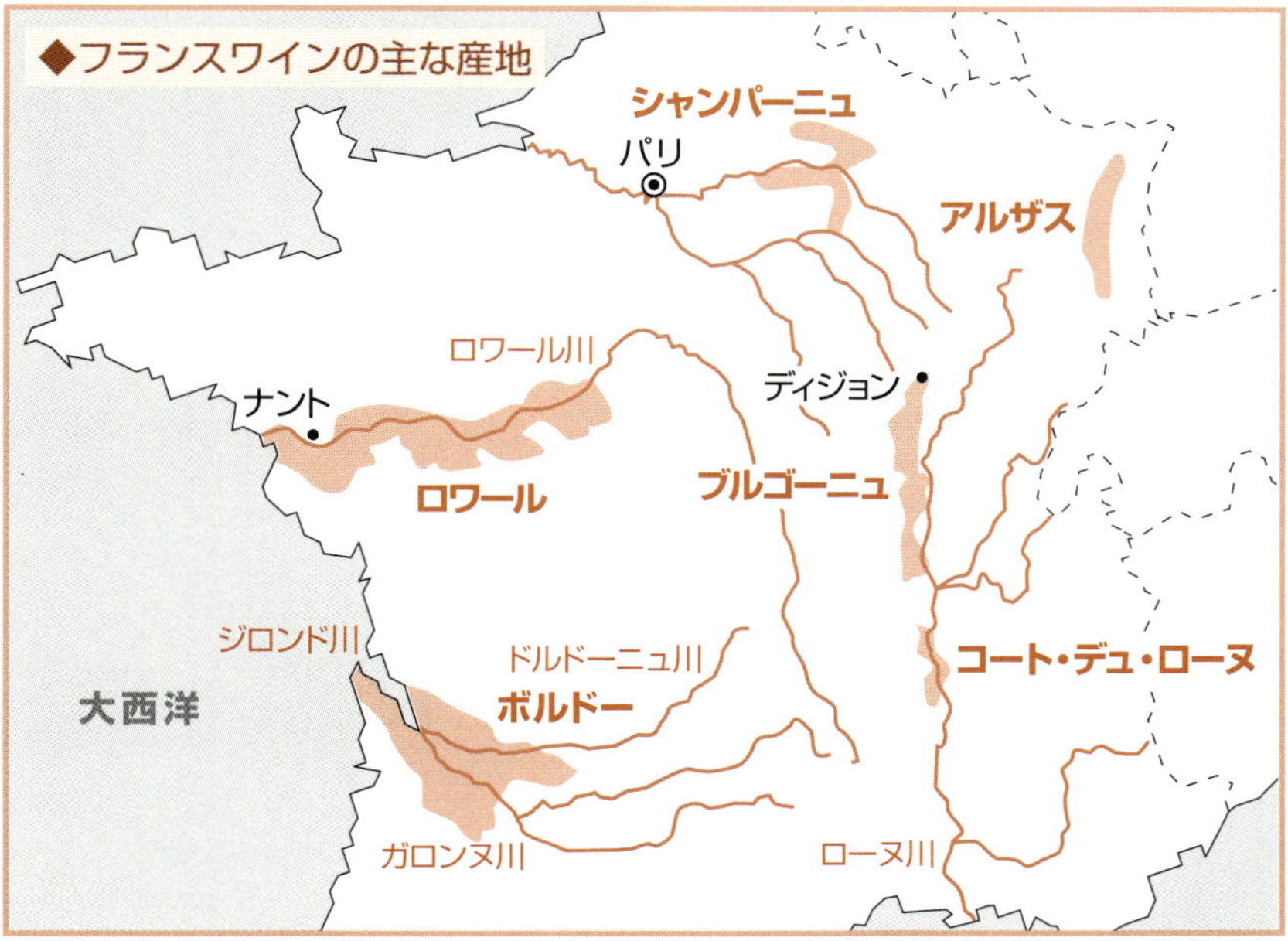

されます。

④コート・デュ・ローヌ地方

ローヌ川流域に広がる地域で、産出されるワインはボルドーやブルゴーニュよりもクセが強く、個性的な味わいです。

⑤ロワール地方

ロワール川流域の台地を持つ地域で、温暖で日当たりのよい気候を活かした、豊富な種類の繊細なワインが産出されます。

⑥アルザス地方

フランスの東端、ドイツとの国境近くの地域です。土質が様々なため、ぶどうの品種もバラエティに富んでいます。ワイン名は一般的には地区やシャトーの名になるのに対し、アルザスではぶどうの品種名がそのままワイン名になります。作られるワインの大半が白ワインで、遅摘みの完熟ぶどうからできる甘口の白ワインや、貴腐ぶどうを選んで作る極甘の貴腐ワインが有名です。

◆フランスワインのラベル例

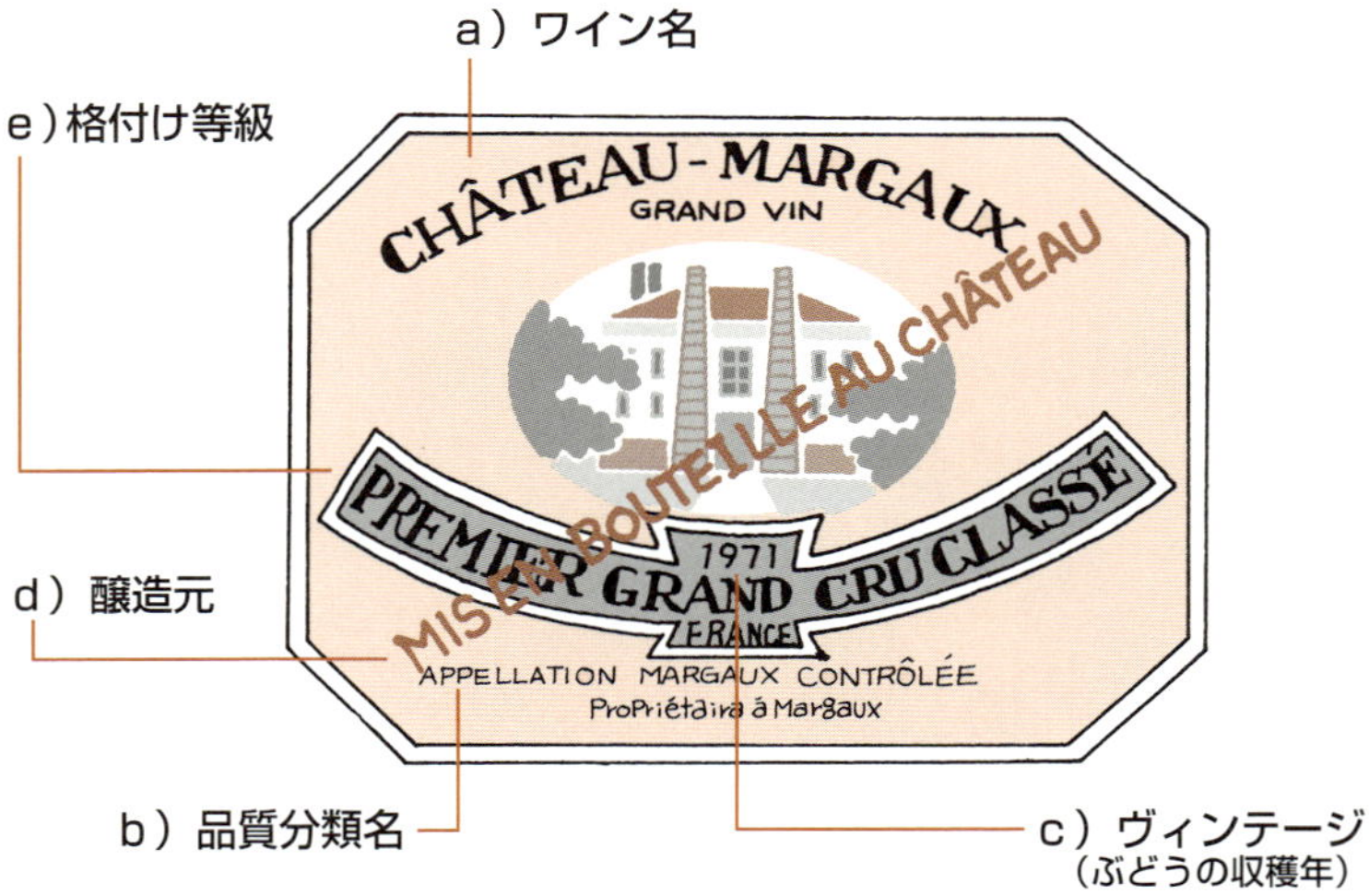

◆フランスワインのラベルの見方

フランス語でワインのラベルのことは、「エチケット」と言います。

フランスワインは「醸造元（シャトー名）」「生産地名」「ぶどう品種」「ブランド」などから名前がつけられています。ボルドー地方では「シャトー名」「生産地名」、ブルゴーニュ地方では「生産地名」が主に使われています。

◆ドイツワイン

ドイツワインは、約二〇〇〇年前、ローマ人によって作り始められたと言われ、中世には教会の僧侶たちが生産したことによって大きく発展しました。さわやかな甘味が特徴で、生産の中心は白ワインです。ドイツはぶどう栽培の北限にあたり、品種改良と醸造法の工夫が進められました。

①ワインの産地

ドイツでは、ワインの生産地を限定した上で地区

◆ドイツワインのラベル例

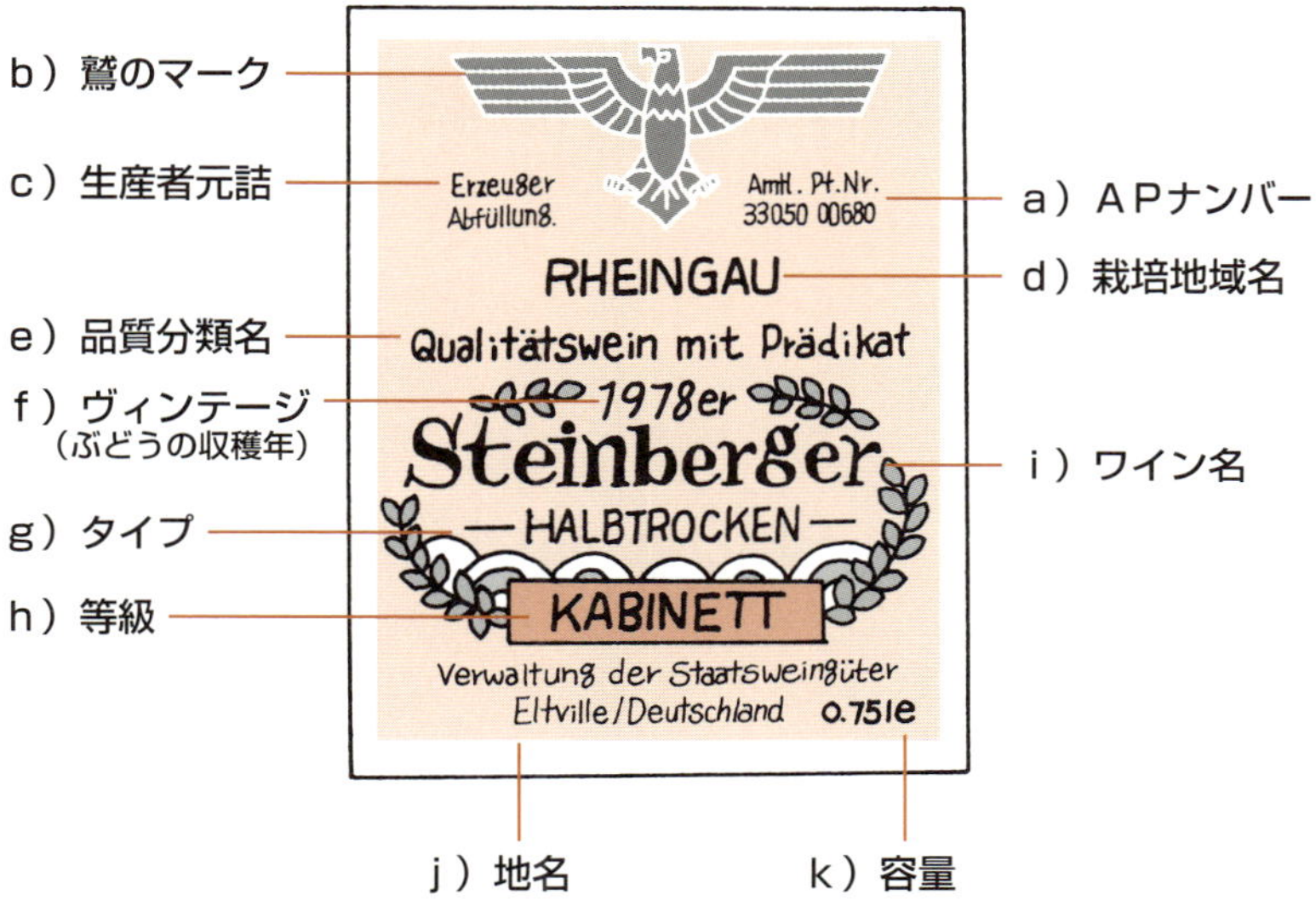

や畑を細分化して品質管理をしています。特に、ライン川、モーゼル川流域に主要な産地があります。ラインガウは良質な白ワインで知られ、ラインヘッセンは日本への輸出量がもっとも多いリープフラウミルヒの産地、モーゼル・ザール・ルーヴァーはドイツを代表する白ワインの産地として有名です。

②ワインラベルの見方

・APナンバー……高級ワインと上級ワインにのみつけられる公認検査番号。Nr.（Number＝ナンバー）の後の数字の最後の二けたは検査年を表す

・鷲のマーク……国営醸造所で作られたことを示している

・生産者元詰……Erzeuger Abfüllungとは、生産者元詰（ぶどうの栽培からワインの製造までを行なうこと）を表す。Abfüllerは栽培者と瓶詰め者が違うため、後に業者の名前が入る

◆イタリアワイン

イタリアの地形は南北に長いため、地域によって気候もかなり異なります。種類や味、アルコール度数などバラエティに富んでいるのが特徴です。毎年フランスとトップを競う生産量で、輸出量にいたっては世界一を誇ります。

外国産のワインとのブレンド禁止や、産地ごとの熟成年度を規定するなど、ワイン法の下で厳しい品質管理が施され、比較的安価ながらも品質が安定しています。

◆その他の国のワイン

①スペイン

スペインでは、国土のほぼ全域でワインが作られ、生産量はイタリア、フランスに次いで世界第三位ですが、ぶどう栽培面積は世界第一位を誇ります。一九世紀の後半、フランスのボルドー地方が害虫で大打撃を受けた際に、ワイン醸造者が移住してワイン技術が伝えられたとされています。

②アメリカ

全生産量の約九割がカリフォルニア産で、代表的な産地はナパ、ソノマです。これらの地域は比較的降雨量が少なく、年間を通じて気候が安定しています。高品質のワインを生み出す産地となった背景には、二〇世紀以降のぶどうの品種改良やカリフォルニア大学による醸造技術の研究開発などがあります。

③オーストラリア

ワイン作りの歴史は浅く、まだ二〇〇年余りですが、土地も気候も恵まれていて、近年、急速に醸造技術が進歩しています。

世界のワイン需要の高まりに応じて、チリやアルゼンチン、南アフリカなどさまざまな国で、品質のよいワインが生産されるようになりました。

ワインの楽しみ方

◆ワインの注文の仕方とテイスティング

食事のメニューを決めた後、ワインリストの中から選びます。自信がなければソムリエや店の人に予算や味の好み、飲む量などを伝えて、おすすめに従ってワインを決めてもいいでしょう。予算の目安は、料理の三割程度です。

ワインが運ばれてきたら、抜栓をした後にテイスティング（試飲）をして、色や香り、味を確認します。これはホストが行なう儀式のようなもので、色・味が損なわれているなど店側の管理に問題があるような場合以外は、交換できません。

◆テイスティングの流れ

①ラベルを確認する

ソムリエがボトルを見せたらホストはラベルを見て、オーダーしたもので間違いないか確認します。

②ワインが注がれる

「テイスティングはいかがなさいますか」と聞かれたら、ホストは「お願いします」と答え、ソムリエはホストのグラスに少量のワインを注ぎます。

③色を見る

ホストはグラスの脚を持ってグラスを傾け、光にかざしてワインの色を見ます。熟成が進んでいるワインほど、濃厚な色になります。

④香りを嗅ぐ

まずそのままグラスを鼻の下に持っていき、香りを嗅いで、いったんテーブルの上に戻します。次にグラスを静かに回してワインと空気をよくなじませたら、再度立ち上る香りを嗅ぎます。

最初に嗅いだ香りは「アロマ」と呼び、ぶどうそのものの香りです。空気となじませた香りは「ブーケ」と呼びます。

⑤味をみる

ワインを少量口に含んで唇を少し開き、息を吸い込んで舌の上でワインを転がして味と香りをみます。

⑥了解する

ホストはソムリエに了解の意思を伝えます。「結構です」「お願いします」などと答えるか、軽くうなずくのが一般的です。

POINT

ワインのテイスティングは、目・鼻・口の順番でワインの状態を確かめます。ワインに詳しくなければ、知ったかぶりをするよりもソムリエを信頼して、了解し、いただくのがスマートです。

◆ワインのいただき方

テイスティングの後、ソムリエが主賓、女性、男性、ホストの順にワインを注いでいきます。その間、グラスに触れたり、持ち上げたりせず、テーブルの上に置いたままにします。

飲む時は指を揃えてグラスの脚を軽く持ち、体温でワインがぬるくならないようにします。小指を立てたり、強く握るのはやめましょう。フォーマルな席での乾杯は、グラスを持ち上げ、乾杯の音頭を取った人に目礼、両隣の人に会釈してからいただきます。ワイングラスは繊細で割れやすいので、グラス同士を当てるのはマナー違反です。

また、レストランなどでは自分たちでワインを注ぎ合ったりせずに、必ずソムリエかサービス係を呼んで注いでもらいます。特に西洋では、ワインは男性が扱うもので、女性がボトルを持つのは不作法とされます。おかわりを断る時は、グラスの上に軽く手をかざすか、人差し指と中指をグラスの縁に近づけて意思表示をします。

◆ワインと料理の相性

ワインと料理の相性はとても大切で、どんなにい

◆ワイングラスの形

ボルドー

卵型で一般的には赤ワイン用のグラス。縁が内側にカーブしているため、熟成した香りを逃さない。長期熟成のワインに適している。

ブルゴーニュ

ボール部分が膨らんだ大きめのグラス。空気に触れる面積が大きいので、赤ワインの香りを存分に楽しめる。

シャンパン（フルート型）

発泡の余分な蒸発がなく、ゆっくり立ちのぼる泡がきれいに見える。

シャンパン（ソーサー型）

パーティなどでよく使われる形。あくまでも乾杯用で、一気に飲み干すためのもの。

い素材を使ったおいしい料理でも、ヴィンテージものの高級なワインでも、相性が悪ければどちらの味も引き立ちません。

肉には赤ワイン、魚には白ワインと言われますが、素材、調理法やソースに合わせて選ぶとよいでしょう。

・淡白な味付けの魚料理……フルーティなワインとさわやかなハーモニーが楽しめる
・酸味のきいた料理……酸味の控えめなワインがよく合う
・クリームソースなどの濃厚な料理……熟した白ワインや軽い赤ワインがよい
・ソースで煮込んだ肉料理……タンニンが脂肪分を流して口の中をすっきりさせる赤ワインがよい
・グリル料理……肉でも魚でも、素材を引き立てる辛口の白ワインや軽い赤ワイン、辛口のロゼなどが合う

また、ソースにワインが使われていれば、同じワ

インを、土地の食べ物にはその土地の地ワインを選ぶなど、組み合わせの妙を楽しむのもいいでしょう。

違うタイプのワインを二本以上飲む場合は、一般に白から赤、若いものから成熟したもの、辛口から甘口というように、軽いものから重いものへと変えるようにします。

POINT

レストランでワインを注文する時はスマートに行いたいものです。ソムリエに相談する時は、予算を伝えるのが先決ですが、ゲストの前で金額を言うのは無粋なので、ワインリストをもとに希望する予算に近いワインの価格を指し、「この程度のもので……」と指示し、その後に、味の好みなどを伝えるといいでしょう。また、ワインは料理を引き立たせるものですが、あくまでも主役は料理です。まず料理を注文し、次に料理に合って、しかも同席者の好みに合うワインを、ソムリエと相談しながら決めるのがよいでしょう。

その他のお酒の楽しみ方

◆ビール

ビールは、麦芽とホップと水が原料で、発酵方法によって上面発酵、自然発酵、下面発酵に分けられます。

保存性を高めるための加熱殺菌をしていないものを生ビールと呼びますが、英語で生ビールを意味する「ドラフトビール」は、国によって定義が異なるため、熱処理されていても「ドラフトビール」と呼ぶことがあります。日本のブランド以外では、アメリカのバドワイザー、オランダのハイネケン、ドイツのレーベンブロイ、フランスのクローネンブルグ、デンマークのカールスバーグなどが有名なビールの銘柄です。

◆スピリッツ

「スピリッツ」とは蒸留酒のことで、以下のような種類があります。

①ウィスキー

大麦の芽（モルト＝麦芽）を乾燥させたものに、お湯を加えて糖化させ、酵母を加えて発酵させたものを蒸留し、貯蔵・熟成させたお酒の総称です。

国や地方によって原料、蒸留方法、ブレンドの仕方などが異なり、大麦の麦芽のみが原料のモルト・ウィスキー、とうもろこしや小麦と麦芽を使うグレーン・ウィスキー、とうもろこしを五一％以上含むバーボン・ウィスキーなどがあります。

②ブランデー

果物を発酵・蒸留したお酒です。単にブランデーと言えば、ぶどうが原料のグレープ・ブランデーのことで、フランスのコニャックやアルマニャックなどがあります。ほかにも、さくらんぼ、洋梨、ベリー類などのブランデーも食後酒として好まれます。

③ジン

とうもろこし、大麦、ライ麦などの穀類を原料にしたお酒です。穀物を連続式蒸留機でアルコール度数九五度以上のグレーン・スピリッツにした後、ネズ（ヒノキ科の常葉樹）の実、コリアンダーの種、キャラウェイ（ヒメウイキョウ／セリ科の越年草）の種、オレンジやレモンの果皮などを加え、さらに蒸留機で香りを溶け込ませて仕上げます。

④ウォッカ

ロシア産の蒸留酒です。大麦、小麦、ライ麦、とうもろこし、じゃがいもなどを原料にしたグレーン・スピリッツを水で薄めて、白樺や椰子《やし》の実の殻で作った活性炭でろ過して作ります。

⑤ラム

さとうきび、あるいはその搾り汁を煮詰め、砂糖の結晶を取り出した後の糖蜜を水で薄め、発酵・蒸留させたお酒です。

⑥テキーラ

リュウゼツランが原料のメキシコ産の蒸留酒です。ホワイト・テキーラは樽熟成をしない軽い風味で、黄色や褐色のテキーラは樽熟成を施しています。

◆リキュール

アルコールをベースに、糖分や植物系の香味成分などを加えた混成酒の総称です。グラン・マニエ、コアントロー、クレーム・ド・カシスなどの果実系、シャルトリューズ、カンパリ、ベネディクティーヌなどの香草・薬草系、クレーム・ド・カカオ、アマレット、アニゼットといった種子系などがあります。

◆日本酒

米を原料とするお酒で、精米歩合や醸造法によって、以下のように区分されます。精米歩合とは、玄米に対する白米の重量の割合のことで、「精米歩合六〇％」とあれば、玄米の表層を四〇％削ったことを意味します。

①本醸造酒

精米歩合七〇％以下の白米を原料に、醸造アルコールを少量添加して香味調整された日本酒。精米歩合が六〇％以下、または特別な製造方法を明らかにした「特別本醸造酒」もあります。

②純米酒

純米の名前の通り、米と米麹と水だけで作った日本酒。精米歩合六〇％以下、または特別な製法を明らかにした「特別純米酒」もあります。

◆日本酒の注ぎ方・注がれ方

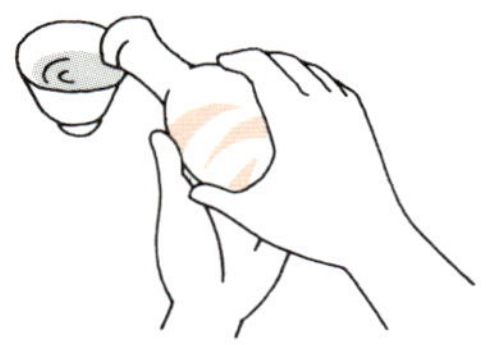

お酌をする場合、お銚子の中ほどを右手の指だけでつかむつもりで持ち、左手を下から添える。

お酌を受ける場合、左手の人差し指と中指の先で盃を支える。

③吟醸酒

精米歩合六〇％以下、低温発酵、フルーティな「吟醸香」が出るといった条件を満たしたお酒。精米歩合五〇％以下は「大吟醸酒」と言います。

④生酒《きざけ》

日本酒で通常行なわれる、貯蔵前と瓶詰め前の二回の加熱殺菌をまったく行なわないお酒。「生貯蔵酒」は、瓶詰め前に一回だけ加熱しています。

◆日本酒のいただき方

①注ぎ方

お銚子の中ほどを右手で軽く持ち、左手を添えて相手の盃に近づけ、盃の真上まできたら手首を内側に回してゆっくり傾けて、盃に注ぎ口をつけて注ぎます。お銚子は指先だけで握ると見た目に上品です。

②宴席でのマナー

日本酒に限らず、宴席では手酌で飲んではいけません。空になっても気づいてもらえなかった時は、周囲の人にすすめて、お返しにお酌をしてもらいましょう。
またお酒が飲めなくても、最初の乾杯やお酌を受けた時はひと口つけるようにしましょう。おかわりを断る時は、盃に軽く手を被せて「もう十分にいただきましたので」とか、少しお酒を残しておいて「まだ入っておりますので」とさりげなく断ります。日本人は欧米人に比べてアルコール分解酵素が少なく、アルコールを受けつけない人も多いので、無理強いしないのがマナーです。

POINT

お酒が入るとその人の本性が表れると取られやすく、お酒の席での失敗は取り返しがつきません。アルコールをいただく時は、飲み過ぎに注意し、酒席ではより一層、スマートな振る舞いを心がけたいものです。

マナー・プロトコール検定試験 出題例

マナー・プロトコール検定過去問題　２級

①お酒をたしなむ時のマナーについて、適切なものを2つ選びなさい。

1）　食前酒は、好きなだけおかわりをしてもよい。

2）　会食時にワインをすすめられたら、相手が注ぎやすいようにグラスを持ち上げ、少し傾けて差し出す。

3）　お酌をする時は、お銚子の中ほどを右手で軽く持ち、左手を添えて相手の盃に注ぐ。

4）　カクテルに添えられたオリーブやフルーツは飾りなので食べない。

5）　お酒が飲めない人は、乾杯の時にひと口だけいただき、後は断っても失礼ではない。

②ワインについて、適切なものを２つ選びなさい。

１）テイスティングは、主賓が行なうのが一般的である。

２）ワインの原料として使用されるぶどうの多くは、ヨーロッパ種である。

３）「フォーティファイド・ワイン」とは、製造過程でアルコールを添加したワインである。

４）白ワインは、白ぶどうの果実を砕き、皮と種を一緒に発酵させて作る。

５）ドイツで生産されるワインの多くは赤ワインである。

※３級試験では、「お酒のマナー」が出題範囲外となります。

【正解】2級①3、5　②2、3

◆第7章◆

「冠」のしきたり

Global Standard Manners

日本の主な通過儀礼

◆「冠婚葬祭」とは

誕生から成長に伴って、入学、結婚など、人は一生の間にさまざまな節目を迎えます。こうした人生の節目の儀式を「通過儀礼」と言います。さらに、稲作を生業《なりわい》にしてきた日本では、自然や神々に対する畏敬の念を、四季折々の年中行事を通じて表してきました。私たちの祖先はこうした儀式を大切にし、それらを称して「冠婚葬祭」と言いました。

冠婚葬祭の「冠」とは、もともと元服の時に冠をかぶる「加冠《かかん》の儀」を意味していましたが、今では誕生から長寿の祝いなども含めて通過儀礼一般をさします。また、「婚」は結婚、「葬」は葬儀を、「祭」は年中行事を表しています。

このように「冠婚葬祭」とは、人生や生活の節目の重要な行事の総称です。そして、その根底にあるのは、命の大切さや、私たちを育んでくれた万物に対する感謝の思いなのです。昨今は、昔ながらの儀式やしきたりが簡略化され、また、本来の意味が忘れられて形骸化しているものも少なくありませんが、「冠婚葬祭」の本質を知ることで、自然や神を敬い、命を慈しみ、人生を大切にする心を育んでいきたいものです。

また、日本人として、自国の伝統的なしきたりをきちんと理解し、海外の方にも説明できることは国際化が進む今日、より一層大切なことでもあります。

◆日本のしきたりに影響を与えた陰陽道《おんみょうどう》

日本のしきたりの多くは、平安時代以前に中国大陸から伝来したものが時代を経て変化し、今日に受け継がれています。そうしたしきたりに影響を与えているのが「陰陽道」の思想です。

これは、この世はすべて「陰」と「陽」が補完し

◆陰陽を示す主なもの

陽	表	男	奇数	丸	右	太陽	天	昼
陰	裏	女	偶数	角	左	月	地	夜

合いながら、バランスを取っていると考え、万物や自然を陰陽に分けているのが特徴です。結婚のご祝儀は奇数の金額で包んだり、五節供の日が奇数だったり、子どもの成長を祝う年が七五三だったりするのは、陽の数である奇数を尊ぶ表れです。また、日本料理の刺身が角皿（陰）に盛り付けられるのは、切り身の数が奇数（陽）なので、組み合わせることによってバランスが取れると考えるからです。

◆主な通過儀礼

①帯祝い

生命の誕生を喜ぶ儀礼として「帯祝い」があります。妊娠五カ月目の戌《いぬ》の日に「岩田帯」と言われる腹帯を巻きます。これは、多産でお産が軽い犬にあやかり安産を祈るもので、これから生まれてくる赤ちゃんを認知する儀式でもあります。

腹帯には、赤ちゃんを安定させて妊婦を楽にするという効果もありますが、最近では儀式としてこの日に帯を巻くだけの人が多いようです。

②お七夜

赤ちゃんが誕生してから七日目を「お七《しち》夜《や》」と言い、この日に命名式を行ないます。赤ちゃんの名前と生年月日を書いた紙を、この日から一カ月ほど神棚や床の間など家の中の目立つところに飾ります。昔は新生児の死亡率が高かったために、この日を迎えられ

◆命名書の例

命名

千佳子

平成○年○月○日誕生

平成○年○月○日

佐藤　良平
　　　望美

たことを祝って名前を授けたことによります。両親と、両家の祖父母などが集まって行なう内輪《うちわ》のお祝いです。実際に名前を決めて出生届を役所に出すのは、誕生から二週間以内です。

③お宮参り（初宮詣）

赤ちゃんの成長と幸せを祈る儀式で、生まれた土地の守り神である「産土神《うぶすながみ》」に参拝し、氏子《うじこ》となったことの挨拶を行ないます。お宮参りの日は地域によっても異なりますが、生後一カ月目あたりに行なうところが多いようです。最近では、その前後の休日に、天候や赤ちゃんの体調をみて行なうケースが多く、日取りも絶対ではなくなっています。

参拝の際は、和装では赤ちゃんに白羽二重《しろはぶたえ》の内着《うちぎ》を着せて抱き、その上から祝い着をかけ、赤ちゃんを抱く人の首の後ろで紐を結ぶのが正式ですが、最近ではおしゃれなベビードレスも多いようです。赤ちゃんを抱くのは昔から父方の祖母が多いようですが、これは神道では出血を伴う出産を穢《けが》れと考えたためで、お宮参りで赤ちゃんを抱くのは穢れのない祖母の役割となったようです。

④お食い初め

子どもが一生食べ物に困らないようにという願いを込めて、生後一〇〇日目（地域によっては一二〇日目）に行なう儀式です。「箸祝い」「箸初め」、あるいは一〇〇日目に行なわれるので「百日《ももか》の祝い」とも言われます。

新しい膳や箸、茶碗などを揃え、赤飯、すまし汁と鯛などの尾頭つきの焼き物、煮物、なます、梅干しなどを添えて一汁三菜にします。地方によっては歯がためのために小石を添えたり、「まめまめしく育つように」と願って煮物に豆を入れたりする場合もあります。

実際には赤ちゃんはまだ食べることができないので、食べるまねをするだけです。赤ちゃんの口へ食べ物を運ぶ人を「箸役《はしやく》」と言いますが、長寿への願いを込めて、同性の年長者にお願いするのがならわ

◆主なお祝い

祝い事	表書き	贈る側	受け取る側
帯祝い	「御帯祝」	時期：妊娠5カ月の戌の日まで 贈る人：祖父母、親戚	お礼状：出す お返し：不要
出産祝い	「祝御出産」 「祝初着」	時期：生後7日～1カ月以内 贈る人：祖父母、親戚、親しい友人、身近な人	お返し：内祝 （いただいた金額の3分の1から半額程度）
お七夜	「祝御七夜」 「祝命名」	時期：招待を受けた場合は当日持参 贈る人：祖父母、親戚	お返し：不要 （祝いの席でもてなす）
お宮参り	「宮参り御祝」 「祝御宮参り」	時期：誕生後１カ月以内 贈る人：祖父母、親戚 現金または宮参りの衣装	お返し：不要 （祝いの席でもてなす）
お食い初め	「初膳御祝」	時期：お食い初めの日 贈る人：祖父母、親戚	お返し：不要 （祝いの席でもてなす）

しです。

⑤初節句

生後、初めて迎える節句で、女の子は三月三日の「桃（上巳《じょうし》）の節句」、男の子は五月五日の「端午《たんご》の節句」です。地方によっては盛大に行なうところもあります。女の子には雛人形、男の子には鎧《よろい》やかぶとなどの節句飾りを贈って、初節句を祝います。

⑥初誕生

昔の日本には誕生日を祝う風習はありませんでしたが、初誕生は特別で、両親と両家が集まって一歳の誕生日をお祝いするならわしが古くからありました。

健康に育つようにという願いを込めてお祝いに餅をつき、足腰が丈夫になるようにとの願いを込めて「誕生餅」として子どもに背負わせて歩かせたり、足で踏ませたりします。

⑦成人式

昔の「元服式」に由来する儀式ですが、現在では満二〇歳をもって成人、一月の第二月曜日が「成人の日」と定められています。成人への通過儀礼である「加冠の儀」は、時代によって元服を迎える年齢やしきたりなどが異なっていましたが、どの時代も、大人の仲間入りをするために社会的責任や義務を負ったり、成人としての自覚を持たせるために何らかの試練を乗り越えて晴れて成人と認められたようです。通過儀礼の総称となるほど、人生の大きな節目であるものなので、昨今の成人式については、本来のあり方を考え直す必要がありそうです。

⑧厄年

男性は数え年（生まれた年を一歳とするため、満年齢より一歳多い）で二五歳と四二歳、女性は一九歳と三三歳を厄年《やくどし》と呼びます。特に男性の四二歳と女性の三三歳を「本厄《ほんやく》」あるいは「大厄《たいやく》」、その前後を「前厄《まえやく》」「後厄《あとやく》」と言って、身を慎むべき期間とされています。

厄払いの儀式はさまざまで、神社で祈祷を受けたり、神事に参加したり、地方によっては宴席を設けて厄落としをするところなどもあります。

しかし、〝厄〟は〝役〟に通じ、この年頃は社会的に重要な役割を担う時期でもあり、また、体調に変化をきたしやすい年齢なので、気を引き締めるようにという忠告と受け止めるとよいでしょう。

⑨年祝い

長寿の祝いのことを「年祝《とし》い」「賀寿《がじゅ》」などと呼び、古くから人生の大切な祝い事として受け継がれてきました。

かつては数え年で祝われていましたが、最近は満年齢の誕生日か、あるいはその前後の休日など、親族が集まりやすい日を選んで行なわれることが多いようです。また、今の六〇歳はまだまだ現役で活躍中の人も多く、七〇歳の古稀《こき》から祝う場合が増えているようです。

◆賀寿の名称と由来

※年齢は数え年

還暦（61歳）	昔の暦では、通常知られる十二支（干支《えと》）と、十干《じっかん》と組み合わせた十干十二支があり、この組み合わせが60年で一巡するため、61年目に生まれた年と同じ「暦」に「還る」ことを還暦と言う。新しい生まれ変わりとして祝うもので、赤ちゃんに戻るという意味で「赤いちゃんちゃんこ」や「赤いずきん」を贈る風習が生まれたとされる。十干とは「甲（きのえ）」「乙(きのと)」「丙(ひのえ)」「丁(ひのと)」「戊(つちのえ)」「己(つちのと)」「庚(かのえ)」「辛（かのと)」「壬(みずのえ)」「癸(みずのと)」の総称
古稀《こき》（70歳）	中国の詩人・杜甫《とほ》の詩の一節にある「人生七十、古来稀ナリ」に由来し、昔は元気で70歳を迎えることは稀だった
喜寿《きじゅ》（77歳）	「喜」という字を草書体で書くと、七を重ねた「㐂」という字になることから
傘寿《さんじゅ》（80歳）	傘の略字は「仐」と書き、八十と読めるところから
米寿《べいじゅ》（88歳）	「米」の字を分解すると、八と十と八になることから。日本は昔から農耕文化を中心としており、「米」という字への思いも強く、盛大にお祝いする地域も多い
卒寿《そつじゅ》（90歳）	「卒」の略字は「卆」と書き、九十と読めることから
白寿《はくじゅ》（99歳）	百の字から一を引くと「白」になることから
百寿《ひやくじゅ》（100歳）	「百賀《ももが》の祝い」と言い、これ以後は、毎年祝う

主な年祝いの名称といわれは、上の表のようになっています。また、祝宴の形式や開催日などは本人の意向や希望を尊重し、楽しくお祝いできるようにしましょう。

〈年祝いの贈り方〉

ご祝儀を持参すれば祝宴に列席することがお祝いになるので、特に贈り物の必要はありませんが、記念に残るものを差し上げることもよいでしょう。還暦の場合は赤い色のもの、傘寿なら傘といったように名称にちなんだ品物を選ぶ方法もありますが、相手の趣味や嗜好を考慮して喜ばれるものを贈る方がよいでしょう。

お金を贈る場合は金銀か紅白蝶結びの水引をかけた祝儀袋に、表書きは「祝還暦」「祝賀寿」などとします。お祝いをもらった時のお返しは、「内祝」とします。

お祝いの言葉を述べる際は、「死」「病」「衰える」「倒れる」「滅びる」「枯れる」「朽ちる」などといった〝忌み言葉〟を使わないように注意しましょう。

POINT

人は、誕生してから死ぬまでの間にさまざまな節目を迎えます。通過儀礼は、そうした人生の節目を、家族や親族、親しい人たちと共に分かち合うしきたりです。昔に比べて人付き合いが希薄になり、また儀式が簡略化される傾向にある昨今ですが、これらを通じて命の尊さや成長の喜び、先祖とのつながりなどを感じるとともに、深い愛情で結ばれた互いの絆を確認することもできるのです。

出産祝い

◆出産祝いを贈る時期

昔は「お七夜」の日に出産祝いを持参したものですが、最近は病院で出産するケースが多く、産婦の疲れが取れる退院二〜三週間後頃に持参するか、自宅に配送するのが一般的です。生後一カ月後にするお宮参りの頃に出産祝いのお返しをするので、それまでに贈るようにし、あまり遅くならない方がよいでしょう。

出産直後は親しい人を除き、病院に直接お祝いに行くのは避けた方がよいと言われていましたが、最近では、慣れない育児で大変な退院後より、病院に来てもらう方がよい、という考え方もあるようです。どちらにしても、必ず事前に本人か家族に状況を確認し、了解を得てから伺うのがマナーです。特に、身内以外の男性や小さな子ども連れでの訪問には配慮が必要です。また、新生児にはむやみに触らないようにしましょう。

すぐに行けない場合は、お祝いのカードを送るなど、気持ちを伝えると喜ばれます。また、遅れて出産を知った場合は、お祝いの気持ちを添えて、遅れてお祝いを贈っても失礼ではありません。

◆出産祝いの贈り物

ベビー服やベビー用品に人気がありますが、新生児用の産着《うぶぎ》や育児用品は出産前に揃えている場合が多いようです。衣類を贈るならば六カ月から一年後くらいに着られるものを選ぶとよいでしょう。両親の趣味や方針に合わないもの、お祝いの品が重ならないようにするために、あらかじめ希望を聞いてから贈り物を選んでも失礼ではありません。

品物には掛け紙をかけます。表書きは「御祝」「御出産祝」などとし、水引は紅白の蝶結びです。

◆出産祝いの相場〈参考〉

送り先	20代	30代	40代	50代
兄弟・姉妹	1万～2万円	1万～2万円	3万円程度	3万円程度
親戚	5千～1万円	7千～1万円	1万～1万5千円	2万～3万円
友人・知人	5千～1万円	5千～1万円	5千～1万円	5千～1万円
隣・近所	3千円程度	3千円程度	5千～1万円	7千～1万円

配送をしてもらう場合も、品物にカードや手紙を添えるか、送り状を郵送するとお祝いの気持ちが伝わります。

◆出産祝いをいただいたら

出産祝いをいただいたら、お宮参りの前後に記念の品物などを贈ります。これを「内祝」と言います。

内祝とは、身内で行なう祝い事や、それに伴って記念品を贈ることです。本来なら持参してお礼を言うのが礼儀ですが、慣れない育児で忙しい時期なので、最近は配送にするケースが多いようです。お返しの品はタオルやハンカチなどの実用品や、写真立てなどの記念品を相手に合わせて選びます。予算は、いただいたお祝いの半額程度で、相手との関係を考慮して決めます。表書きは「内祝」とし、赤ちゃんの名前を入れた掛け紙をかけます。

郵送する場合は、品物に礼状を付けるか、別送で送るようにしましょう。礼状には、お祝いに対する感謝に加え、赤ちゃんの様子を書き添えたり、写真を同封してもよいでしょう。

七五三のお祝い

◆七五三の由来

七五三は、子どもの健やかな成長を祈る昔からのいくつかのしきたりが融合したものです。男の子は三歳と五歳、女の子は三歳と七歳の、一一月一五日に氏神様に参詣します。昔は数え年で行なうのが一般的でしたが、最近は満年齢で行なうことも多く、また、参詣の日も、その前後の休日が多いようです。

三歳の祝いの由来は、それまで切ったり剃ったりしていた髪を伸ばして結い直す「髪置《かみお》きの儀」と言われています。五歳は、初めて袴をつける「袴着《はかまぎ》の儀」が、七歳はそれまでつけていた着物の紐《ひも》をはずして、初めて本式の帯を締める「帯解《おびと》きの儀」に由来すると言われます。

昔は子どもの死亡率が高かったため、七歳までは神の子を授かっていると考え、節目の年齢を無事に迎えられたことを喜ぶとともに、健やかな成長を願う儀式だったのです。

七五三が一一月一五日に決められたのは江戸時代になってからで、この日は陰陽道において鬼がいない日とされ、神社に参拝する吉日だからとか、徳川五代将軍綱吉がこの日に病弱だった息子徳松の健康を祈ったから、などと言われています。

◆七五三の衣装

昔ながらの七五三の衣装は、三歳はお宮参りの祝い着に、男児は袖なしの羽織《はおり》、女児は袖なし衿つきの被布《ひふ》を着て髪飾りをつけます。五歳の男児は、紋付羽織に仙台平《せんだいひら》の袴、白足袋、白い鼻緒《はなお》の雪駄《せった》、白い扇子に守り刀を身につけます。七歳の女児は、本裁ちにした友禅の着物にかかえ帯、しごきをして筥《はこ》迫《せこ》を胸に、帯の間に扇子、ぽっくりか草履、手には袋物を持ちます。

◆七五三の衣装

昨今は洋装で神社に参詣するケースも多く、特に決まりがあるわけではありませんが、〝ハレ〟の日を迎えるにふさわしい「晴れ着」で祝いたいものです。また、子どもが正装する場合は両親も正装し、格のバランスを取りましょう。

◆お祝いのしきたり

本来は氏神様に詣でるべきですが、有名な神社などに参拝しても問題はありません。お祓いを受け、祝詞《のりと》をあげてもらう時は、事前に社務所に申し込み、「初穂料《はつほりょう》」「玉串料《たまぐしりょう》」などと表書きしたお礼を祝儀袋に包みます。参拝だけですませる場合は、普通の参拝と同じく、二拝（礼）二拍手一拝（礼）でお参りします。

神社への参拝がすんだら、お祝いをいただいたお宅にお礼に伺うのが昔からのならわしでしたが、現在は祖父母など親しい人を招いて会食をし、それをお返しの代わりとすることが多いようです。また、赤飯や千歳飴《ちとせあめ》を内祝として近所に配る習慣のある地方もあります。遠方の人へは、七五三の時に撮影した写真などを添え、一一月中に子どもの名前で「内祝」の品物を贈ります。

七五三は内々の祝い事なので本来は親戚などが中心ですが、親しい友人などの子どもで、どうしてもお祝いがしたい場合は、相手に負担を感じさせない程度の簡単な贈り物にする方がよいでしょう。

入園・入学祝い

幼稚園や保育園への入園、小、中、高校への入学は、子どもが新しい社会生活を始める大切な節目なので、成長を祝います。

ただし、お祝いを贈るのは祖父母や親戚など、ごく親しい間柄に限られます。

◆お祝いの品にふさわしいもの

お祝いの品物は、学用品や知育玩具、本、時計などが一般的で、贈り物が重複しないように前もって希望を聞いてから贈るのもよいでしょう。また、ギフト券や現金などは使い勝手がよく、喜ばれるようです。

少子化の影響もあって祖父母は高額なプレゼントを贈りたがるようですが、親の意向も聞いた上で子どもが欲しがるものを選びましょう。

また、入学時のランドセルや文房具などは、学校で指定されているものがあるかどうか確認してからにしましょう。

卒業と入学が重なる場合は「進学祝い」とするのが一般的で、特に希望していた学校に合格したという場合であれば、「祝合格」や「合格御祝」などとした方が喜びも増します。

相手が一番喜んでいることを考えてお祝いをするのがよいでしょう。

◆入園・入学祝いの相場〈参考〉

	親類	知人・友人
幼稚園・保育園	3千～1万円	2千～1万円
小学校	5千～2万円	3千～1万円
中学校	5千～2万円	3千～1万円
高校	1万～2万円	5千～1万円
大学・短大	1万～2万円	1万～2万円

◆お返しの仕方

基本的には身内のお祝いなので、特にお返しをする必要はありませんが、できれば本人から直接、お礼を言わせるようにしましょう。

状況によってお返しをした方がよいと思われる場合は、「内祝」と表書きし、子どもの名前でいただいたお祝いの三分の一から半額程度の品を贈ります。

◆学校行事での服装のマナー

入園・入学式の服装は気持ちが引き締まるように子どもであってもフォーマルな装いがいいでしょう。男子はスーツやブレザー、女子はアンサンブルやブレザーなどで、色は紺やグレーなどの落ち着いたものが一般的です。制服が定められている時は制服を着用します。

付き添いの親は、父親はダークスーツ、母親はワンピースかスーツ、和装なら一つ紋つきの色無地や訪問着などがよいでしょう。落ち着いた雰囲気で、品格のある装いを心がけ、化粧やアクセサリーは控えめにします。

POINT

少子化の昨今、入園・入学は、両親や祖父母にとって大きな喜びです。しかし、子どもにとっては、こうした節目は集団生活に馴染み、社会性を身につける自立へのステップだということを理解し、それにふさわしい祝い方をすることが大切でしょう。

その他のお祝い事

◆新築祝い

新築の行事として「地鎮祭《じちんさい》」「上棟式《じょうとうしき》」「新築披露」があります。地鎮祭は着工時に土地の神様を鎮めるために、地域の神主にお祓いをしてもらいます。地鎮祭では神主に「御神饌料《ごしんせんりょう》」を渡し、終わった後に神主や工事関係者などの参列者に軽食を振る舞うのが一般的です。

「上棟式（建前・棟上げ）」は、家の土台ができ、柱や梁《はり》を組んで屋根を上げる時に、工事の無事を神に感謝するとともに、家屋が長持ちすることを祈り、現場で棟梁《とうりょう》を中心に簡単な宴会を行ないます。今では宴会は簡略にし、「御祝儀」として現金を包んで渡すことが多いようです。

新築披露は、家が完成した後に親しい人を招くことで、招かれた人は新築祝いを贈ります。できれば新築披露までに届くように贈るのがマナーですが、他の人が贈った品物と重ならないように相手の希望を聞いたり、新居を見てから贈ることもあります。

贈る品は、昔は重箱や食器などがよいとされていましたが、最近では商品券や現金の方が喜ばれます。灰皿やランプ、キャンドルといった〝火〟を連想させるような物は贈らないようにしましょう。お返しは必要ありません。新築披露に招き、家を見てもらって、飲食をしてもてなすのがお返しとなります。また、新築披露に招かれていない時は、新築祝いを贈る必要はありません。

◆新築祝いの相場〈参考〉

相手	金額の目安	お返し
親	1万～5万円	新居に招くか、いただいた額の3分の1から半額程度の品を贈る
親類	1万～5万円	
兄弟・姉妹	1万～5万円	
友人・知人	5千～2万円	
勤務先等	5千～3万円	
隣・近所	5千～1万円	

建築主は、新築の際にご近所への挨拶も欠かさないようにします。地鎮祭の前後に菓子折りなどを持参して、挨拶回りをします。

◆開店・開業祝い

開店・開業の披露パーティに招かれたら、まずお祝いの品を贈ります。先方の希望を聞いて店や事業所の雰囲気に合ったものを贈ると喜ばれます。観葉植物や掛け時計、パーティの時に利用できるお酒類やビール券、お祝い金（「御祝儀」「御祝」などと表書きする）などもよいでしょう。

新築祝いと同様、〝火〟を連想させる品物は基本的に避けるのがマナーです。ただし本人が希望する場合は別です。

パーティに出席できない時は、電話や祝電でお祝いの気持ちを伝え、当日はメッセージをそえた花束などを贈るとよいでしょう。訪問は、後日改めてしますす。

パーティの時期は、開店・開業の前日が一般的ですが、一週間以内ならオープン後でもかまわないでしょう。これまでお世話になった人や関係者などを招待し、店内や事務所に軽食や飲み物を用意します。引き出物として記念品を渡すこともあります。

◆成人・就職祝い

成人式のお祝いでは、祖父母や親戚を招いて宴席を設けるといいでしょう。お祝いは、成人式に着ていくスーツや振り袖などを両親や親族が贈ることが一般的です。

成人式も就職祝いも、基本的には身内で祝うものなのでお返しは不要です。ただし本人から直接、お礼を言ったり、礼状を書いたりしましょう。

◆結婚記念日

結婚記念日は、夫婦で食事をしたり、旅行したり、ちょっとしたプレゼントを交換するものですが、特に銀婚式（結婚二五年目）や金婚式（五〇年目）は、子どもや孫が中心になって祝うのが一般的です。身内や親しい友人・知人を招いて祝宴を催したり、記念品を贈るのがいいでしょう。基本的にはお返しは不要ですが、会場を借りた盛大なパーティを開いてもらった時などは、内祝を返すこともあります。

◆昇進・栄転・退職祝い

公私共にお世話になっている上司や、親しい同僚などの昇進・栄転・退職祝いなどは個人的に行ない、会食の席を設けたり、お祝いの品を贈ります。

同僚や上司の昇進祝いなどは、昇進しなかった同期の人の気持ちなどに配慮し、慎重に行ないましょう。主に仕事以外の面でお世話になった上司の場合は社外で渡すなど、公私の区別をつけましょう。贈り物は、本人の年齢や役職などを考え、お酒などの嗜好品、趣味の品などがいいでしょう。

定年退職の場合は、〃お別れ〃というよりは〃励まし〃の意味を込めた明るい宴席を設けるようにしたいものです。中途退職の場合は、送別というよりも、新しい門出を祝う気持ちが大切です。仮にさまざまな事情で退職する場合でも、今後につながる前向きな言葉で送り出すのが相手に対する配慮です。

POINT

祝い事は相手との関係によって対応が異なります。おめでたいことだからといって、誰にでもお祝いをすればよいというものではありません。お祝いをすることが相手の負担になることもあるので、日頃のお付き合いの程度から判断し、適切な対応をすることが大切です。

マナー・プロトコール検定試験 出題例

マナー・プロトコール検定過去問題　２級

通過儀礼と贈答について、不適切なものを2つ選びなさい。

1）七五三のお祝いは、男子は3歳と5歳、女子は3歳と7歳に神社に参詣するのがならわしである。

2）年祝いの中でも、特に農村部で盛大に祝われることが多いのは「米寿」である。

3）本厄（大厄）にあたる年齢は、数え年で男性42歳、女性33歳である。

4）出産祝いのお返しの表書きは「内祝」とし、両親の名前で贈る。

5）卒寿は90歳のお祝いで、その由来は人生を卒業できるほどの経験を積んだという意味である。

マナー・プロトコール検定過去問題　３級

以下の文で適切なものには○、不適切なものには×を□に書きなさい。

□　①日本で慶事に奇数が好まれるのは、中国から伝わった「陰陽道」の影響である。

□　②出産祝いでは、お祝いの品物が重なるのを避けるために、あらかじめ両親の希望を聞いてから贈り物を差し上げても失礼ではない。

□　③「お食い初め」は、子どもが一生食べ物に困らないようにとの願いを込めて、生後100日前後に行なう。

□　④「地鎮祭」は、家を新築する際、着工前に工事の無事を祈願して僧侶に読経をしてもらう行事である。

□　⑤銀婚式は結婚20年目のお祝いである。

□　⑥かつての日本では数え年で年齢を数えていたので、誕生日を祝う風習はなかった。

【正解】2級：4、5　3級：①○　②○　③○　④×　⑤×　⑥○

◆第8章◆

「婚」のしきたり

Global Standard Manners

婚約・結納

◆結婚の変遷

現在は一部の地域を除き、一夫一婦制が世界の主流になっていますが、結婚の形態は時代によっても異なっていました。例えば太古の時代は、強い男性が何人もの妻を持つことができる一夫多妻の時代で、一方、女性もより強い男性が現れればそちらへ移るというように、婚姻関係は流動的だったのです。

当時は、結婚というものが〝生きる術《すべ》〟であったからで、男性側からすれば、子孫繁栄のために多くの女性に子どもを産ませる必要があり、また、女性からすれば、強い男性の庇護《ひご》の下で、衣食住を満たす必要があったからでしょう。

その後、キリスト教が一夫一婦制を唱え、この考え方がキリスト教の伝道とともに世界中に広がりました。加えて、紛争が絶えないヨーロッパでは、紛争解決の手段として同盟国が王族の結婚によって結びつきを強化したり、敵国同士の不可侵条約の人質として政略結婚が盛んに行なわれるなど貴族階級では結婚に自由意思のない状態が長く続きました。

日本でも同じような状況で、結婚は親が決めるもので、上流階級でも庶民であっても、自由に相手を選べるわけではありませんでした。そこには、身分制度や階級意識、年長者の意見を尊重する儒教思想が影響しています。

本人の自由意思を尊重した婚姻が主流になるのは、西洋では一九世紀以降で、「人権」の意識が芽生え、「市民」が力を持ち始めてからです。また、日本では第二次世界大戦後、「婚姻は、両性の合意のみに基づいて成立」と定めた日本国憲法が発布されてからなので、歴史的には日が浅いと言っても過言ではないでしょう。

◆婚約とは

お見合い結婚でも恋愛結婚でも、二人が結婚に同意すれば、婚約が成立します。婚約には特に法的な決まりはなく、結婚の意思を固めた当人同士による口約束だけで成立し、文書を交わす必要もありません。ただし、特別な決まりがないからこそ、きちんと形式に則ることが大切であるとも言えます。

婚約を成立させるための方法としては、以下のようなものがあります。

・婚約記念品を交換する
・婚約通知状を知人などに出す
・婚約式・婚約披露パーティなどを開く
・「結納」を交わす（納める）

婚約記念品としては、女性には指輪、男性には時計などが一般的です。女性に贈られる婚約指輪は、ダイヤモンドや真珠、誕生石をあしらったものが多いようです。

◆結納とは

婚約の意思確認として一般的に行なわれるのは「結納」です。『日本書紀』には、履中《りちゅう》天皇が皇太子の時、妃に迎えようとする女性に「納采《のうさい》」を行なったという記述があり、これが結納の起源と言われ、結婚に際し女性に品物を贈ったことが想像できます。贈り物の基本は酒と肴《さかな》で、両家が集まって共に飲食することで、婚姻関係が成立したようです。

「納采」が変化して「結納」が中心になるのは、妻となる女性の家へ男性が通う「通い婚」から、現在のような「嫁入り婚」が広まった武家社会になってからです。結納の品も男性から女性へ一方的に贈られるのではなく、両家が贈り合うようになりますが、女性への贈り物が華やかで先に届けられるのは、「納采」の時代の名残でしょう。

①結納の取り交わし方

一般には、結納の日に結婚の日取りを正式に決定すれば婚約が成立したとみなされます。以前は仲人《なこうど》が両家を往復して結納の品を納めていましたが、最近では簡略化され、どちらかの自宅やホテルなどに関係者が集まって会食をし、目録《もくろく》を交換するのが一般的なようです。

関東では結納を「交わす」というように往復型で、男女双方で同品目の結納品を用意し、男性からは結納金（帯料《おびりょう》）を、女性からはその半額（袴料《はかまりょう》）を同じ日に交換します。

関西では「納める」と言い、片道型の結納が昔からの慣習で、主に男性が結納品を贈り、女性が後日袴料を男性に納めるか、全く納めないこともあります。

②結納品のしきたり

双方で取り交わす結納品は、品物、品数、並べ方にいたるまで、地方によってしきたりが違います。男女双方でしきたりが違う時は、女性側が男性側に合わせることが多いようですが、結納品を結婚式まで飾っておく女性側の事情も考慮しつつ、両家で相談して決めましょう。

結納品は、結婚式場や百貨店などで購入でき、値段も一万円程度から数十万円までさまざまです。両家で同じ価格帯のものにするか、女性側がワンランク落とすのが一般的です。

最近は結納の簡略化で七品目が多いようですが、以下に九品目の縁起物の意味を簡単に解説します。

- 目録……結納品の品目や数を記したもの
- 長熨斗《ながのし》……「熨斗」は本来、海産物の中でも貴重なあわびを叩いて薄く伸ばしたもの。長寿の願いが込められている
- 金包《きんぽう》……結納金を包んだもので、男性からは「御帯料」、女性からは「御袴料」と書いて同日交換するのが一般的
- 末広《すえひろ》……純白の扇子で、「純白無垢」であることと、「末広がり」の形のめでたさを表す
- 友志良賀《ともしらが》……白い麻糸の束で、「ともに白髪になるまで仲睦まじく」という意味がある
- 子生婦《こんぶ》……繁殖力の強い昆布にあやかり「子宝に

◆結納の品々（7品の例）

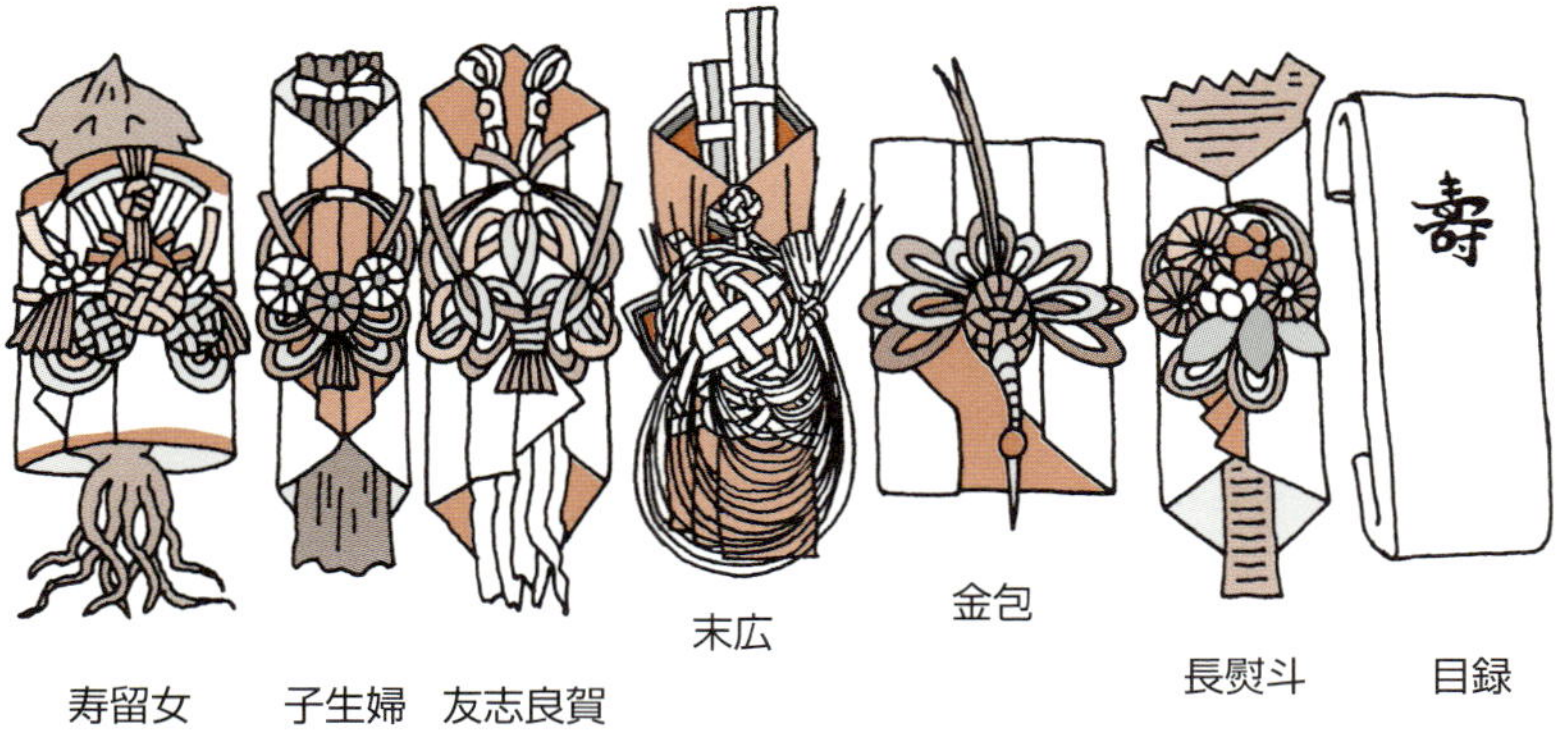

恵まれる」という意味と、「よろこぶ」の語呂合わせ

・寿留女《するめ》……「幾久しい」という意味があり、女性を象徴している

・松魚節《かつおぶし》……「勝男武士」とも書き、男性の強さを象徴したもの

・家内喜多留《やなぎだる》……福が多いことを願った祝い酒。昔は酒樽だったが、今では「樽料」と書いた現金を包む

③結納品の目録と受書

結納品の受け渡しには、目録と受書を付けますが、セットで売られている結納品には、すでに印刷されたものが入っていることが多いようです。

結納金の場合、目録の一行目には「御帯料壱封」（女性は「御袴料壱封」）などと書き、金額は目録には書き入れず、金包に記すようにします。続いて贈る結納品の品名と数を書きます。最後に日付、氏名、相手の氏名を書き入れます。

受書には受け取った品、日付、氏名、相手の氏名を書き入れます。最近では、事前に打ち合わせをして受書を記入しておき、当日は中を改めずに渡すのが一般的です。

結婚式場や百貨店などで結納品を購入した際には、代筆してくれることがありますので、依頼してもよいでしょう。

POINT

婚姻の形態やしきたりは時代によって変化してきましたが、結婚が、人生のパートナーを得て、新たな生活をスタートさせる重要な通過儀礼であることに変わりはありません。結納は、二人が結婚の意思を固め、両人と両家が集う最初の儀式であり、しきたりが簡略化されたとしても、その意義は重みのあるものです。

◆両家顔合わせ

結納の後に両家の顔合わせを兼ねた食事会をするのが一般的です。また、最近は結納品の取り交わしはせずに、食事会だけで済ませることも多くなっています。

通常、格式の高いレストランや和食店、ホテルなどで行ないますが、両家の交通の便を考えて場所を選びます。食事の費用は両家で折半するのが一般的ですが、一方が遠方から訪れる場合などでは、もう一方が食事代を負担するなど、バランスをとってもよいでしょう。

親族となる相手と初めて会う機会なので第一印象に留意し、両家、両人とも服装は準礼装か略礼装で上品な装いにするとよいでしょう。

結婚式のマナー

◆挙式のスタイル

結婚式は、結婚をするための単なる儀式ではなく、親類、友人、知人などと喜びを分かち合う行事でもあります。「結婚は二人のもの」とは言っても、双方の両親や親戚、来賓、友人たちのことも尊重して、出席者全員が気持ちよく過ごせるようにしたいものです。最近では挙式のスタイルも多様化していますが、一般に以下のようなものがあります。

①神前結婚式

一九〇〇（明治三三）年、当時皇太子だった大正天皇の結婚式が、天照大神《あまてらすおおみかみ》を祀る宮中の賢所《かしこどころ》で行なわれたことによって国民の関心を高め、一般に普及するきっかけになりました。

神社などの神前にて祝詞奏上《のりとそうじょう》、三三九度《さんさんくど》、玉串《たまぐし》奉奠《ほうてん》、親族盃《しんぞくはい》の儀などが行われます。

②キリスト教式結婚式

賛美歌（聖歌）斉唱、聖書の朗読後、結婚の誓約が行なわれます。カトリック式とプロテスタント式など、宗派や教会によってもしきたりが異なります。プロテスタントは、結婚は二人の愛情によって成立し、神と多くの人から祝福されるべきものと考えられていますが、カトリックは神の定めによるものとし、厳粛な儀式が特徴です。カトリックの教会は原則として信者以外の結婚式を認めていないため、日本ではプロテスタント式で行なわれることが多いようです。結婚式場やホテルにあるチャペルで行なわれるケースも増えています。

③仏前結婚式

あまり一般的ではありませんが、最近では、その厳粛さがかえって新鮮に感じられるようです。一般には両家と同じ宗派の寺院や新郎の菩提寺で行われ、式次第に従って仏前に供えた数珠が新郎新婦に授与され、結婚を誓います。

④人前結婚式

参列者を証人として二人で用意した結婚を誓う文章を読み上げたり、皆の前で婚姻届に記入するなど、形式にとらわれない自分たちならではの個性的な式を挙げることができます。

⑤海外ウエディング

新婚旅行を兼ねて二人で海外に行って式を挙げる場合と、親族なども招待して行なう場合があります。

旅行会社が企画するツアーに申し込めば、事前の準備などを業者に任せられるので安心な反面、ツアーなのである程度の制約が生じます。個人的に現地で交渉すれば、好きな国の好きな教会で挙げられますが、現地の情報収集や交渉まですべて自分たちでしなくてはなりません。

どちらにしても、先に入籍していないと、教会で式を挙げることができない国が多く、特にヨーロッパやヨーロッパ領の南太平洋地域では婚姻届を出したことを証明する書類が必要です。日本の市町村役場で「婚姻届受理証明書」を発行してもらい、それを現地の公用語に翻訳します。

また、教会はあくまで信者のための宗教施設であり、国や教会によって慣習やしきたりが異なるので、現地の教会と綿密に打ち合わせをしましょう。

なお、海外ウエディングに招待された場合、原則として旅費などは参加者の自己負担なので、日程や費用の関係などで欠席しても失礼ではありません。新郎新婦がどうしても出席してほしい人には、早めに日程などを相談するとともに、費用を負担するなどの配慮をします。

◆結婚式・披露宴の準備

①会場

結婚式の日取りが決まったら、式場を選んで予約をします。ただ、人気の式場は大安吉日や土日は予約がいっぱいなことも多く、早めに下見に行くとよいでしょう。

教会や神社で挙式をし、披露宴会場が別の場合は、なるべく近くの場所がいいでしょう。披露宴会場は、出席予定人数よりも少し広めのところを選びます。

②招待客

家と家の結びつきを重視し、本人の友人よりも親の知人や取引先の人などを多く招いていた昔とは違い、今はあくまでも本人たちの交友関係を中心に招待客を決める傾向にあります。

招待客の人数は、両家の都合や状況で話し合って決めますが、ほぼ同数にするのが理想です。また、披露宴の雰囲気を考えると、友人中心か、親戚中心か、仕事関係の人も招くかなど、どのような範囲の人を招くかなども揃えるようにしたいものです。

媒酌人《ばいしゃくにん》や主賓がいる場合は、直接出向いて依頼するのがマナーですが、遠方の場合は郵送でもかまいません。必ず自筆《じひつ》で一言書き添えるようにしましょう。また、遠方の人の交通費や宿泊費は、挙式から列席してもらう媒酌人なら全額を、主賓や司会をお願いする人、ぜひ出席してもらいたい人などは、全額または一部を負担するのが一般的です。海外ウエディングで列席者が旅費などを負担する場合は、あらかじめお祝いを辞退しておくなどの配慮をしましょう。

POINT

結婚式と披露宴は別の意味を持ちます。結婚式は二人の結婚の意思を確認し、婚姻関係をスタートさせる儀式で、参列者は一般に両家の親族が中心となります。披露宴は、結婚を祝い、親族や友人・知人に披露するためのしきたりで、本人や両家が主催者となり友人・知人を招いて行なわれます。それぞれの意義を認識し、二人の門出にふさわしく、思い出深いものになるようにしたいものです。

服装のルール

◆新郎・新婦

新婦の衣装は、教会で挙式する時はウエディングドレス、神前式なら白無垢や打ち掛けが一般的です。新郎は、新婦に服装を合わせて教会ならモーニングコートやテールコート、神式なら五つ紋付きの羽織に袴となります。挙式と披露宴を同日に行なうなら、それぞれ洋装、和装でお色直しをすることもあります。

①洋装の場合

現在のような白のウエディングドレスが広まったのは、西洋でも最近のことです。ドレスに限らず、小物まですべて白で統一するのが一般的です。神の前で肌を露出することは古今東西のタブーなので、挙式は胸や肩、腕を隠した衣装にします。特にルールに厳しい教会では、肌を露出した衣装では挙式を断られることがあります。

◆洋装　◆和装

新郎は、昼はモーニングコート、夜はテールコートかタキシードが本来の服装ですが、最近は昼夜を問わずタキシードが主流のようです。いずれも黒が正式ですが、日本では白やシルバーなどの色も使われ、デザインも個性的になってきました。

②和装の場合

挙式の白無垢は、ウエディングドレス同様、打ち掛けから帯、下着まですべて白で統一します。頭には、角隠しか綿帽子をかぶります。

色打ち掛けは、挙式にも披露宴にもふさわしく、鶴や亀、末広などのおめでたい柄をあしらった華やかなものです。挙式には角隠しをし、披露宴で外します。披露宴が夕方なら、緞子縮緬《どんすちりめん》などの光沢のある布地に金銀の刺繍をあしらった豪華なものを選びましょう。ちなみに、昭和三〇年代頃までは黒地の大振袖で、打ち掛けのように裾をひく花嫁衣装が人気だったようなので、和装の流行も変わるようです。

◆親族の服装

親族は、和装・洋装どちらでもかまいませんが、両親や祖父母は、新郎新婦や媒酌人と格を揃えます。具体的には、女性は洋装ならイブニングドレス、和装なら五つ紋付きの留袖で、帯は格調高い袋帯《ふくろおび》、半襟、帯揚げは白、帯締めは白または金銀の組み紐が適当です。男性は昼ならモーニングコート、夜はテールコートかタキシードですが、ブラックスーツで代用してもいいでしょう。

姉は既婚なら留袖、兄は父親に準じますが、年が若い場合はブラックスーツでも問題ありません。妹は、新婦よりも控えめに一歩下がったおしゃれを心がけましょう。弟は社会人ならブラックスーツが適当です。子どもの場合は、学校や幼稚園の制服がフォーマルになります。叔父やいとこは、ブラックスーツでもかまいません。

◆招待客の服装

披露宴の主役はあくまでも新郎新婦であり、招待客の女性が花嫁よりも華美な装いをするのはマナー違反です。花嫁の色である白やオフホワイト、不幸を連想させる黒ずくめの服も不適切です。また、列席者の年齢層も職業も幅が広い披露宴では、誰からも好感を持たれるような装いにすることが肝心。あらかじめ、友人同士で相談するとよいでしょう。

洋装の場合は、女性なら無地のワンピースやスーツが基本で、昼は肌の露出の少ないもの、夕方からは華やかなドレスにするのが通例です。特に挙式にも参列する場合は、必ず肌を露出しない装いにします。アクセサリー類は、昼は光るものや派手なものは控え、夜は逆に光沢のあるものがいいでしょう。

室内では帽子を取るのがマナーですが、洋服とセットになった、つばのない礼装用帽子はそのままでもかまいません。手袋は乾杯をする前に外して、バッグと一緒に椅子や膝の上に置き、テーブルの上に置かないようにします。

和装の場合は、未婚女性なら振袖、既婚女性は色留袖や訪問着にします。未婚でも三〇代になれば既婚女性の服装で問題ありません。

また、招待状に「平服でお越しください」と書かれていたら、女性はワンピースやスーツ、男性はダークスーツに光沢のあるネクタイなどが無難です。「平服」は普段着のことではないので、少しおしゃれな外出着といった雰囲気を出すとよいでしょう。

POINT

挙式のスタイルや花嫁衣装は時代によって流行があり、変化してきました。宗教儀式に基づく挙式の場合は、本人も参列者もその場にふさわしい服装を着用しましょう。新郎の婚礼衣装は、新婦の衣装に合わせるのが一般的です。

また、披露宴は、二人にとって人生最大の祝宴であり、参列者は二人の門出を祝う気持ちを、フォーマルな装いで表すのがマナーです。

招待客のマナー

◆招待状を受け取ったら

招待状を受け取ったら、できるだけ三日以内に、遅くとも一週間以内には出欠の返事をしましょう。必ず同封されている返信用のハガキを使い、電話やメールで返事をすますのはマナー違反です。

すぐに出欠が決められない時は、欠席にしておく方が無難ですが、出席したい気持ちがあるなら先方にその旨を伝え、相談しましょう。欠席の返事を出す場合は、相手の気持ちを考えて少し遅めにします。また、簡単でよいので欠席の理由も書き添えます。

結婚式の日が身内の不幸と重なった時は、両親や子どもなら四十九日か三十五日の忌明けまで、祖父母、兄弟姉妹なら初七日までは出席を控えます。法要の場合は〝忌み事〟とは考えないので、主催者でなければ披露宴に出席してもかまいません。

◆招待状の返事の書き方

【裏書き】

◎出席の場合

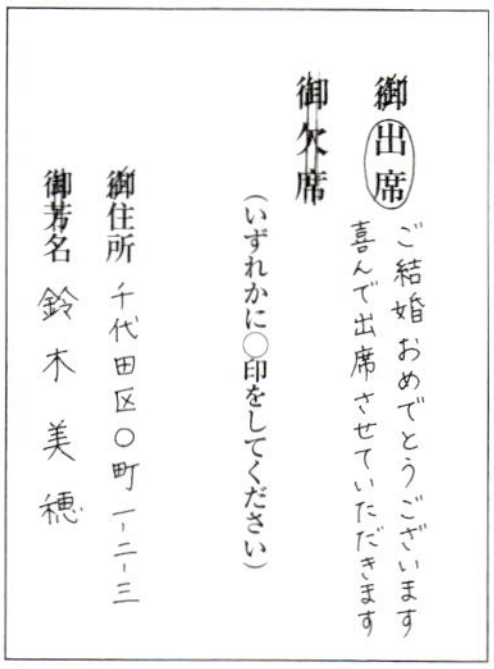

◎欠席の場合

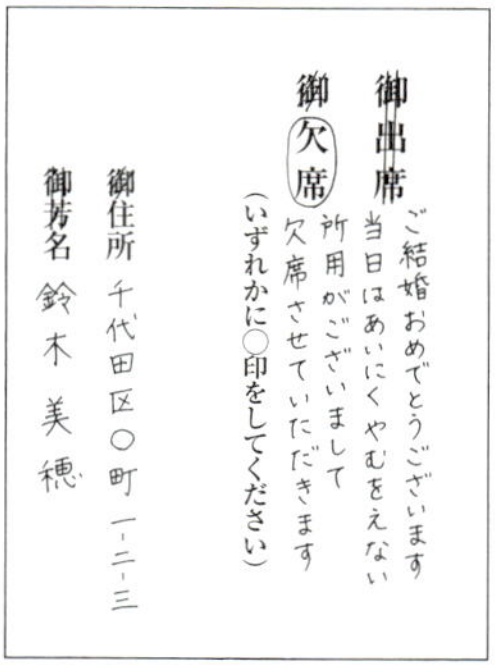

【表書き】

「御出席」の「出席」の部分を丸で囲み、「御」の部分と「御欠席」は二重線で消します。欠席の場合はこの逆です。「御住所」の「御」、「御芳名」の「御芳」も忘れずに消し、余白には必ずお祝いの言葉を書き添えましょう。また、表書きの「行」を、忘れずに「様」に変えます。

◆受付でのマナー

披露宴が始まる三〇分前には会場に到着し、開宴一五分前までに受付を済ませましょう。受付に行く前にコートや手荷物をクロークに預け、化粧室で身だしなみを整えておくのがマナーです。

受付の人は新郎新婦の代理なので、親しい友人であってもあまり話しかけないようにします。「本日はおめでとうございます」としきたり通りにお祝いの言葉を述べ、新郎新婦のどちらから招待されたかを告げ、招待へのお礼を述べて必ず自分で芳名帳に記帳します。夫婦で出席する場合は夫が姓名を、その横に妻が名前を書きます。

遅れていくのは失礼ですが、やむを得ない理由であらかじめ遅刻することがわかっている場合は、招待者に断って出入り口に近い席を取ってもらい、入場時には目立たないよう静かに入り、同じテーブルの人に一礼して着席します。

お祝いの仕方は、正式には品物や現金は事前に本人の自宅に配送したり、持参するものですが、お祝い金（ご祝儀）であれば当日、会場に持って行ってもかまいません。

ご祝儀は、ちりやほこりにまみれない〝清い状態〟で差し上げるために、袱紗《ふくさ》に包みます。受付の前で袱紗をほどき、名前を正面に向けて受付の人に手渡します。お祝いの品物は、どんなに小さくても当日会場に持参するのはマナー違反です。

◆会場でのマナー

控え室では、新郎新婦の親族に「おめでとうございます。本日はお招きいただきましてありがとうございます」と挨拶し、初対面の場合は簡単に自己紹介をします。新郎新婦への挨拶は、お祝いの言葉を述べたら、他の招待客に配慮してすぐに辞退するようにしましょう。控え室で桜湯を出されたら、口をつける程度にし、中の桜は茶碗の中に残しておいてもかまいません。

◆袱紗の包み方（祝儀袋）

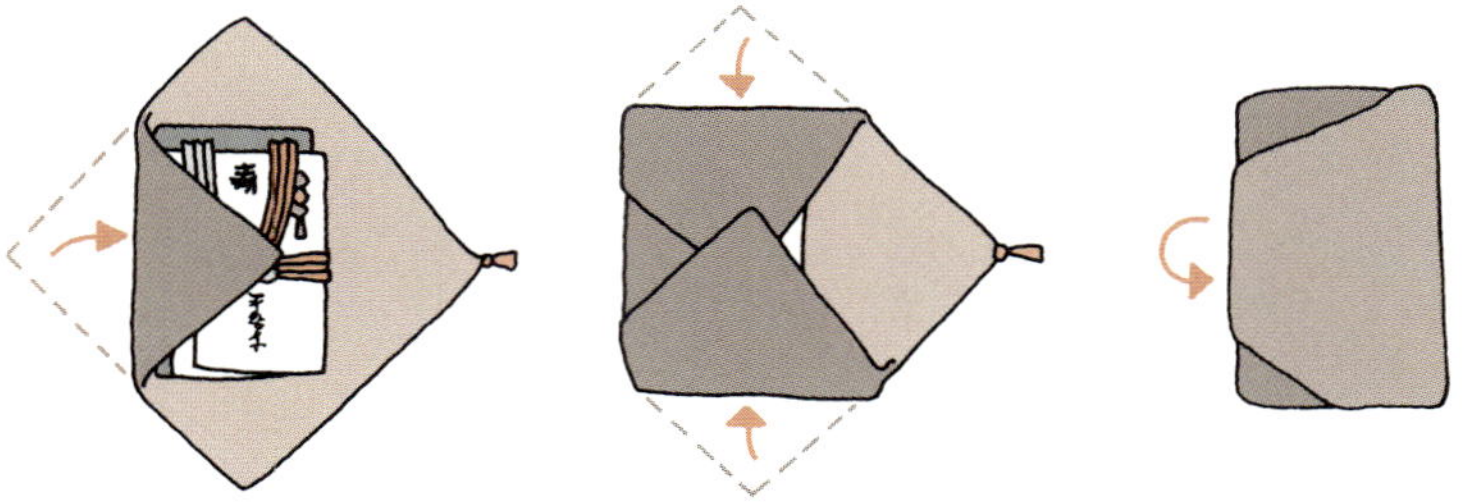

①袱紗は角を上にして中央に祝儀袋を置き、まず左を折る。

②〝福〟を受け止めるために上を折ってから下を重ねる。

③最後に、陰陽の〝陽〟にあたる右から重ねて裏で止める。

※不祝儀の場合はこの逆で、「右」「下」「上」「左」となります。

◆結婚祝いの相場〈参考〉

送り先	夫婦	夫のみ	妻のみ	20代	30代	40代	50代以上
同僚	—	3万円	3万円	2万円	3万円	3万円	3万円
部下	5万円	3万円	3万円	2万円	2万円	3万円	3万円
兄弟・姉妹	10万円	—	—	5万円	10万円	10万円	—
おい・めい	10万円	5万円	3万円	—	3万円	5万円	10万円
いとこ	5万円	3万円	3万円	3万円	3万円	5万円	—
友人・知人	5万円	3万円	3万円	2万円	2万円	3万円	3万円
友人・知人の家族	—	5万円	—	—	—	3万円	5万円

会場に入ったら指定の席に着きます。着席の際は原則として椅子の左側から座ります。バッグは椅子の背と体の間か膝の上に置きます。同じテーブルの人とは自己紹介などをし、なごやかに歓談することを心がけましょう。

スピーチ中は飲食を避け、スピーチに耳を傾けましょう。司会者が「召し上がりながらどうぞ」と言った場合でも、せめて同じテーブルの人がスピーチをしている時はきちんと聞きたいものです。スピーチの初めと終わりには拍手を忘れずにしましょう。

披露宴の最中に中座するのは

マナー違反ですが、やむを得ない場合はスピーチ中を避け、食事の合間や歓談中、あるいはお色直しの時などに静かに席を立ち、周囲の人に軽く会釈をしながら会場を出ます。中座の合図として、ナプキンは椅子の上に置きます。

披露宴が終わったら、同じテーブルの人たちと挨拶を交わしてから席を立ち、会場の出口で招待客を見送る新郎新婦や両親、媒酌人などに、招待へのお礼や披露宴の感想などを述べて辞去します。披露宴会場への入退室は、原則として招待客の上位者や年長者を優先させます。

◆出席できない場合

招待状をいただいたのに事情があって欠席する場合は、祝電を送るとお祝いの気持ちが相手に伝わるでしょう。

祝電の宛名は新郎新婦の連名か、お付き合いのある一方の人に宛てて送ります。その際、姓は旧姓とするか、名前だけでもよいでしょう。披露宴の前日に会場に届くよう手配します。

ご祝儀やお祝いの品物を贈る場合は、欠席の返信ハガキを出した後に、あらためてメッセージを添えて自宅に着くように手配します。その場合の相場は、披露宴に参列する場合の半額程度でよいでしょう。

◆結婚式を挙げずない場合

結婚式を挙げずに入籍だけをするケースも増えています。相手との関係にもよりますが、結婚の報告を受けた時点でお祝いの気持ちがあれば、ご祝儀かお祝いの品物を送るとよいでしょう。ご祝儀は、相手の負担にならない程度の額がよいでしょう。

POINT

二人の門出を祝う披露宴の席では、新郎新婦の知人・友人として恥ずかしくないような言動が求められます。言葉遣いや立ち居振る舞いを丁寧にするのはもちろんのこと、お祝いの席だからといって新郎新婦にお酒をすすめすぎたりしないようにしましょう。また、お祝いのスピーチや余興も、その場の雰囲気を壊さないよう、披露宴にふさわしいものにしましょう。

マナー・プロトコール検定試験 出題例

マナー・プロトコール検定過去問題　２級

結婚披露宴における招待客のマナーについて、適切なものを2つ選びなさい。

1）同じテーブルの人がスピーチをしている時は、飲食を控えて話に耳を傾ける。
2）コートや手荷物は受付に行く前にクロークに預ける。
3）小さな品物であれば結婚祝いを会場に持参して、控室で新郎新婦に渡してもよい。
4）夫婦で参列する場合、受付の芳名帳にはどちらか一方が夫婦の名前を記帳する。
5）招待状に「平服でお越しください」と書かれている場合はカジュアルなパーティなので、普段着に近い服装で参列するとよい。

マナー・プロトコール検定過去問題　３級

以下の文で適切なものには○、不適切なものには×を□に書きなさい。

□　①平安時代の貴族社会では、妻となる女性の家に男性が通うのが一般的な夫婦の形態であった。
□　②日本で婚姻に本人の自由意思が尊重されるようになったのは、第二次世界大戦後である。
□　③披露宴の招待状を受け取ったら、早く出欠を伝えるため電話やメールで返事をするとよい。
□　④披露宴の控え室で桜湯が出されたら、飲み干す必要はなく口をつける程度でよい。
□　⑤結納のしきたりは、明治天皇が皇太子の時に「納采《のうさい》の儀」を行なったことが報じられたことで、庶民にも広がった。
□　⑥祖母の七回忌法要と友人の結婚式の日が重なったが、時間の都合がついたので両方出席した。

【正解】2級：1、2　3級：①○　②○　③×　④○　⑤×　⑥○

◆第9章◆

「葬」のしきたり

Global Standard Manners

「葬」の基本知識

◆「葬送儀礼」の昔と今

「葬送儀礼」のしきたりは臨終を迎え、葬儀、服《ふく》喪《も》、法要、墓参りなどの一連の通過儀礼をさします。仏式の葬儀は通夜から始まり、葬儀・告別式を経て、出棺、火葬へと続くのが一般的です。

かつて、葬儀を行なうのは貴族や僧侶、武士といった身分の高い人に限られ、庶民は念仏を唱える程度でした。しかし江戸時代に入り、幕府の宗教政策によってすべての人が菩提寺《ぼだいじ》を持つようになると、庶民の間でも簡素ながらも葬儀が行なわれるようになりました。

明治時代になると、墓地に埋葬するために財力のある商人たちは競って派手な「葬列《そうれつ》」を組むようになり、それに対応する専門の業者が現れました。しかし、市街地での火葬や埋葬が禁じられるようになったことと、大正時代に霊柩車《れいきゅうしゃ》が出現したことで、都市部における葬儀の形式は、「葬列」から「告別式」へと変わり、葬儀には豪華な祭壇を飾るようになりました。

今のように葬儀業者が葬具《そうぐ》を貸し出したり、葬儀全体を取り仕切るようになったのは数十年前からのことです。また、都市化、核家族化などによって、地域の共同体意識も薄れ、自宅で葬儀を執り行なうよりも、斎場で行なわれることが増えてきました。

葬儀には、仏式、神式、キリスト教式、無宗教式などがありますが、それぞれにしきたりは異なります。また、最近は個人を偲ぶことに重点が置かれた家族葬や、宗教色を排した「お別れの会」なども増えつつあります。また、散骨や生前葬などの新しい形の葬儀も生まれていますが、現在でも仏式が一般的です。

葬儀は通夜の翌日に行なう「葬儀式」と「告別

式」をさします。葬儀式は宗教儀式で、仏式なら僧侶の読経、キリスト教なら神父や牧師のミサを伴います。「告別式」は焼香や献花をして故人とお別れをする儀式なので、無宗教による葬儀は告別式のみを行なうことになります。神式の場合は、「神葬《しんそう》祭《さい》」と「葬場祭《そうじょうさい》（告別式）」に分かれます。

どのような形式で葬儀を行なうかは、故人の信仰や信条、遺志を尊重して決めましょう。

◆弔問の作法

近親者などの訃報に接したら、故人の自宅かご遺体が安置されている所にすぐに弔問に駆けつけます。弔問の際、香典は持参しません。死因や亡くなった状況について遺族に尋ねたり、悲しみを募らせるような言動は控えます。故人との対面は遺族にすすめられた場合だけにし、自分から申し出るのは失礼です。

遠方などの事情で弔問や通夜・葬儀に参列できない近親者は、お悔やみの手紙に香典を同封し現金書留で送るのが一般的です。

遠い親族や知人などの場合は、弔問はせずに案内を待って、通夜、葬儀・告別式に参列するのがマナーです。

◆供物《くもつ》・供花

供物・供花などは、地域の習慣や故人の宗旨に合わせます。遺族に確認をとって、葬儀業者に手配するのが一般的です。

供花は、親族、故人の子どもや勤務先などが用意します。供物の種類は、フルーツや菓子の籠盛りなどがあります。

遺族が供物、供花、香典を辞退される場合は、何も持たずに通夜や葬儀・告別式に参列し、記帳だけすればよいでしょう。

◆仏式の葬儀・告別式

①通夜

亡くなったその夜に営まれる「通夜」は、近親者や知人・友人が集まり、本来は夜を徹して故人の霊を見守る儀式でした。しかし最近は、午後六〜七時頃に始まり、僧侶の読経とともに二〜三時間で終える「半通夜」が一般的です。ただし、線香と灯明《とうみょう》の火は夜通し絶やさないように親族が見守ります。

通夜では、故人との別れを惜しみ、最後の飲食を共にする「通夜振る舞い」が喪主より参列者に用意されます。かつては殺生《せっしょう》を嫌って精進料理が主でしたが、最近はこだわらないようです。

通夜の服装に関しても最近は変化が見られます。以前は、あらかじめ通夜の準備をしていたような印象を与えるので、喪服は避けるのがマナーとされていましたが、最近は通夜までに時間がある場合も多く、喪服を着用することも多いようです。ダークスーツなどの黒っぽい地味な服装で男性はネクタイを女性はストッキングを黒にします。

通夜の会場では、遺族席を除き、一般の弔問客は先着順に座ってもかまいません。弔問客が多く混み合っているような場合は、あまり遠慮しすぎないようにします。ただし、自分より年長者が多い時は、なるべく後方に控えます。

通夜の儀式は、僧侶の読経、遺族の焼香、一般の弔問客の焼香の順に進みます。自分の番が来たら次の人に軽く会釈をして進み、僧侶と遺族に一礼してから、遺影に敬意を示し、焼香します。

弔問客の焼香が終わり、僧侶が控え室に戻ると、喪主による挨拶が行なわれます。通夜振る舞いが用意されている場合は固辞をせずに席に着き、ひと口でも箸をつけるのがマナーですが、親族以外は長居をしないようにします。

②葬儀

葬儀は故人の成仏を祈る儀式で、通常は通夜の翌日に行なわれます。葬儀では、僧侶の読経や念仏で

◆焼香の仕方（立礼の場合）

①遺族、僧侶、祭壇に一礼し、数珠を左手にかけて合掌する。

②親指、人差し指、中指で抹香をつまみ、目の高さに掲げる（浄土真宗はそのまま香炉に落とす）。

③香炉に静かに抹香を落とした後、祭壇に向かって合掌する。祭壇の方を向いたまま二、三歩下がり、遺族に一礼する。

故人の成仏を祈り、故人の友人や親族などが弔辞を述べ、弔電などが読み上げられます。読経には、死の苦しみや迷いから死者を悟りの世界へ導く「引導」を渡すという意味があり、葬儀のもっとも重要な宗教儀式です。

③告別式

故人と生前かかわりの深かった人たちが最後の別れをする儀式で、かつては葬儀式が終わって僧侶がいったん引き上げた後に、あらためて入堂してから、行なわれていましたが、最近では区切らずに行われています。

④焼香の仕方

お別れの儀式として重要な「焼香」は、宗派によって回数や作法などが異なります。「線香」と、粉末状になった「抹香《まっこう》」を使う場合があり、抹香も祭壇に出て行なう場合と「香炉《こうろ》」が回ってくる場合などさまざまです。

〈抹香を使う場合〉

(1)遺族、僧侶に一礼をした後、祭壇の遺影に向かってゆっくり一礼し、数珠を左手にかけて合掌する

(2)右手の親指、人差し指、中指の三本でつまんだ抹香を目の高さくらいまで掲げた後、左手をそえて香炉の上に持っていき、静かに落とす（浄土真宗では目の高さにせず、そのまま香炉に落とす）

(3)祭壇や遺影に向かって心を込めて合掌し、僧侶、遺族に一礼する

「回し焼香」は席に座ったままで焼香をします。香炉が回ってきたら軽く会釈し、(2)を行なった後、祭壇に向かって合掌し、香炉を両手で持って次の人へと回します。

〈線香を使う場合〉

(1)線香を右手で一本だけ取り、ローソクの火を移して、火をつける

(2)火は吹き消さず、線香を左手に持ち替えて、右手であおいで消し、香炉にそっと立てる

◆神式の葬儀・告別式

神式では葬儀のことを「神葬祭」と呼びます。本来は夜に行なわれるものですが、最近は簡略化されて昼に行なわれるのが一般的です。神葬祭は、死の穢《けが》れを清め、霊をなぐさめ、先祖の神々とともに守護神としてたてまつるための儀式で、神社ではなく、自宅か斎場を借りて行ないます。

受付か玄関前に「手水《てみず》」を取る水とひしゃくを用意し、参列者は席に着く前に手水で手と口を清めます。ひしゃくで汲んだ水を三回に分け、まず左手、次に右手にそそぎ、最後に左手に受けた水で口をすすぎ、残った水でひしゃくの柄を洗い流します。すすいだ手や口元はハンカチなどで拭きます。

神葬祭が始まったら、神主がまずお祓いをし、次に仏式の読経にあたる「祭詞《さいし》（故人の経歴・業績を述べる祝詞）」を奏上します。最後には弔辞、弔電が披露されます。

仏式における焼香にあたるのが「玉串奉奠」で

◆玉串奉奠の仕方

①右手で根元を上から持ち、左手を下から添えて玉串を受け取る。

②「案」の前へ進み出て玉串の根元が自分の正面に向くように90度回す。

③さらに180度回して根元を左手に持ち替える。

④玉串を置き、二拝（礼）の後、しのび手で二拍手し、一拝（礼）する。

す。榊の枝に「四手《しで》（紙垂）」と呼ばれる白い紙片をつけた玉串を、斎主（神主）、喪主、遺族、近親者、一般参列者の順に捧げ、拝礼します。

〈玉串奉奠の手順〉

(1)順番が来たら前へ進み、遺族、斎主に一礼し、右手で根元の方を上から持ち、左手は葉の下から添えるように、神官から玉串を受け取る

(2)「案《あん》」と呼ばれる玉串を置く台の前に進み、時計回りに九〇度回して玉串の根元が自分の正面に向くように持つ

(3)時計回りにゆっくり一八〇度回して根元を左手に持ち替え、根元を祭壇に向ける

(4)案に玉串を置き、遺影に二拝（礼）の後、しのび手（音を出さない拍手）で二拍手し、最後に深く一拝（礼）する。終わったら遺族と斎主に一礼をして戻る

◆キリスト教式の葬儀

キリスト教式の葬儀は、カトリックやプロテスタントなど宗派によって式次第《しきしだい》に違いがありますが、どちらも教会堂で行なわれます。

会葬者は先に着席して遺族の入場を待つのが一般的で、最前列は喪主、遺族、葬儀委員長や弔辞の朗読者が、二〜三列目までは親族の席となり、その後ろに一般の会葬者が座ります。

式次第や葬儀で歌われる賛美歌などはプログラムに印刷されて参列者に配られ、司会者が式を進行します。

カトリックでは、柩《ひつぎ》が教会に着き、祭壇に安置するまでの「入堂式」と「ミサ聖祭」「赦禱式《しゃとうしき》」の大きく三つに分かれ、神父が故人の罪の許しを請い、永遠の安息が得られることを祈るミサ聖祭が葬儀の中心です。一方のプロテスタントは、人は死ぬことにより天に召され、神に仕えるものとされ、牧師による聖書の朗読と祈りが中心となります。

献花は、仏式の焼香にあたる儀式ですが、日本独自のもので西洋ではそのしきたりはありません。一般的には以下の手順で行ないます。

〈献花の手順〉

(1)祭壇の前へ進み遺族に一礼し、花が右にくるように両手で花を受け取り、胸の高さまで掲げ、祭壇に向かって一礼する

(2)献花台の前で時計回りにゆっくり花を回転させ、茎を祭壇に向けて献花台に置く

(3)黙祷し、二、三歩下がってから遺族、神父・牧師に一礼して戻る

◆葬儀・告別式でのマナー

①服装

〈女性の場合〉

一般参列者は、和装では小紋などに黒帯をしめる略喪服で、草履とバッグも黒にします。洋装ではブラックフォーマルや黒のワンピース、ブラウスとス

◆献花の仕方

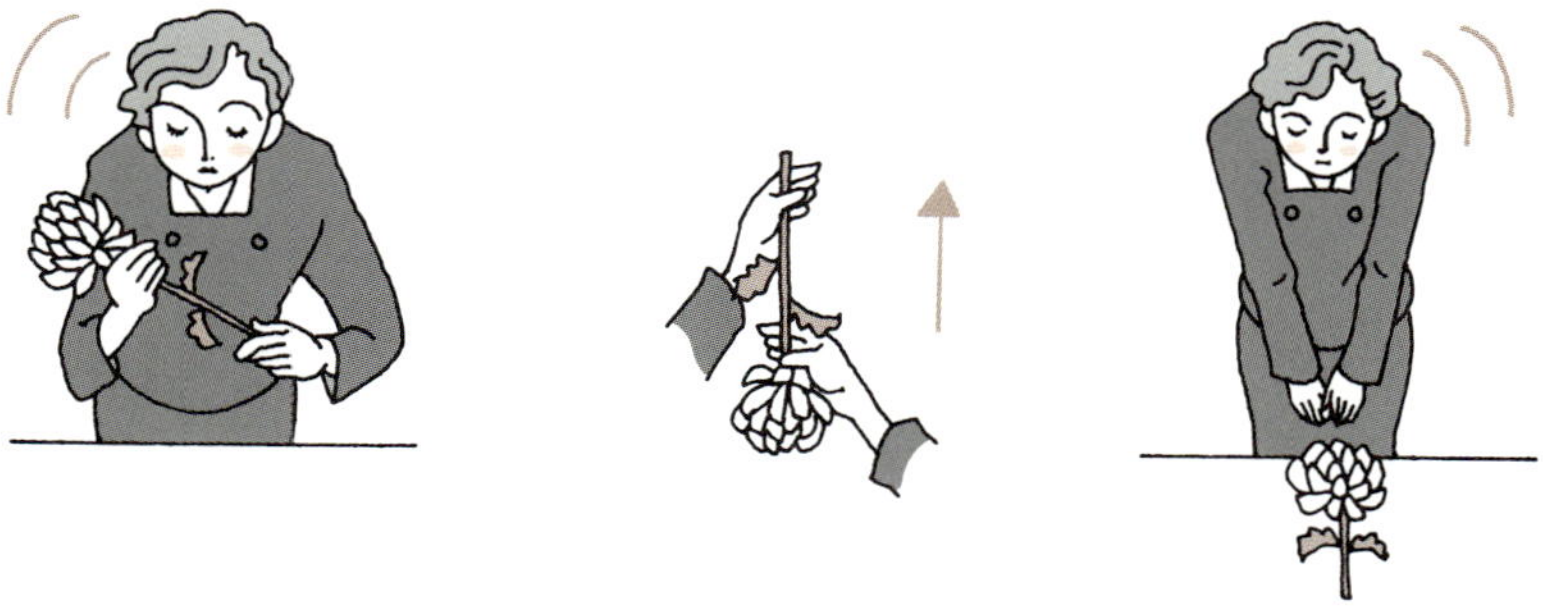

①花が右にくるよう両手で受け取り、祭壇に一礼する。

②花を時計回りに回して献花台に置く。

③黙祷し、2、3歩下がってから遺族、神父・牧師に一礼する。

カートの組み合わせを着用します。通夜や、ホテルなどで行なわれる「お別れの会」では、グレーなどの地味な色のスーツやワンピースなどにします。ストッキングは黒で、コートやバッグも黒や地味な色のものにしましょう。

ロングヘアの人はすっきりとまとめ、髪飾りは避けた方が無難ですが、つけるなら黒にします。化粧は控えめにし、香水はつけないのがマナーです。アクセサリーは原則として結婚指輪以外は外します。パールは許されていますが、控えめな印象を心がけ、ネックレスなら一重のものにします。四十九日までの法要も同じです。

〈男性の場合〉

男性は、通夜・葬儀とも、遺族や近親者でも喪服であるブラックスーツが一般的になっています。ワイシャツは無地の白で、ネクタイ、靴下、靴は黒で統一します。ネクタイピンやカフスボタンは控えます。通夜では一般参列者は、濃紺・ダークグレーなどの無地か、地味めのストライプなどの地味なダークスーツでもいいでしょう。

②受付

葬儀は厳粛な宗教儀式です。必ず開始前に会場に到着し、着席してゆっくり故人を偲ぶことができるよう、時間の余裕を見ておきましょう。

受付では係の人に「このたびはご愁傷様です」と簡単に弔意を述べ、香典を袱紗から出して差し出し、芳名帳に住所と名前を記帳します。すでに通夜に参列して香典を供えている場合は記帳だけにし、「お参りさせていただきます」と述べて式場に入ればよいでしょう。受付がない場合は焼香の際に祭壇に香典を供えます。中に入ったら、特に席の指示がなければ控えめな席に着くとよいでしょう。

葬儀・告別式に参列したら出棺を見届けるのがマナーです。やむを得ず辞去しなければならない場合は末席に着き、焼香が終わったら目立たないように退席します。その後、受付に挨拶してから帰るようにしましょう。

香典を入れる不祝儀袋の表書きは宗教・宗派によって異なります。仏式は「御香典」や、浄土真宗の葬儀をのぞき、「御霊前」は宗派に関係なく使えます。浄土真宗では通夜から「御仏前」とします。神式は「玉串料」「御霊前」です。キリスト教式では「御花料」と表書きをします。仏式、神式では水引をかけますが、結び切り（あわび結び）とします（93ページ参照）。

③出棺時のマナー

告別式が終わったら、喪主の挨拶の後に出棺とな

COLUMN

喪章をつければ喪服になる？

葬儀では、遺族や葬儀委員長などの来賓が喪章をつけます。一般的には、遺族や世話役がつける「腕章型」と葬儀委員長などの来賓がつける「リボン型」があります。社葬の場合は、社員が腕章をつけることもあります。

一般の弔問客が普段のスーツ姿に喪章をつけて、喪服代わりにしているのをたまに見かけますが、これは大きな間違いです。

◆「葬」の服装の基本

◎女性（和装）

黒無地の五つ紋がもっとも格が高く、半衿と足袋が白い以外は草履もバッグも黒で。

◎女性（洋装）

黒のフォーマルなワンピースかスーツに、ストッキングと靴、バッグも黒で。夏でも長袖で、襟元の詰まったものを。

◎男性（和装）

黒羽二重の五つ紋の着物に羽織、袴。慶事と違い、襦袢、羽織、鼻緒の色も黒となります。

◎男性（洋装）

黒のモーニングコートかブラックスーツ。白いワイシャツ以外はネクタイ、靴、靴下とも黒で。カフス、ネクタイピン、ポケットチーフは控えるのがマナー。

ります。特別な事情がない限り、最後まで見送りましょう。柩が運び出されたら、コートやショール類は脱いで腕に掛け、霊柩車が動きだしたら合掌し、祈りながらゆっくり頭を下げて見送ります。

④葬儀・告別式の後

霊柩車が走り去ったら帰ってもかまいませんが、故人を偲ぶ気持ちを最後まで忘れず、帰りを急いだりしないようにしましょう。故人の噂話や死因にまつわる話題なども避けましょう。

参列者に渡される「清めの塩」は、神道の考えから死の穢れを清めるもので、自宅の門または玄関に入る前に、自分でふりかけるか、家族に体にかけてもらいましょう。ただし、死を穢れと考えない仏式やキリスト教式の葬儀では必要ありません。

葬儀が一段落したら、形見分けをいただくことがあります。事前に打診があったら、なるべく好意を受け取りましょう。ただ、無理に受け取って、後で捨てたり人にあげたりすればかえって遺族を傷つけることにもなるので、「思い出すと悲しいので……」と丁重に断ってもかまいません。

⑤香典返し

香典は、本来、霊前に供えるものなので、お返しをしなければならないものではありませんが、「忌《き》明《あ》け」の挨拶状と共に香典返しの品物を送るのが一般的です。

香典返しを贈る時期は、仏式では三十五日か四十九日法要の後に、神式では三十日祭か五十日祭の頃です。キリスト教には「忌明け」の習慣がないため、一カ月後の昇天記念日や記念式の日に、故人を偲ぶ品物を贈ることが多いようです。

香典返しの目安は、いただいた香典の額の半額から三分の一程度です。香典の額に応じて変える場合もあれば、一律に同じ物を贈ることもあります。弔電をいただいた方への香典返しは必要なく、礼状を出します。故人の意思で、香典を寄付した場合は、忌明けに送る挨拶状に寄付先などを書きそえ、香典返しはしません。

香典返しを受け取った人は、特にお礼の必要はありませんが、受け取ったことを相手に連絡するために遺族を労う手紙を書きましょう。親しい間柄であれば、電話でもかまいません。

POINT

葬儀・告別式では故人の死を悼み、敬意を捧げると共に、遺族には哀悼の意が伝わるような控えめで慎み深い言動や服装が求められます。

◆密葬・家族葬の場合

近年増えている密葬や家族葬の場合、訃報の連絡がなければ参列は控えます。故人に最後の挨拶をしたい気持ちがあっても遺族の意向に配慮し、参列を申し出ることは控えた方がよいでしょう。供物や供花を断っている場合もあるので、事前に葬儀業者か斎場に確認してから手配します。

◆法要のしきたり

①仏式の法要

死者の冥福を祈り、その霊を慰めるために行なう儀式が法要（法事）です。仏教では故人が亡くなってから四十九日までを「中陰」または「中有《ちゅうう》」と言います。この間は生と死の間の期間と言われ、遺族が一所懸命供養すれば故人は成仏し、極楽浄土に行けるというものです。

法要の中でも死亡した日から七日目に行なわれる「初七日法要」と、「四十九日（七七日）法要」が重要です。最近は火葬場に僧侶が同行し、火葬直後の遺骨迎えの儀式とあわせて「初七日」を行なうケースが一般的です。

「四十九日」は「満中陰法要《まんちゅういんほうよう》」とも言い、遺族、近親者、友人、知人を招き、僧侶の読経の後、忌明けの宴（精進落とし）を催します。あわせて納骨を行なうことも多く、四十九日が終わると忌明けの挨拶状や香典返しを送ります。

◆仏式の法要

法要名	死後	供養法
初七日《しょなぬ(の)か》	7日目	近親者、友人、知人を招く。僧侶に読経を依頼する。
二七日《ふたなぬ(の)か》	14日目	遺族のみ。簡略化され僧侶を招かないことが多い。
三七日《みなぬ(の)か》	21日目	〃
四七日《よなぬ(の)か》	28日目	〃
五七日《いつなぬ(の)か》(さんじゅうごにち)	35日目	僧侶を招き、この日を忌明けとする宗派もある。
六七日《むなぬ(の)か》	42日目	遺族のみ。簡略化され僧侶を招かないことが多い。
七七日《なななぬ(の)か》(しじゅうくにち)	49日目	近親者や知人も招き、一般的にはこの日までに納骨する。香典返しや、僧侶を招いて法要をする場合が多い（満中陰法要で、この日が忌明け）。
新《にい》盆《ぼん》		この１年間に亡くなった仏の供養。
百ケ日《ひゃっかにち》	100日目	近親者や知人を招くが、遺族のみの場合も多い。
一周忌《いっしゅうき》	満1年目	お寺や自宅に近親者や知人を招き、法要後に会食する。
三回忌	満2年目*	〃
七回忌	満6年目	僧侶のほか、特に関係の深かった人を招くが、招く人はしぼっていく。
十三回忌	満12年目	〃
十七回忌	満16年目	〃
二十三回忌	満22年目	〃
二十七回忌	満26年目	〃
三十三回忌	満32年目	一般には最後の法要とされる。
五十回忌	満49年目	
百回忌	満99年目	

（初七日～七七日）7日目ごとに7回の忌日

＊三回忌以降は死亡した年も入れて数える

②「月忌法要」と「年忌法要」

「月忌《がっき》」とは、〝月命日〟のことで、毎月、故人の亡くなった日と同じ日に故人の好物などを墓や仏壇に供えて家族で供養します。故人が亡くなった日と同月同日の命日は「祥月命日《しょうつきめいにち》」と言い、年忌《ねんき》法要を行ないます。

死後満一年の命日は「一周忌」、一周忌の翌年つまり死後満二年目に「三回忌」を行ないます。その後は、七回忌、十三回忌、十七回忌、二十三回忌、二十七回忌、三十三回忌、五十回忌と続きますが、三十三回忌までで終わりにするのが一般的です。

③法要の服装・供物料

遺族は、通常一周忌までは喪服

を着用し、それ以降は地味であれば平服でもかまいませんが、参列者よりも簡略な服装にならないように注意します。

法要に招かれた参列者は、一周忌までは告別式と同様に喪服か黒色のスーツを着用し、それ以降は地味な平服でもかまいません。

線香や果物、菓子などの供物を持参するか、その代わりに供物料を現金で持参します。表書きは「御仏前」か「御供物料」とします。一般的に香典の半額程度が目安ですが、会食のもてなしもあるので、それに見合う額を直接遺族に差し出します。

◆神式の霊祭

神式では「霊祭」という儀式が、仏式の法要にあたります。葬儀の翌日の「翌日祭」に続き、亡くなった日から五〇日目までは一〇日ごとに「十日祭」が行なわれます。「五十日祭」が仏式の四十九日にあたる忌明けとされ、その後は「百日祭」「一年祭」「三年祭」「五年祭」などと続き、「十年祭」から「五十年祭」までは一〇年ごとに行ないます。

参列者の服装などは、基本的に仏式と同じですが、焼香の代わりに玉串奉奠をしますので、供物料の表書きは「玉串料」「御供」とします。

◆キリスト教式の追悼ミサ・記念式

カトリックでは、仏式の法要にあたる儀式として「追悼ミサ」があります。死亡した日から三日目、七日目、三〇日目、一年目などに教会で行ないます。

また、プロテスタントでは、死後一週間か一〇日目、一カ月目の昇天記念日に、自宅か教会で「記念式」を行ないます。

服装などは仏式と同じですが、供物についてはカトリック、プロテスタントともに花を供えるだけなので、現金を包む必要はありません。ただし、食事のもてなしがある時は、「御花料」として持参します。

マナー・プロトコール検定試験 出題例

マナー・プロトコール検定過去問題　２級

通夜・葬儀について、不適切なものを2つ選びなさい。

1）　通夜に参列した際に香典を供えていれば、葬儀・告別式では記帳し、「お参りさせていただきます」と述べて会場に入ればよい。

2）　庶民の間で葬儀が行なわれるようになったのは江戸時代に入ってからである。

3）　「通夜振る舞い」は故人と最後の飲食を共にするしきたりなので、誘われたら席に着き、ひと口でも箸をつける。

4）　焼香の際、線香に残った火は祭壇から顔をそむけて息で吹き消す。

5）　神式の葬儀は神社で行なうのが一般的である。

マナー・プロトコール検定過去問題　３級

以下の文で適切なものには○、不適切なものには×を□に書きなさい。

□　①神式の葬儀では、参列者は用意された「手《て》水《みず》」で手と口を清める。

□　②一般に「お別れの会」とは、キリスト教式の告別式のことを指す。

□　③忌明けに香典をいただいた方へお返しの品物を贈ることを「形見分け」という。

□　④キリスト教式の葬儀で献花をする際は、花を手前に、茎を祭壇に向けて置く。

□　⑤仏式の法要にあたる儀式をカトリックでは「追悼ミサ」という。

□　⑥仏式の法要で一周忌までの間で特に重要とされるのは「初七日」と「四十九日」である。

【正解】2級：4、5　3級：①○　②×　③×　④○　⑤○　⑥○

◆第10章◆

「祭」のしきたり

Global Standard Manners

一月の行事

◆正月

「正月」は中国から伝わった言葉です。昔の人は、新しい年は農耕神である歳神様《としがみさま》がつれてくるものと信じていました。したがって、一年の始まりである「正月」は、新しい歳神様を祀り、五穀豊穣《ごこくほうじょう》や家内安全を祈るものでした。正月の中でも一月一日を「元日」、その日の朝を「元旦」「歳旦《さいたん》」と呼びます。

宮中では、平安時代から正月の重要な儀式として「元日節会《がんじつせちえ》」が開かれ、現在も形式を変えて受け継がれています。また、江戸時代までは日暮れが新しい一日の始まりと考えていたため、「除夜の鐘」は大晦日ではなく、元旦にかかる行事でした。

正月は日本人にとって重要な儀式だったので、おせち料理、鏡餅、雑煮など多くの伝統的なしきたりが今も残っています。しかし最近は、核家族化の影響などもあり、正月行事も簡略化の傾向にありますが、季節感を大切にする日本特有の生活文化として後世に伝えていきたいものです。

①門松、しめ飾り

歳神様は松の木を目印にやって来ると考えられ、門松は歳神様を迎えるために門に飾られるものです。最近は略式のものが増えていますが、三本の竹を松で囲むのが正式で、門や玄関に向かって左側に雄松《おまつ》、右側に雌松《めまつ》を飾ります（松葉が細く短い方が雌松）。

「しめ縄」は神社や神棚などに張り巡らせるもので、そこが神聖な場所であることを示しています。このしめ縄に、うらじろ（シダの仲間）、ゆずり葉、橙《だいだい》などをあしらって「しめ飾り」にします。家に災いをもたらす悪霊や不浄を絶つ願いを込めて、玄関の戸口の上に飾ります。しめ飾りの略式のものに「輪飾り」があり、門にかけたり、台所やト

◆おせち料理の一例

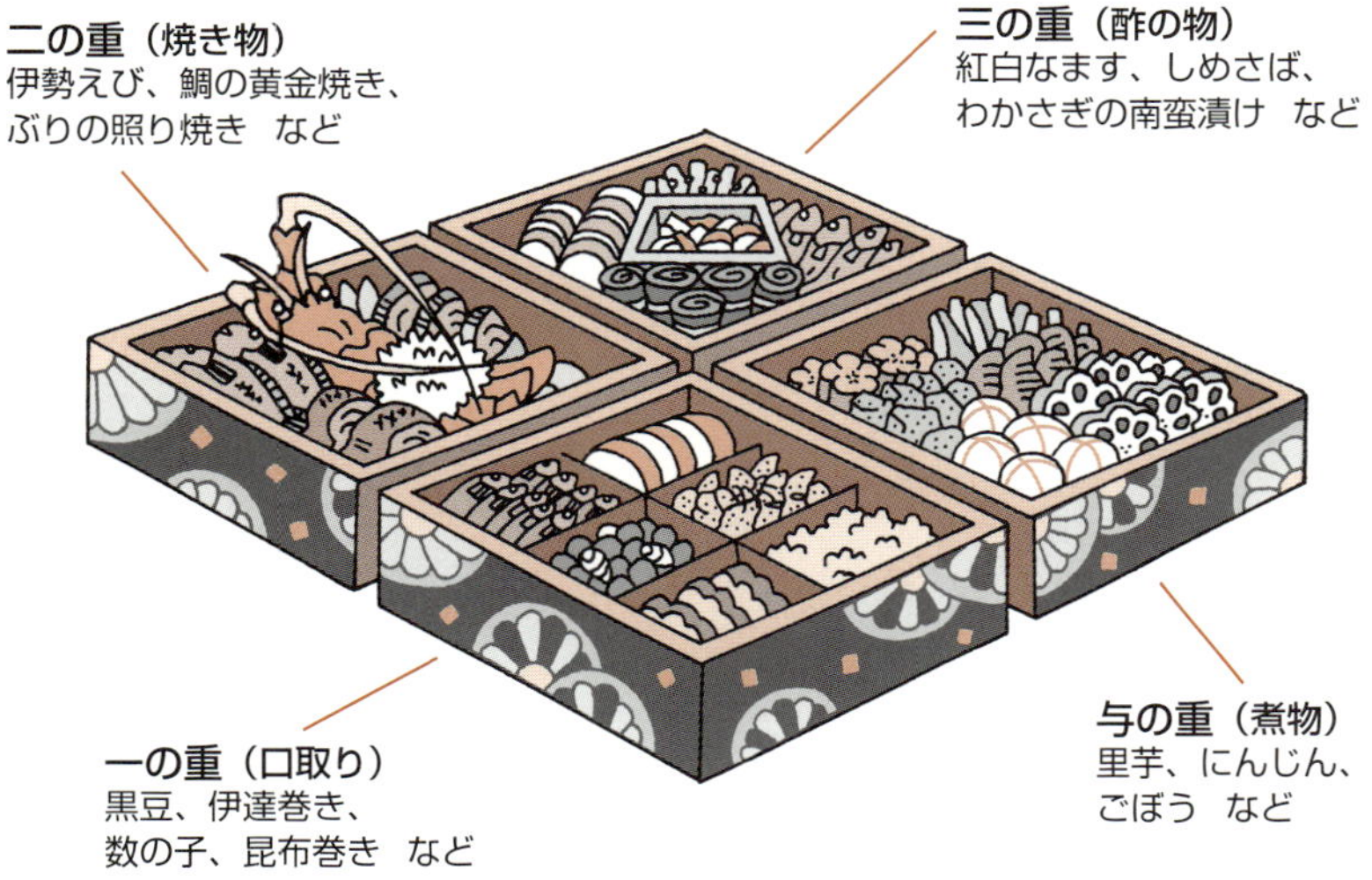

イレなど火や水を使う場所、勝手口などに飾ります。

門松やしめ飾りは、一二月二八日までに飾ります。二九日は「苦立て」、三一日は「一夜飾り」と言って、これらの日に飾るのは昔から縁起が悪いとされています。

②おせち料理

「節供（のちに節句）料理」とは、本来、季節の変わり目である節日《せちび》に、神様にお供えする料理（供《く》御《ご》）のことでした。それが次第に、年中行事の中でも最も盛大に祝われる正月に振る舞われる料理だけを「おせち」と呼ぶようになり、今日に受け継がれています。

現在のような形になったのは、江戸時代の後半と言われています。料理の内容は地方によってさまざまですが、本来は四段重ねのお重に、品数が奇数になるように詰めるのが正式です。

一品一品は語呂を合わせた縁起物で作られ、次のような意味が込められています。

・黒豆……一年の邪気を祓い、「まめ（健康）に暮らす」「まめまめしく働く」という意味
・数の子……多くの卵を産むニシンにあやかって、子孫繁栄を願う
・田作り（ごまめ）……昔、田んぼの肥料だった小魚にちなんで、豊作を祈願する
・昆布巻……「よろこぶ」の語呂合わせ
・鯛……「めでたい」に通じる
・ごぼう……地下にしっかりと根をはることから、「一家の土台がしっかりするように」と願う
・里芋……小芋が多い里芋にちなんで、「子宝にめぐまれるように」との願いがある
・紅白なます……紅白の色のめでたさを表す
・栗きんとん……きんとん（金団）とは「金が詰まった」という意味で、豊かな一年を願う

③鏡餅

鏡は神事《しんじ》に欠かせないもので、鏡に見立てた丸餅を「鏡餅」と言い、神様の依り代《よりしろ》と考えられています。飾り付けの仕方は地方によって違いますが、一般的には、三方《さんぼう》という台の上に奉書紙を敷き、「四手《しで》（紙垂）」と呼ばれる神事に使う切り込みを入れた白い紙をたらして、長命を願う「うらじろ」と、後世にまで福を譲り家系が続いていくことを願って「ゆずり葉」の上にお餅を載せ、その上に昆布、そ

◆鏡餅

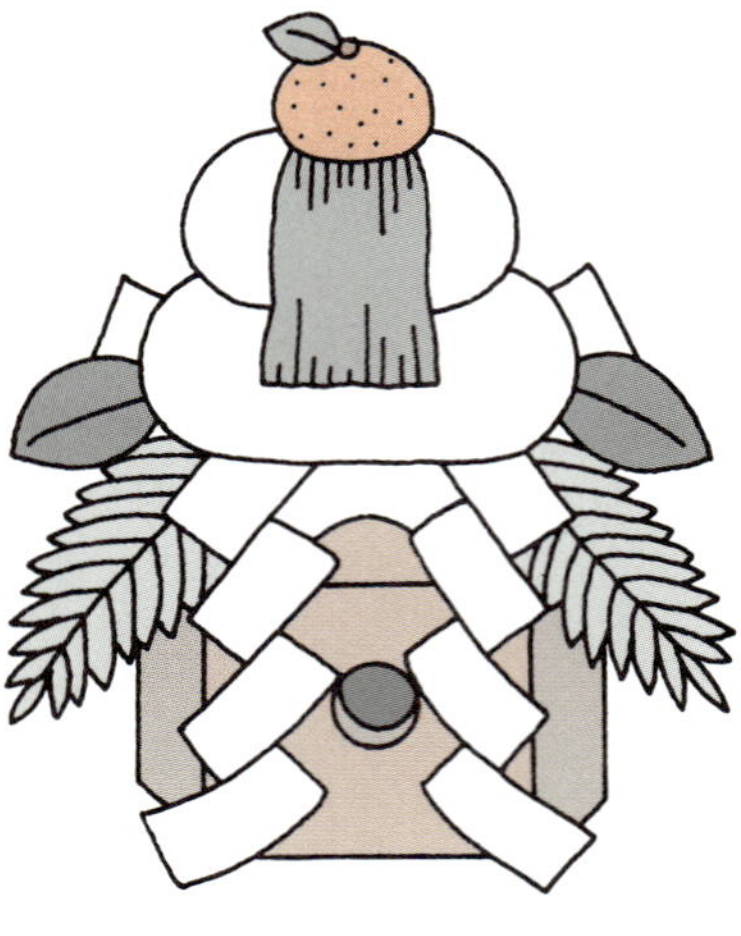

して「橙《だいだい》（家が代々栄えることを願う）」を飾ります。地方によっては、縁起物の伊勢えび、熨斗《のし》鮑《あわび》、扇子などを飾るところもあります。

④雑煮

「雑煮」は本来、歳神様に供えた餅や供物を下げて一緒に煮たものを言い、正月に限定された料理ではありませんでした。地方によって餅の形や、入れる具、だしの種類まで千差万別ですが、どれが正統ということはありません。その土地の特産品などが用いられていて、それぞれに特徴があります。

関東では切り餅を入れたすまし汁、京都を中心とした関西では丸餅を入れたみそ仕立てが一般的ですが、あんこ餅を入れてぜんざい風にする地域もあります。

⑤屠蘇《とそ》

中国から伝来した薬酒の一種で、不老長寿の妙薬とされています。家族の無病息災を祈り、日本では、日本酒かみりんに「屠蘇散」という漢方薬を混ぜて作り、元日に飲みます。新年の挨拶が済んだら、若い人から順にいただくのがしきたりで、年長者が年少者の未来にあやかって若々しくいられるようにとの願いが込められています。

⑥初詣

年の始めに神社や寺院にお参りすることで、元々は、大晦日の夜に一家の主が氏神様の社に籠る「歳《とし》籠《ご》もり」がもとになっています。やがて有名な神社に出かけたり、「恵方参り《えほうまいり》」（恵方とはその年の縁起がよいとされる方角で、恵方にある神社へ詣でると福が授かるとされた）などがさかんに行なわれるようになりました。

⑦年始の挨拶

親戚、知人への年始の挨拶は、家族でゆっくり過ごす人が多い元日を避け、二日以降に行くようにします。

手土産を持参する場合は、紅白蝶結びの水引をかけ、表書きは「お年賀」とします。

⑧書き初め（おもに一月二日）

古くは宮中儀式でしたが、江戸時代以降に習字がさかんになるにつれて広まりました。若水《わかみず》（元旦に初めてくんだ水）で墨をすり、恵方に向かっておめでたい詩歌を書くというものです。

⑨お年玉

元々は、歳神様に供えた餅を下げ、年少者に分け与えたことから始まり、これを「年玉」と言いました。それが後にお金に代わりました。目上の者から目下の者に渡すのは「お年玉」ですが、目上の人に年始の挨拶として渡すのは「お年賀」です。

◆人日《じんじつ》の節供（七草粥・一月七日）

一月七日は「人日」と言われ、五節供（コラム参照）の一つとされていました。「人日」の由来は、かつて中国では正月に動物占いをするならわしがあり、七日目にその年の〝人間〟の運勢を占ったことによります。

COLUMN

春の七草とは

せり、なずな、ごぎょう、はこべら、ほとけのざ、すずな（かぶ）、すずしろ（大根）。

五節供とは

古くから続く節供の中でも、江戸幕府が特に重要なものとして以下の５つを定め、公的な行事、祝日としたために庶民にも広まった。

1月7日　人日（じんじつ）
3月3日　上巳（じょうし）
5月5日　端午（たんご）
7月7日　七夕（しちせき）
9月9日　重陽（ちょうよう）

※本書では、五節供は昔ながらの「節供」と書き、その他は「節句」としています。

またこの日は、「七草の節句」とも言われ、前日に摘んだ「春の七草」を七日の朝に包丁でたたいて粥に炊き込んで「七草粥」を食べます。その由来は、宮中で一月一五日に食べられていた、米、粟、きびなどの穀物粥（七種粥）のしきたりや、生命力の豊富な若葉を摘んで食べる「若葉摘み」の風習などが融合したものと言われています。

この日は「松納め」とも言われ、飾っていた松飾りなどを取り外し正月が終わります（地方によって異なる）。元旦から松納めまでを「松の内」と呼び、歳神様がいる期間とされます。取り外した松飾りやしめ縄は、一月一五日の「どんど焼き（どんと焼き）」で燃やします。

◆鏡開《かがみびら》き（一月一一日）

供えていた鏡餅を下げ、雑煮や汁粉に入れて食べるものです。武家社会では「切る」という言葉を嫌ったため、「鏡開き」と言いました。餅は刃物を使わず、手や木槌などで割って調理し、主君と家臣が揃っていただきました。

また、この日は仕事始めの日とし、商家では「蔵開き」、武家では「具足《ぐそく》開き」、農家では「田打ち正月」と呼び、家族や主従の関係を深めるとともに、歳神様が宿っていた鏡餅を食べてそのエネルギーを蓄え、無病息災を願う気持ちも込められています。

◆小正月《こしょうがつ》（一月一五日）

かつて日本の正月は年始めの満月の日（旧暦では一五日）でしたが、中国の影響で新月を月の始めとするようになり、一月一日を元日として祝うようになりました。

元日を中心とした「大正月《おおしょうがつ》」に対し、一五日を「小正月」とし、さまざまな行事や祭りが行なわれます。例えば、正月に飾ったしめ縄や門松を持ち寄って神社などで燃やす「左義長《さぎちょう》」や「どんど焼き」は、正月行事が終わり、歳神様がこの煙に乗って帰っていくと考えられていました。現在でも関西地方では、この日までが「松の内」とされています。

また、正月に何かと忙しかった女性たちをねぎらう意味で、「女正月《おんなしょうがつ》」とも呼ばれます。

二〜三月の行事

◆節分（二月三日頃）

「節分」とは、まさに季節の分かれ目のことで、昔は、立春、立夏、立秋、立冬それぞれの前日をさしていましたが、次第に立春の前日だけをさすようになりました。こうした時期は疫病がはやり人々に災いをもたらすと考えられていて、邪気を祓《はら》う行事が行なわれてきました。

豆まきは、宮中で行なわれる「追儺《ついな》の儀式」に由来すると言われ、鬼に見立てた邪気を豆をまいて祓うようになったのは室町時代になってからです。煎《い》った大豆を神棚に供えた後、年男が「鬼は外、福は内」と唱えながら豆をまき、また、その豆を年齢の数（あるいは数え年の数）だけ食べて福運と無病息災を願います。

いわしの頭をひいらぎの枝に刺して戸口にさす風習（焼嗅《やいかがし》）は、今も地域によって残っていますが、これはいわしの異臭とひいらぎの尖った葉先が鬼の侵入を防ぐというおまじないです。また最近では、恵方に向かって太巻き寿司（恵方巻）をかじり、福を呼ぶという関西地方の風習が全国に広がっています。

◆立春（二月四日頃）

二十四節気（295ページ参照）の一つで、暦の上で春が始まる日です。農耕民族である日本人は、かつては春が一年の始まりと考えていたので、立春は新しい年の始まりでもありました。

二十四節気は、陰暦で起こる暦と実際の季節との間で起こる季節感のズレを調整するために中国で生まれたもので、季節を表す名称です。日本ではさらに、日本の気候に合わせるために、八十八夜、入梅、土用、彼岸などの「雑節《ざっせつ》」を設けて調整しています。

◆初午《はつうま》（二月最初の午の日）

七一一年（和銅四）のこの日に、京都の伏見稲荷《いなり》大社に祭神を祀ったことから、稲荷神社の祭日となっています。

初午詣の歴史は『枕草子』や『今昔物語』にも出てくるほど古く、稲荷は「いね」「なり」からなると言われ、農村では五穀豊穣を、漁村では豊漁を、都市部では開運や商売繁盛を祈り、愛知の豊川稲荷など全国の稲荷神社で祭りが行なわれます。

ご神体の使いとされるキツネの好物の油揚げや稲荷寿司、お赤飯や、お神酒を供えたりします。

◆上巳の節供（雛祭り・三月三日）

現在は「雛祭り」として親しまれている「桃の節句」は、雛人形を飾り、菱餅、雛あられ、白酒、桃の花などを供えて女の子の成長を祝う行事です。

旧暦三月の最初の巳《み》の日は「忌日《いみび》」で、その日にお祓いをする古代中国の風習が日本に伝わり、変化したものです。

平安時代の日本では、季節の変わり目に人の形をした紙（形代《かたしろ》）で体をなでて穢《けが》れを移し、それを川や海へ流して災厄を免れるという貴族の儀式が生まれました。その「形代」が次第に立派な人形になるのは室町時代後期のことで、川に流さずに家で飾るようになっていきました。

江戸時代になって五節供の一つとなると「雛祭り」は庶民の間にも広まり、現在のような雛壇が登

COLUMN

雛人形の飾り方

雛人形は、２月初旬頃から遅くとも１週間前には飾ります。

３月３日を過ぎても出していると、女性の婚期が遅れるというのは、片付けの習慣を身につけさせるためもので、特に根拠はありません。

また、童謡の普及で、「お内裏《だいり》様」と「お雛様」と表現されますが、本来「内裏」とは天皇（親王）と皇后（内親王）の一対をさす言葉です。その飾り方が、一般的に関東では親王が右（向かって左）、関西（京雛）は左（向かって右）に飾られます。これは、昔ながらの左上位を重んじる京都と、明治維新後に西洋の右上位の基準を重視した関東で異なったことによるものと言われます。

場したり、豪華な観賞用の飾り雛が作られるようになりました。

雛祭りのお供えや祝い膳には、それぞれ以下のようないわれがあります。

・桃の花、白酒……中国で桃の木は邪気を祓う力があるとされ、桃花酒を飲んだことが由来
・菱餅……宮中で食べられていた菱形の餅。三色は「雪がとけ、緑が芽吹き、花が咲く」を表す
・雛あられ……もとは菱餅を細かく切ったもの
・ハマグリの吸い物……ハマグリの殻が同じ貝同士としか合わないことから、女性の貞操を表す
・ちらしずし……女の子の健康を願い、海や山の幸を使ったという説がある

◆彼岸《ひがん》（三月中旬、九月中旬）

春分の日と秋分の日を中心に前後三日間の一週間を「彼岸」と言います。彼岸は仏教用語で、悟りを開き涅槃《ねはん》となる〝向こう岸（あの世）〟のことです。この時期が先祖供養の日になったのは、春分の日と秋分の日に太陽が真西に沈むことから「西方《さいほう》浄土《じょうど》の信仰」と結びついたためと言われています。

彼岸の初日は「彼岸の入り」と言い、祖先の霊を迎えるために仏壇や墓の掃除をし、だんごやぼたもち（おはぎ）を作り、花とともに供えて供養します。春分の日は「彼岸の中日《ちゅうにち》」、最後の日は「彼岸明け」と呼ばれ、その間に「彼岸会《ひがんえ》」という法要が行なわれます。

春の彼岸に供えるお菓子に「ぼたもち」があります。名前の由来は、この時期にぼたんの花が美しく咲くことからで、同じものが秋の彼岸にはその時期に咲く萩の花から取って「おはぎ」と呼ばれます。

四～六月の行事

◆花祭り（四月八日）

「灌仏会《かんぶつえ》」「仏生会《ぶつしょうえ》」とも呼ばれ、ブッダ（釈迦）の誕生日とされる四月八日に行なわれる仏教行事です。釈迦が誕生した時、龍が現れて清浄な水を吐き、それを産湯にしたという伝説に基づいて仏様に香りをつけた水を注ぎかける行事となりました。水の代わりに甘茶《あまちゃ》をかけるようになったのは江戸時代になってからです。お寺には、たくさんの花で飾られた花御堂が設けられ、その中に安置された釈迦の像に甘茶をかけます。

◆端午《たんご》の節供（五月五日）

「端午」とは、月の初めの午の日のことで、別名「菖蒲《しょうぶ》の節句」と言われます。旧暦のこの時期は季節の変わり目で疫病が流行りやすく、菖蒲などの薬草を摘んで邪気を祓う風習がありました。また農村部では、この時期に「早乙女《さおとめ》」という田植えを行なう女性が神社にこもって穢れを祓う儀式があり、それらが融合して、当初「端午」は女性を中心とした祭りでした。それが、「菖蒲」が「勝負」や「尚武」に通じることから、武士の台頭にともなって室町時代以降に男子の節句へと変化し、江戸時代には五節供の一つとなりました。一九四八（昭和二三）年にこの日は「こどもの日」となり、国民の祝日に制定されています。

鯉のぼりや兜《かぶと》、武者人形を飾ったり、粽《ちまき》や柏餅を食べ、菖蒲湯に入る風習があります。

・鯉のぼり……鯉が滝を登って龍になるという中国の伝説から、立身出世のシンボルとなった
・菖蒲湯……香りの高い菖蒲で邪気を祓い、無病息災を祈るもの
・柏餅……新芽が出ないと古い葉が落ちない柏の性

質にちなんで、「跡継ぎが絶えない」として子孫繁栄を願うもの

◆衣替え（六月一日・一〇月一日）

衣替えは、季節感が豊かな日本ならではの行事です。西洋の服装のルールが〝時間〟で決められるのに対して、日本では〝季節〟により決まります。もともとは平安時代の宮中行事で「更衣《こうい》」と言われ、旧暦の四月一日と一〇月一日が衣替えの日とされていました。その習慣が一般にも広がり、江戸時代には庶民であっても気候に合わせて日を定め、衣替えが行なわれていました。

この伝統を引き継いで、和装は衣替えのルールが厳密に残っており、六月は「単（衣）」、七月から八月は「絽」や「紗」などの薄物、九月は「単（衣）」、一〇月から五月までは「袷」を着用します（77〜78ページ参照）。

六月一日と一〇月一日の衣替えが一般的になったのは明治時代になってからで、官公庁の制服や学生服などはこの日を境に冬服から夏服へと、秋には夏服から冬服へと一斉に替えられていました。

しかし最近では環境問題の影響などもあって、官公庁や企業でクールビズやウォームビズが導入されるなど服装の切り替えは流動的になり、特定の日を定めて服装を替える習慣は薄れつつあります。

◆夏至（六月二一日頃）

夏至は一年のうち、もっとも昼（日照時間）が長くなる日です。昼がもっとも短くなる冬至と、昼夜が同じ長さになる春分、秋分の日とともに、古代より季節を分ける日として知られています。

七～一〇月の行事

◆七夕《しちせき》の節供(七夕《たなばた》・七月七日)

牽牛《けんぎゅう》星（わし座のアルタイル）と織女《しょくじょ》星（こと座のベガ）の二つの星が、年に一度、天の川をはさんで逢うことを許されるというロマンチックな中国の星伝説と、二つの星を祀って裁縫や書道の上達を祈願した「乞巧奠《きこうでん》」、さらに日本古来の農村に伝わる「棚機津女《たなばたつめ》（神様のために衣を織る女性のこと）」の習慣などが重なって生まれた行事で、五節供の一つです。

「七夕祭り」の起源は平安時代の宮廷にあったとされていますが、江戸後期には現在のように願い事を書いた短冊をつけた笹竹を飾るのが一般的になりました。竹は成長が早く、それだけ願い事も早く天に届くという考えから、笹竹が使われたようです。

今は星祭りとしてこの日が晴れることを多くの人が望みますが、かつての農村部では、お盆の行事の一環として、この時期の雨を清めの雨ととらえ、短冊が流れるほどの雨が降ることを望んだそうです。

◆盂蘭盆会《うらぼんえ》(七月一三日～一六日)

盂蘭盆会は、「お盆」「精霊会《しょうりょうえ》」とも呼ばれ、先祖や死者の霊を家に迎えて供養する仏教行事です。サンスクリット語の「ウランバーナ」（さかさまに吊るされた苦しみ）という意味を持ち、先祖の霊を供養することで、餓鬼道の苦しみに遭わないようにとの願いが込められています。

お盆の期間は、地域によって異なり、新暦や旧暦、あるいは一月遅れの八月だったりします。祖先の供養をするために、一般的には七日頃に墓の掃除などを行ないます。また、地域や宗派によってお盆の行事のしきたりはさまざまですが、「迎え火」を焚いて一三日の夕方までに精霊を迎え、一六日の夕方に「送り火」とともに精霊送りをするのが一般的です。宗派によっては仏壇とは別に盆棚（精霊棚）を設け、精霊の乗り物を野菜でたとえて〝きゅうりの馬（早く来るように馬を）〟や〝なすの牛（ゆっくり帰るように牛を）〟を作り、花などを供えるところもあります。

◆重陽《ちょうよう》の節供（九月九日）

「重陽の節供」は、桃の節句や端午の節供と比べるとなじみは薄いかもしれません。陰陽道の考え方（230ページ参照）では、偶数は〝陰〟、奇数は〝陽〟ととらえ、最大の〝陽の数〟である「九」が重なる九月九日を「重陽」と呼び、たいへんめでたい日として延命長寿を願いました。平安時代には宮中行事となり、江戸時代に五節供の一つとなりました。

別名「菊の節句」とも呼ばれ、この日に不老長寿の象徴である菊の花を浮かべた酒を飲めば長寿を得られ、災いを避けることができるとされています。それが時代を経て、菊見や菊人形などの形で菊を愛でることにつながったようです。また、この日は「御九日《おくんち》」と呼ばれ、秋祭りをするところも多く、その中でも「長崎くんち」は有名な祭りです。

しかし明治時代になって、旧暦から新暦に暦が変わると、九月に菊の花が咲かないために次第に廃れてしまい、今日に至っています。

◆「十五夜」と「十三夜」

日本や中国では古くから月を観賞する習慣があり、奈良や平安の時代には貴族の間で、月を見て詩歌を詠む宴が行なわれていました。その後、庶民の間にも豊作を祈る行事として定着し、月は欠けても必ず満ちることから、不老不死の象徴となりました。

特に旧暦の八月一五日（現在の九月一八日前後）は満月で美しく、この日を、月の満ち欠けにちなんで「十五夜」あるいは、秋の季節の中でもさらに真ん中の時期であることから「中秋の名月」と呼びます。

また、「十五夜」とともに旧暦九月一三日（現在の一〇月下旬頃）は「十三夜」と言い、昔は両方の月を愛でるのが風流とされ、どちらか一方だけの鑑賞は「片見月《かたみづき》」と言って嫌われました。「十五夜」はこの季節の収穫物である芋にちなんで「芋名月」とも呼ばれ、「十三夜」は「栗名月」「豆名月」とも言います。

三方に月見だんご、里芋、栗などのほか「秋の七草」を飾り、お月見をします。

◆二十四節気

季節	名称	新暦の目安	意味
春	立春《りっしゅん》	2月 4日	暦の上で春が始まる日。節分の翌日。
	雨水《うすい》	2月 19日	雪氷がとけ、雨水となって降り出す頃。
	啓蟄《けいちつ》	3月 6日	冬の間、土中にいた虫が地上にはい出す頃。
	春分《しゅんぶん》	3月 21日	太陽が春分点に達して昼夜の長さがほぼ等しくなる日。春の彼岸の中日。
	清明《せいめい》	4月 5日	草木が芽吹き、緑豊かになる頃。
	穀雨《こくう》	4月 20日	春雨が降って、穀物の芽が成長する頃。
夏	立夏《りっか》	5月 5日	夏が始まる日。
	小満《しょうまん》	5月 21日	万物が成長し、草木枝葉が繁る頃。
	芒種《ぼうしゅ》	6月 6日	稲や麦など、芒（のぎ：穀物の堅い毛）のある穀物の種をまく頃。
	夏至《げし》	6月 21日	太陽が最も高くなり、昼の時間が最も長くなる日。
	小暑《しょうしょ》	7月 7日	本格的な暑さが始まる日。
	大暑《たいしょ》	7月 23日	暑さが最も厳しい頃。
秋	立秋《りっしゅう》	8月 7日	秋が始まる日。
	処暑《しょしょ》	8月 23日	暑さがやみ、涼風が吹き始める頃。
	白露《はくろ》	9月 8日	大気が冷えて、野草に露が宿る頃。
	秋分《しゅうぶん》	9月 23日	太陽が秋分点に達して昼夜の長さがほぼ等しくなる日。秋の彼岸の中日。
	寒露《かんろ》	10月 8日	寒気で露が凍り始める頃。
	霜降《そうこう》	10月 23日	秋が終わり、初霜が降り始める頃。
冬	立冬《りっとう》	11月 7日	冬が始まる日。
	小雪《しょうせつ》	11月 22日	初雪が降り始める頃。
	大雪《たいせつ》	12月 7日	雪が降り積もる頃。
	冬至《とうじ》	12月 22日	太陽が最も低くなり、夜の時間が最も長くなる日。
	小寒《しょうかん》	1月 6日	本格的な寒さが始まる日。寒の入り。
	大寒《だいかん》	1月 20日	寒さが最も厳しくなる頃。

※新暦は年によって前後します

COLUMN

秋の七草とは

はぎ、ききょう、おばな、なでしこ、おみなえし、くず、ふじばかま。

一一～一二月の行事

◆文化の日（一一月三日）

戦前は明治節（明治天皇の誕生日）と呼ばれ、明治天皇を偲ぶ儀式が執り行なわれていました。文化の日となったのは、一九四八（昭和二三）年のことで、「自由と平和を愛し、文化をすすめる」日とされています。文化勲章の授与式をはじめ、芸術祭やさまざまなイベントが行なわれます。

◆新嘗祭《にいなめさい》・勤労感謝の日（一一月二三日）

一九四八（昭和二三）年に「勤労感謝の日」と制定されましたが、この日は戦前、「新嘗祭」と呼ばれ、秋の収穫期にあたり、その年に収穫した新穀（主に米）を天皇が神に供えて感謝する宮中行事です。

農業が生活の基盤であった日本人にとっては新年にも匹敵する大切な行事で、天皇が即位して最初に行なう新嘗祭を特に「大嘗祭《だいじょうさい》」と呼びます。名称が変わったことで、本来の意味も薄れがちですが、現在でも宮中では儀式として受け継がれています。

また、十月に行なわれる伊勢神宮に新穀を備える儀式のことを「神嘗祭《かんなめさい》」と言います。

◆すす払い（一二月一三日）

本来は正月にやって来る歳神様をお迎えするために、神社仏閣の内外を清め、仏像のすすを払う行事でしたが、時を経るうちに現在の大掃除へと変化したようです。

また、地域によってはこの日を「事始《ことはじ》め」と言い、正月の準備を始めます。

◆冬至（一二月二二日頃）

冬至は一年でもっとも日照時間の短い日であり、

この日を境に昼間の時間が長くなっていくことから、世界各地で〝太陽の誕生日〟として祝う風習があります。日本では陰陽思想から、季節の中で「陰」の極点となる冬至が過ぎると、再び「陽」に転ずるので、「一陽来復《いちようらいふく》」といって、春が巡ってくることや、めでたいことが訪れる象徴として祝いました。

冬至を過ぎると本格的に冬が深まっていくことから、この日には「柚子湯」や「冬至かぼちゃ」など、体を気遣うしきたりがあります。柚子湯に入ると健康に過ごせると言われるのは、柚子の強い香気に邪気を祓う効力があるとされたためです。また、かぼちゃを食べると痛風や風邪を封じるという言い伝えは、夏から保存できるかぼちゃには、冬野菜には少ないビタミン類が豊富に含まれているからで、医学的に根拠がないわけではありません。

その他、れんこん、みかんなど、「ん」のつく食べ物を食べると〝運〟に恵まれる、という言い伝えもあります。

◆大晦日《おおみそか》（一二月三一日）

一月から一一月の各月の末日（正確には三〇日）を「晦日」または「つごもり」と言い、特に一二月の月末を「大晦日」と言います。大掃除を終え、二八日までには歳神様を迎えるために松飾りを飾ります。大晦日当日は〝細く長く〟家運が繁栄し、長寿であることを願う縁起をかついで「年越しそば」を食べ、除夜の鐘を聞きながら年を越すのが昔からの風習です。

大晦日の夜は新年の朝でもあり、除日《じょじつ》（旧年を除く日）と言われました。そこから、大晦日につく鐘を「除夜の鐘」と呼ぶようになって鎌倉時代に広まり、江戸時代に盛んに行なわれるようになりました。人には一〇八の煩悩《ぼんのう》があり、それを取り除くために鐘を一〇八回つくと言われています。

昔は、大晦日は歳神様を迎えるために終夜眠らずに過ごすのがしきたりで、歳神様を迎えずに寝てしまうのは失礼にあたると考えられていました。

POINT

日本にはさまざまな年中行事があります。これらは、暮らしの要である農耕作業の節目と、祖先の霊を崇拝する気持ちを表すために営まれてきたものです。

「八百万《やおよろず》の神」という言葉が象徴するように、日本人は昔から自然の中に神々の存在を感じ、祖先も神となって見守ってくれていると信じ、自然や祖先に敬意と感謝を表しながら暮らしてきました。

時代が変わり、季節感が薄れつつある現代ですが、祖先が育んだ年中行事の由来や変遷に思いをはせて、過去から受け継がれてきたしきたりを伝承することで、日々をつつがなく暮らせることに感謝の気持ちを持ちたいものです。

マナー・プロトコール検定試験 出題例

マナー・プロトコール検定過去問題　２級

正月について不適切なものを2つ選びなさい。

1）「元日」は1月1日を、「元旦（歳旦）」は元日の朝のことをさす言葉である。

2）おせち料理は、季節の変わり目である節日《せちび》に神様に供えた料理に由来する。

3）お年玉は、江戸時代に神社に納める賽銭《さいせん》を子どもに与えていたことに由来する。

4）鏡餅は太陽を表す円形の餅を重ねることで、新年を祝うという意味が込められている。

5）屠蘇《とそ》は家族の無病息災を祈り、元旦に飲むならわしがある。

マナー・プロトコール検定過去問題　３級

以下の文で適切なものには○、不適切なものには×を□に書きなさい。

□　①お正月の「門松」は、歳神様《としがみさま》が来訪する目印として松の木を門に飾るならわしである。

□　②おせち料理の「数の子」には、金色の卵にちなんで「お金に困らないように」との意味が込められている。

□　③４月８日は釈迦《しやか》が亡くなった日で、「灌仏会《かんぶつえ》」と呼ばれる儀式が行なわれる。

□　④節分や八十八夜、入梅は、いずれも「雑節《ざつせつ》」と言われる日本で作られた季節の名称である。

□　⑤「お盆」は、先祖の霊を家に迎えて供養する仏教行事である。

□　⑥冬至は１年で最も日照時間が短い日で、ゆず茶を飲んで体を気遣うならわしがある。

【正解】2級：3、4　3級：①○　②×　③×　④○　⑤○　⑥×

文部科学省後援

「マナー・プロトコール検定」について

「マナー・プロトコール検定」はマナーやプロトコールに関わる知識と対応力を認定する資格検定です。資格は1級から3級の4段階に分かれており、国際ビジネス、サービス産業、教育業界をはじめ、就職、ビジネスの第一線や社会で活かされています。最初の取得は3級もしくは2級からで、合格者には認定証が授与されます。試験の日程、会場、受験の目安などはマナー・プロトコール検定のウェブサイト（https://www.e-manner.info/kentei/）でご確認ください。

●受験方法

「マナー・プロトコール検定」3級および2級を取得する方法は、次の3通りがあります。

①公開検定試験で受験する

②学校または団体の集合検定試験で受験する

③当協会が発行する通信教育を修了後、在宅検定試験を受験する（2級のみ）

公開検定試験の概要は以下のとおりです。

級	試験内容	試験時間	検定料（税込）
準1級	選択問題	60分	9,900円
	論述問題	90分	
2 級	選択問題 記述問題	60分	6,600円
3 級※	正誤問題	60分	4,950円

※3級試験では第6章「お酒のマナー」は出題範囲外となります。

特定非営利活動法人 日本マナー・プロトコール協会

理事長　明石伸子

〒102-0093　東京都千代田区平河町1-9-9 レフラスック平河町ビル5階

Tel 03-5212-2600　　URL https://www.e-manner.info

【著者紹介】
特定非営利活動法人 日本マナー・プロトコール協会
国際化が進む今日、生活やビジネス、国際交流の場などにおいて必要不可欠と思われるマナーやプロトコール（国際儀礼）について、その真髄を探求し、広く普及、啓発していくことを目的として設立された特定非営利活動法人（NPO法人）です。主な活動として、文部科学省後援「マナー・プロトコール検定」実施の他、各種教養講座の開催、研修、講演の実施など、マナーやプロトコールなどに関わる指導や、教育教材の監修を行なっています。

〒102-0093 東京都千代田区平河町1-9-9 レフラスック平河町ビル5階
理事長 明石伸子
Tel：03-5212-2600 Fax：03-5212-2626

編集協力：株式会社ワード
装丁：根本佐知子（梔図案室）
本文イラスト：よしのぶ もとこ

［最新版］「さすが！」といわせる大人のマナー講座
文部科学省後援「マナー・プロトコール検定」標準テキスト

2018年6月19日 第1版第1刷発行
2023年9月29日 第1版第5刷発行

著　　者　特定非営利活動法人
　　　　　日本マナー・プロトコール協会
発 行 者　永田貴之
発 行 所　株式会社ＰＨＰ研究所
　東京本部 〒135-8137 江東区豊洲5-6-52
　　ビジネス・教養出版部 ☎03-3520-9619（編集）
　　普及部 ☎03-3520-9630（販売）
　京都本部 〒601-8411 京都市南区西九条北ノ内町11
　PHP INTERFACE https://www.php.co.jp/
組　　版　朝日メディアインターナショナル株式会社
印 刷 所　図書印刷株式会社
製 本 所　株式会社大進堂

ISBN978-4-569-84058-1

PHPの本

経営者になるためのノート

柳井 正 著

柳井正が語る仕事に必要な4つの力とは? ユニクロ幹部社員が使う門外不出のノート。欄外に気づきを書き込めば、自分だけの一冊に。

定価 本体一、二〇四円(税別)

PHPの本

リーダーになる人に知っておいてほしいこと

松下幸之助 述／松下政経塾 編

松下幸之助が、次代のリーダーを養成すべく設立した松下政経塾で行なった講話を、未公開テープ約100時間から厳選して抜粋、編集。幸之助が語った〝リーダーの心得〟とは。

定価 本体九五二円（税別）

PHPの本

道をひらく

松下幸之助　著

運命を切りひらくために。日々を新鮮な心で迎えるために――。人生への深い洞察をもとに綴った短編随筆集。40年以上にわたって読み継がれる、発行520万部超のロングセラー。

定価　本体八七〇円（税別）